北京一零一中生态智慧教育丛书——课堂教学系列
丛书主编　陆云泉　熊永昌

北京一零一中

生态智慧教育背景下
美育的跨·融·润

SHENGTAI ZHIHUI JIAOYU BEIJINGXIA
MEIYU DE KUA · RONG · RUN

陈默 著

北京理工大学出版社
BEIJING INSTITUTE OF TECHNOLOGY PRESS

版权专有　侵权必究

图书在版编目（CIP）数据

生态智慧教育背景下美育的跨·融·润 / 陈默著.
北京：北京理工大学出版社，2024.5.
ISBN 978-7-5763-4142-3

Ⅰ.G633.950.2

中国国家版本馆 CIP 数据核字第 2024DQ3406 号

| 责任编辑：陆世立 | 文案编辑：孙　玥 |
| 责任校对：刘亚男 | 责任印制：李志强 |

出版发行	/ 北京理工大学出版社有限责任公司
社　　址	/ 北京市丰台区四合庄路 6 号
邮　　编	/ 100070
电　　话	/（010）68944439（学术售后服务热线）
网　　址	/ http://www.bitpress.com.cn

版 印 次	/ 2024 年 5 月第 1 版第 1 次印刷
印　　刷	/ 廊坊市印艺阁数字科技有限公司
开　　本	/ 710 mm × 1000 mm　1/16
印　　张	/ 17.5
字　　数	/ 304 千字
定　　价	/ 108.00 元

图书出现印装质量问题，请拨打售后服务热线，负责调换

丛书序

教育事关国计民生，是国之大计，党之大计。

北京一零一中是北京基础教育名校，备受社会的关注和青睐。自1946年建校以来，北京一零一中取得了丰硕的办学成绩，学校始终以培养"卓越担当人才"为己任，在党的"教育必须为社会主义现代化建设服务，为人民服务，必须与生产劳动和社会实践相结合，培养德智体美劳全面发展的社会主义建设者和接班人"的教育方针指引下，立德树人，踔厉奋发，为党和国家培养了一大批优秀人才。

教育事业的发展离不开教育理论的指导。时代是思想之母，实践是理论之源。新时代的教育需要教育理论创新。北京一零一中在传承历史办学思想的基础上，依据时代教育发展的需要，守正出新，对自己的"教育理论"进行了总结、扬弃、创新和发展。

起初，学校借鉴了苏联教育家苏霍姆林斯基的"自我教育"思想，引导师生在认识自我、要求自我、调控自我、评价自我、发展自我的道路上学习、成长。

进入21世纪以来，随着教育事业的飞速发展，学校在继续践行"自我教育"思想的前提下，开始探索"生态·智慧"课堂，建设"治学态度严谨、教学风格朴实、课堂氛围民主、课堂追求高远"的课堂文化，赋予课堂以"生态""智慧"属性，倡导课堂教学的"生态、生活、生长、生命"观和"情感、思想、和谐、创造"性，课堂教学设计力求情景化、问题化、结构化、主题化、活动化，以实践"涵养学生生命，启迪学生智慧"的课堂教学宗旨。

2017年党的十九大召开，教育事业进入了"新时代"，北京一零一中的教育指导思想由"生态·智慧"课堂发展为"生态·智慧"教育。北京一零一人在思考一个重大课题，在新的历史条件下怎样发展具有中国特色、国际一流的基础教育。北京一零一人在探索中进一步认识到，"生态"意味着绿色、开放、多元、差异、个性与各种关系的融洽，所以"生态教育"的本质即尊重规律、包容差异、发展个性、和合共生；"智慧"意味着点拨、唤醒、激励、启迪，所以"智慧教育"的特点是启智明慧，使学生理性求真、至善求美、务实求行。

2019年5月，随着北京一零一中教育集团成立，规模不断扩大，学校进入集团化办学阶段，对"生态·智慧"教育的思考和认识进一步升华为"生态智慧"教育。因为大家认识到，"生态"与"智慧"二者的关系不是互相割裂的，而是相互融通的，"生态智慧"意味着从科学向智慧的跃升。"生态智慧"强调从整体论立场出发，以多元和包容的态度，欣赏并接纳世间一切存在物的差异性、多样性和丰富性；把整个宇宙生物圈看成一个相互联系、相互依赖、相互作用的生态系统，主张人与植物、动物、自然、地球、宇宙的和谐统一。人与世界中的其他一切存在物之间不再是认识和被认识、改造和被改造、征服和被征服的实践关系，而是平等的共生关系。"生态智慧"教育是基于生态学和生态观的智慧教育，是依托物联网、云计算、大数据、泛在网络等信息技术所打造的物联化、智能化、泛在化的教育生态智慧系统。该系统实现了生态与智慧、信息技术与教育教学的深度融合，致力于教育环境、教与学、教育教学管理、教育科研、教育服务、教育评价等的生态智慧化。

学校自2019年7月第一届集团教育教学年会以来，将"生态智慧"教育赋予了"面向未来"的特质，提出了"面向未来的生态智慧教育"思想。强调教育要"面向未来"培养人，要为党和国家培养"面向未来"的合格建设者和可靠接班人，要教会学生面向未来的生存技能，包括学习与创新技能、数字素养技能和职业生涯技能，要将学生培养成拥有创新意识和创新能力的拔尖创新人才。

目前，"面向未来的生态智慧教育"思想已贯穿了办学的各领域、各环节，基本实现了"尊重规律与因材施教的智慧统一""学生自我成长与学校智慧育人的和谐统一""关注学生共性发展与培养拔尖创新人才的科学统一""关注学生学业发展与促进教师职业成长的统一"。在"面向未来的生态智慧教育"思想的指导下，北京一零一中教育集团将"中国特色国际一流的基础教育名校"确定为学校的发展目标，将"面向未来的卓越担当的拔尖创新人才"确立学校学生的发展目标，将"面向未来的卓越担当的高素质专业化创新型的生态智慧型教师"明确为教师教育目标。

学校为此完善了"六大中心"的矩阵式、扁平化的集团治理组织；研究制定了"五育并举""三全育人""家庭—学校—社会"协同育人、"线上线下—课上课后—校内校外"融合育人、"应试教育—素质教育—英才教育"融合发展的育人体系；构建了"金字塔式"的"生态智慧"教育课程体系；完善了"学院—书院制"的课程内容建设及实施策略建构；在教育集团内部实施了"六个一体化"的"生态智慧"管理，各校区在"面向未来的生态智慧教育"思想的指引下，传承自身文化，着力打造自身的办学特色，实现各美其美、美美与共。

北京一零一中教育集团着力建设了英才学院、翔宇学院、鸿儒学院和GITD学院（global innovation and talent development），在学习借鉴生态学与坚持可持续生态发展观的基础上，追求育人方式改革，开展智慧教育、智慧教学、智慧管理、智慧评价、智慧服务等实验，着力打造了智慧教研、智慧科研和智慧学研。借助国家自然科学基金项目《面向大中学智慧衔接的动态学生画像和智能学业规划》和国家社会科学基金项目《基础教育集团化办学中学校内部治理体系和治理能力建设研究》的研究成果，学校的"生态智慧"校园建设得以加快，而2019年和2021年两次教育集团教育教学年会的召开，更加深了全体教职员工对于"面向未来的生态智慧教育"思想的理解和认同。

目前，"面向未来的生态智慧教育"思想已深入人心，成为教育集团教职员工的共识和工作指导纲领。北京一零一人在教育教学管理中，自觉坚持"道法自然，各美其美"的管理理念，坚持尊重个性、尊重自然、尊重生命、尊重成长的生态、生活、生命、生长的"四生"观；在教师队伍建设中，积极践行"启智明慧，破惑证真"的治学施教原则，培养教师求知求识、求真求是、求善求美、求仁求德、求实求行的知性、理性、价值、德性、实践的"智慧"观；在拔尖创新人才培养中，培养师生面向未来的信息素养、核心素养、创新素养等"必备素养"和学习与创新、数字与AI运用、职业与生活等"关键能力"。

北京一零一中教育集团注重"生态智慧"校园建设，着力打造面向未来的"生态智慧"教育文化。在"面向未来的生态智慧教育"思想的引领下，集团各项事业蓬勃发展，育人方式深度创新，国家级新课程新教材实施示范校建设卓有成效，"双减"政策实施抓铁有痕。在借助"生态智慧"教育手段充分减轻师生过重"负担"的基础上，集团在提升课堂教学质量、高质量作业设计与管理、供给优质的课后服务等方面，充分提质增效；在尊重规律、发展个性、开拓思维、厚植品质、富有担当意识的"生态智慧"型人才的培养方面成果显著；在面向未来的高素质专业化创新型"生态智慧"型教师队伍建设方面成绩斐然。教育集团各校区各中心的内部治理体系和治理能力建设成绩突出；学校的智慧教学，智慧作业，智慧科研，智慧评价，智慧服务意识、能力、效率空前提高。北京一零一中教育集团在"面向未来的生态智慧教育思想"的引领下，正朝着"生态智慧"型学校迈进。

为了更好地总结经验、反思教训、创新发展，我们启动了"面向未来的生态智慧教育"丛书编写项目。本套丛书分为理论与实践两大部分，内容涵盖学校发展中心、教师发展中心、学生发展中心、课程教学中心、国际教育中心、后勤管理中心及教育集团下辖的十二个校区的相关研究理论与实践成果。

本套丛书的编写得益于教育集团各个校区、各个学科组、广大干部教师的共同努力，在此对各位教师的辛勤付出深表感谢。希望这套丛书所包含的教育教学成果能够对海淀区乃至全国的基础教育有所贡献，实现教育成果资源的共享，为中国基础教育的发展提供有益的借鉴和帮助。

中国教育学会副会长

北京一零一中教育集团总校长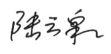

中国科学院大学基础教育研究院院长

序

　　教育的真正使命,不仅在于知识的传授,更在于激发学生全面发展与深度思考的潜力。北京一零一中秉持生态智慧教育的理念,以培养学生的生命力、思维力和情感力为核心,致力于通过教育的创新来促进学生的全面成长和深度思考。

　　生态智慧教育的核心价值在于其"整体性"与"可持续性"。它要求我们重新审视教育的目的与方式,将教育当成生态系统来全面理解和整体设计。生态智慧教育的核心理念,强调通过构建四个关键"场域"引导学生的全面发展。首先是打造生命成长与智慧生成的"生活场",为学生提供一个富有生命力的成长空间;其次是构建指向学生高阶思维发展的"思维场",促使学生在知识学习的过程中不断拓展思维的广度与深度;然后是营造师生情感交流、互动与激荡的"情感场",通过师生之间的深度互动促进情感共鸣与认同;最后是创设学生健康成长的"生命场",为学生提供身心健康、全面发展的教育保障。

　　生态智慧教育背景下的美育课程实施,对教师提出了更高的要求。教师不再是单纯的知识传递者,而是学生学习的引导者、生态智慧的启迪者。教师的成长,是推动生态智慧教育深入发展的关键。在生态智慧教育理念的指导下,我校教师在美育学科不断探索和实践"教"与"学"方式的变革。通过丰富多彩的课外生活、灵活多变的课堂范式、轻松愉悦的师生对谈等多场域育人环境,激发学生对美的感知力与创造力,培养学生的审美情操与人文精神,提升学生的综合素养,从而推动教育方式的持续创新。

　　美育不仅仅是音乐、美术等传统艺术科目的教学,更是一种跨学科、跨领域的综合教育实践。因此,我们还尝试将美育融入语文、数学、科学等各学科的教学之中,探索全学科美育,梳理出语文、数学、历史、地理等十几个学科的美育课程实施方案。通过跨学科美育课程的落地实施，引导学生学会欣赏自然之美、生活之美，理解艺术之美，运用美的语言表达对生命、生活的感悟，进而激发学生追求美好、热爱生活、美化环境的责任感和行动力。这些尝试，旨在让学生在学习知识的同时，也能感受到美的力量，培养他们的审美能力和创新思维。

我们通过深入研究和实践，进一步明确了学科生态智慧教育的内涵与实质，明确了教育过程中智慧与生命成长的交织与融合，为构建符合未来教育需求的生态智慧课堂提供了理论依据和实践模式。这一系列的教育创新与实践，不仅推动了课堂教学模式的改革，也为学生多维度发展创造了更多机会。

《生态智慧教育背景下美育的跨·融·润》一书，既是师生多年美育成果的系统梳理，也是对学生审美教育、情感教育、道德教育乃至生态教育的实践反思；不仅是对过往实践的总结，更是对未来教育的展望。期望通过本书，我们能够引导学生更好地理解生命的意义，感悟美与智慧的深层联系；让学生既能够学到知识，又能够在实践中体会到"知行合一"的真谛；让学生既能够追求知识的深度，又能够实现自我情感的升华与智慧的升腾。

我们相信，通过不懈的努力与探索，生态智慧教育将在校园内产生更大的影响，美育课程将成为培养学生综合素质、促进人与自然和谐共生的重要途径，让美育之光照亮每一个孩子的成长之路。让我们携手并进，以教育之名，为地球的未来培养更多具有生态智慧、审美情怀和责任感的新时代建设者和接班人。

感谢所有为本书贡献智慧与汗水的老师们，让我们共同期待生态智慧教育引领下的学校美育新篇章！

北京一零一中书记、校长　熊永昌

前　言

　　跨学科美育是指将不同学科领域的知识、概念和技能结合起来，通过跨学科整合的方式为学生提供全面的美育教育。这种教育方法旨在促进学生多方面的发展，培养他们的综合能力、创造力和批判性思维。在跨学科美育中，艺术教育与其他学科（如科学、数学、文学、历史等）相互融合，相互促进，创造出更富有启发性和创新性的学习体验。跨学科美育强调跨界合作与跨学科融合，通过在不同学科领域之间建立联系，促进学生跨越学科界限进行思考和探索，拓展思维方式，培养创新精神，提高综合素养。

　　近年来，国家政策文件对跨学科美育的发展提出了明确的目标和要求，旨在全面提升美育课程的教育教学质量；并推动建立常态化学生全员艺术展演机制，促进学生的全面发展。基础教育阶段尤其倡导学科融合，美育浸润，全学科美育成为当下教育的热点问题。相应地，教育政策明确了美育在教育体系中的地位和作用，以及跨学科整合在美育教育中的重要性和目标。"基础教育指导纲要""学科课程标准"都要求学校教师在教学中融合跨学科元素，使美育教育更具综合性和创新性。这些政策的实施将对学校的美育教育产生深远的影响，有助于培养具有创新精神和艺术修养的新一代人才。

　　2022版基础教育课程标准明确了新时代人才培养的要求，绘制了未来学校美育育人的蓝图，完善了基于核心素养的课程结构、内容和评价机制等，继续坚持以美育人，突出课程综合的重要性，对跨学科美育提出了新的要求。新课标将义务教育艺术课程分成不同阶段，将音乐、美术、舞蹈、戏剧、影视等艺术形式进行了一体化设计，这有助于培养学生的综合艺术素养和创造力。2022版课程标准创新课程设置、强化学科综合、注重核心素养培养并采取多样化的教学方式，旨在全面提升学生的艺术素养、创造力和审美能力；将艺术与其他学科紧密结合，以培养学生的跨学科思维和审美素养，为学生的全面发展打下坚实的基础。

美育的根本性质是引导人去追求人性的完满。学校美育不仅仅依靠美术、音乐等艺术学科实施，还要团结多学科教师进行跨学科美育实践。此外，还需要借助家庭力量、社会资源开拓更加广阔的美育路径，以便能对学生进行"立体美育"。例如，北京一零一中紧邻圆明园、颐和园，有得天独厚的园林美育环境。教师精心设计走出校园的综合美育实践活动，引导学生和家长走进园林，感受自然美、表现生活美、创造艺术美。融合写生、文创设计、书法临摹、绘画创作、文学写作、历史知识的梳理与学习等实践方向，锻炼学生的全方位能力，真正做到实践育美，从而达到畅游、乐学的双重目的。跨学科美育教学应当以艺术为基础，将其与教学目标、学科基本概念、原理以及单元活动等直接关联起来，形成学习活动的核心支点。鼓励各学科之间的紧密合作，通过跨学科项目和活动，促进学生对地方戏剧、民间艺术、诗书画印等中国非物质文化遗产和传统美术文化的了解和欣赏。以期在审美实践活动中融进家国情怀，帮助学生在发现、认知、体验、拥有和升华美的过程中，增强对国家和民族文化的认同感，树立美的品格，提升对美的追求。

本书是对学校跨学科美育工作的全面梳理和总结，多年的实践取得了显著成果。当下除了探索多学科立体美育，教师还尝试在美术课上应用手机增强现实技术和VR技术，将信息技术与传统美术作品结合，创造出交互式艺术形式。这样的教学方法不仅增强了学生的体验感，也让传统艺术在现代技术的帮助下焕发新生。学校与圆明园、颐和园合作，探索校园美育体系的课程建设，研究跨学科美育课程，并致力于将这些研究成果推广至海淀区乃至全国。这种合作模式有助于将美育教育与历史文化遗址相结合，为学生提供更加丰富的学习资源和环境。学校正在逐步构建的"园校合作美育课程体系"，包括"走进圆明园"跨学科美育系列现场课、国家课程校本化研究专题课、中国传统经典诵读与讲解系列课程等。此课程体系的建设和完善，有助于提升学生的审美素养和文化认同感。探索艺术团体的训练课程与竞赛课程交互，不仅丰富了学生的校园生活，也为他们提供了展示艺术才华的平台。通过参与乐团丰富的活动，学生能够在实践中学习和体验音乐的魅力。

多年以来，北京一零一中学通过探索多学科融合美育、科技与传统艺术结合美育、园林与学校合作美育、美育课程体系建设以及艺术团体活动美育等方式，全面推进跨学科美育教育，使学生在多元化的教育环境中获得全面发展。课题团队在跨学科美育课程设计、实施策略方面进行了深入地研究与实践，本书从跨学科美育的理论入手，围绕跨学科美育实践以及课程设计与实施，整合出一系列课程方案，优化出可行性教学策略，与各位同仁分享，也期待得到更多指导和帮助。

目　录

第一章　导论　　　　　　　　　　　　　　　　　　　　　1
　　一、分科教学导致的跨学科思维丧失　　　　　　　　　1
　　二、未来社会需要多领域综合型人才　　　　　　　　　1
　　三、教育要适应时代发展需求和挑战　　　　　　　　　2
　　四、中学跨学科美育课程架构与实施　　　　　　　　　2
　　五、教育新时代中跨学科美育势在必行　　　　　　　　4

第二章　基础理论　　　　　　　　　　　　　　　　　　　7
　第一节　美育和生态智慧教育　　　　　　　　　　　　　7
　　一、美育的内涵与外延　　　　　　　　　　　　　　　7
　　二、什么是生态智慧教育　　　　　　　　　　　　　　9
　　三、生态智慧教育和美育的关系　　　　　　　　　　　10
　　四、生态智慧教育和跨学科美育　　　　　　　　　　　10
　　五、国内近现代美育概况　　　　　　　　　　　　　　11
　　六、国际教育中的跨学科美育　　　　　　　　　　　　13
　第二节　跨学科美育理论基础　　　　　　　　　　　　　14
　　一、跨学科美育的定义　　　　　　　　　　　　　　　14
　　二、跨学科美育理论　　　　　　　　　　　　　　　　15
　　三、美育为什么要跨学科整合　　　　　　　　　　　　18
　　四、美育怎样跨学科整合　　　　　　　　　　　　　　19
　　五、跨学科美育的课程开端　　　　　　　　　　　　　20

六、跨学科美育的育人价值　21
　　七、全民美育时代的学校举措　23

第三章　课程设计　27
　第一节　跨学科美育课程设计前的准备　27
　　一、有明确的美育目标　27
　　二、探讨有效的美育策略　28
　　三、美育实施体现多元创新　31
　　四、综合发挥各学科美育价值　32
　　五、跨学科美育整体设计方案　33
　第二节　美育跨学科专题课程群设计解析　36
　　一、绘画美育课程　37
　　二、雕塑美育课程　42
　　三、建筑美育课程　46
　　四、工艺美育课程　51
　　五、摄影美育课程　56
　　六、摄像美育课程　61
　　七、书法美育课程　65
　　八、篆刻美育课程　70
　　九、设计美育课程　74
　　十、音乐美育课程　80
　　十一、合唱美育课程　84
　　十二、舞蹈美育课程　87
　　十三、戏剧美育课程　91
　　十四、电影美育课程　97
　第三节　非艺术学科跨学科美育课程设计　105
　　一、文学美育课程　105
　　二、数学美育课程　109
　　三、物理美育课程　114
　　四、化学美育课程　118
　　五、生命科学育美课程　120
　　六、英语美育课程　123

七、历史美育课程　　126
　　八、地理美育课程　　130
　　九、政治美育课程　　135

第四章　校内实施　　141
第一节　校园跨学科美育综合实践项目实施办法　　141
　　一、活动目标　　141
　　二、活动内容　　141
　　三、活动形式　　142
　　四、活动实施　　142
　　五、活动评估　　142
第二节　校内跨学科美育综合实践项目实施案例　　143
　　一、创意设计工作坊案例：创意之光校园艺术工作坊　　143
　　二、校内艺术展演项目案例：艺术之光——校园艺术节　　144
　　三、文化艺术节案例：梦想舞台——中学生文化艺术节　　146
　　四、校园环境美育案例：美丽校园——校园环境美化项目　　148
　　五、戏剧创编与表演美育案例：舞台之光戏剧创编表演项目　　150
　　六、手工艺美育案例：中学生手工艺俱乐部　　151
　　七、数字艺术美育案例：创意编码——中学生数字艺术实验室　　153

第五章　校外拓展　　155
第一节　校外拓展课程结构及创意设计　　155
　　一、课程目标　　155
　　二、课程内容　　156
　　三、课程形式　　156
第二节　中学生校外跨学科美育综合实践　　157
　　一、活动实施策略及项目设计　　157
　　二、社会实践美育案例：绿色未来——环保主题社会实践项目　　158
　　三、社区服务美育案例：共建社区——中学生社区服务　　159
　　四、民风美育案例：探寻乡愁——中学生民俗风情考察　　160
　　五、科学地理调查美育案例：探索自然奥秘——科学地理调查社会实践　　162

  六、园林美育案例：中学生"醉美桃花节"跨学科美育项目   164
  七、花韵园林：中学生园林写生课主题跨学科美育活动   166
  八、"走进园林"跨学科实践策略   168
 第三节 博物馆艺术课跨学科美育活动实施策略   170
  一、博物馆艺术课实施策略   170
  二、走进中国美术馆："艺术之旅"——美术馆跨学科美育活动   172
  三、博物馆艺术课：艺术之旅——走进清华大学艺术博物馆   174
  四、博物馆艺术课教学策略   175

第六章 课程反思   177
 第一节 跨学科美育课程的评价策略   177
  一、评价目标   177
  二、评价内容   177
  三、评价方法   178
 第二节 跨学科美育育人效果及实施策略   178
  一、中学跨学科美育课程群打开学生视野   178
  二、跨学科美育策略现用现查   179
  三、美育跨学科教学提升综合思维能力   180
  四、美育跨学科教学能帮助教师终身学习   180
 第三节 跨学科美育实践展望   182
  一、跨学科美育的背景分析及前景展望   182
  二、跨学科美育实践的方法与途径   182
  三、艺术与科学结合进行跨学科美育   184
  四、多元文化融合与创新实施跨学科美育   185
  五、跨学科美育拉动教育评价体系改革   186
  六、跨学科美育促进教师角色转变与专业发展   187
  七、跨学科美育促进学生综合素质的提升   189
  八、社会文化环境的支持与推进   190
  九、跨学科美育未来发展趋势与挑战   191

附录   193
 附录一 跨学科美育校园书法综合实践活动新闻报道   193

附录二	走进园林跨学科美育项目实施案例	195
附录三	中国书画跨学科美育单元教学设计示例	198
附录四	书法主题跨学科美育案例	214
附录五	历史与美术跨学科美育案例	226
附录六	历史与语文跨学科美育案例	228
附录七	"美育小花聚圆明"活动纪实	231
附录八	博物馆艺术课活动纪实	239
附录九	"走进圆明园"美育大课堂新闻报道	245
附录十	助力教师跨学科美育素养提升	248

参考文献   257

后记   259

第一章 导论

　　人是完整的，学习知识是为了丰富和服务人生。人类从蒙昧走向文明，逐步构建知识体系并代代传承。中华民族的审美文化由来已久，绵延数千年。从原始的岩壁画、彩陶瓶罐、建筑遗址，到古代生活工具的发明创造，人类智慧在艺术和科技高度结合的推动下蓬勃发展，助力社会的进步。

一、分科教学导致的跨学科思维丧失

　　因教育的需要，知识被人为地划分成各门学科，如语文、数学、英语、地理、历史、政治、物理、化学、生物、体育、美术、音乐等，分科教学是当下普遍执行的教学方式和教育手段。分科教学的优势在于系统编排知识，难度逐级提升，直指育人目标。由于高考育才的需要，师生必然在内心将知识分个高低上下，排个亲疏远近。长此以往，就形成了学科分化、各自为政的教学现象，思维窄化成为分科教学的弊端。高科技、人工智能介入生活，使人意识到科技教育的时代价值，也认识到立体思维的重要性。要解决未来社会的未知问题，必须保持思维的活跃，创造性思维、混合立体思维尤其重要。在全民教育向科技倾斜的同时，教育者也逐步意识到美育润心的重要价值。近几年国家大力倡导跨学科美育，期待能突破思维窄化难题，达到"以美育心、以美培元"的教育目的。

二、未来社会需要多领域综合型人才

　　在中国古代，"德"必和"美"并列，是为"美德"。美德是一种从内而外产生的力量，当一个人心中充满着对世界的爱，对环境的敬畏，对生命的尊重时，他的内心是明亮的，不仅个人不会迷茫，不会焦虑，还能够推己及人，全力以赴地奔向自己的理想和目标，为他人、为社会奉献满腔的爱，成就自己，惠及他人，活出精彩的人生。中国古代仁人君子，无不具有崇高的美德，他们的思想影响千年，他们的成果世代传播。拥有"美德"使人幸福，它像金字塔的塔尖，所在位置能影响一个人向上的高度、向内的深度，能使人珍惜时间、把握当下，调动内在的一切能量为推动社会的进步奉献一生。美德是一种由内而外的修养，很难量化，不好评估，因此围绕美德展开的"美的教育"——美育也比较难以落实。在五育并举的当代，"美育"成为一大热词，是教育的热点，也是难点。

三、教育要适应时代发展需求和挑战

美术是关乎美的，而美育是精神的培育、心灵的培育。心灵如果要立体和充盈，必须有多学科知识的整体架构。随着社会的发展和科技的进步，教育体系需要不断适应新的需求和挑战。《人民日报》的时评文章，已经在倡导把美育纳入学校人才培养的全过程，围绕"美育"和"育美"的话题层出不穷。中学美育工作的落实，一方面依赖课程设置和内容优化，另一方面要进行教师培训和专业发展，除了大单元教学、项目式学习、核心素养本位教学，还需要外围管理统一部署，全学科美育才是解决问题的关键。借助"跨学科美育"帮助学生脱离单一学科知识维度，激发思维活性，建立跨学科思维模式，学会调动全学科的知识分析问题并融会贯通，才是未来教育的目标和方向。

四、中学跨学科美育课程架构与实施

中学跨学科美育，需要整合知识，筛选项目，凝练主题，制定跨学科美育系列课程，使美育课程与文化课程相互融合，形成多元化的跨学科课程体系供学生选修。首先，学生根据年龄、心理特点和兴趣爱好，选择喜欢的课程内容。例如，中西方艺术作品赏析、各门类艺术创作实践、民间艺术传承等，看似围绕美术展开学习，实则拓展到生活的方方面面，调动学习兴趣，激发创作热情。其次，要提升全学科教师的文化修养和艺术审美能力，创新教学方法。特别是倡导全学科教师挖掘学科美育元素，利用课外活动积极实施多学科美育。鼓励师生参加各级各类的艺术竞赛、艺术实践和学术交流活动，开阔视野，提升专业水平，增强教师的艺术实践能力和创新精神。第三，通过营造校园文化氛围实施跨学科美育。例如，建设学校的艺术长廊、文化墙、艺术角等，策划各类跨学科艺术活动，利用画展、音乐会、文艺比赛等，营造良好的艺术氛围，激发学生的艺术兴趣和创造力；鼓励学生通过参加校外艺术比赛和展览，提高艺术水平和自信心，在潜移默化的氛围中受到艺术熏陶和感染。第四，通过策划和组织艺术实践活动实施跨学科美育。组织学生参加各类艺术实践活动，如艺术夏令营、文化交流活

动、社区艺术活动等,让学生在实践中体验艺术的魅力。第五,建立健全的艺术实践活动管理制度,确保活动的安全性和教育性。同时,加强对活动效果的评估和反馈,不断改进和完善实践活动。第六,促进家校合作和社区资源的利用。加强与家长的沟通与合作,让家长了解美育的重要性,邀请家长参与校园艺术活动,共同促进学生的全面发展。充分挖掘社区周边的艺术资源,如美术馆、博物馆、音乐厅等,为学生提供更多的艺术实践机会。加强与社区的合作与交流,共同推进社区文化艺术建设。第七,建立与完善评价机制。建立科学合理的评价机制,对学生的学习成果和教师的教学效果进行全面评估。注重评价的多样性和开放性,鼓励学生自我评价和相互评价。根据评价结果,及时调整和改进美育实施方案,不断提高美育工作的质量和效果。同时,加强对评价数据的搜集和分析,为学校艺术教育决策提供科学依据。以上都是落实跨学科美育的可行策略。本书既是校园管理者的跨学科美育指南,也是艺术教师的必读书。民国时期的教育家蔡元培先生深知美育的教育价值,甚至倡导"以美育代宗教",如今只有学校领导和全学科教师都认识到美育的重要性,而不仅仅靠艺术教师落实美育,才能从根源上解决诸多的社会问题。在教育部倡导"美育浸润"的当下,全民美育的热潮风起云涌,如五月的天空,激昂、荡漾(见图1-1),中国美育的春天即将来临。

图1-1 五月的歌 作者陈默 水粉画创作 60 cm×80 cm 2016年

五、教育新时代中跨学科美育势在必行

美育已经在全面育人中发挥了不可替代的作用，而校园美育却不尽如人意。当下中学生已经暴露出单学科思维明显、感性素质低、思路狭隘、思维不活跃、思考动力不足等问题。热爱文学的同学埋头读书、热爱科技的同学专注刷题，这并未使教师和家长感到欣慰，相反，学习焦虑、心理问题频发困扰着众多学生、教师和家长。身无所寄，生无所恋，学习与人生的价值和意义缺失，导致学生对学习失去了热爱，对世界缺少了好奇，只能沉迷于感官的刺激而不能自拔，面对生活现实的挑战无所适从。初中生的课间，有趣的游戏早已悄悄地走远，替代的是两极分化的课间休息状态：男孩子无休无止的追跑打闹和女孩子与年龄不符的安静，课堂上睡倒一片的状态也时有出现（见图1-2）。单学科教学也让教师思维日渐窄化，忽视跨学科知识间的横向联系。科学教师完全没有审美素养，穿着睡衣走进课堂者大有人在，令人啼笑皆非。不仅如此，学生们目标感强，追求结果、忽视过程，考什么就学什么、不考就不学的现象极为普遍。同时，社会美育水平也不尽如人意。当下社会美育水平过低，已经导致全民审美能力下降，文化氛围停滞不前，创新能力和创造力不足。由

图1-2　课间十分钟　作者陈默　中国画　写意
120 cm×240 cm　2014年

于社会美育水平的下降，人们的社交能力无法得到充分的培养和提升。青年人社交能力下降，已经导致社会问题频发，甚至影响到青年人的普遍情感水平和社会关系的建立。初高中阶段的积累可以为一生的美育水平奠基，为培养应对未知世界的一代新人，必须重视应对复杂问题的创造性思维和多角度思考等核心竞争力的培养，而跨学科美育在其中能发挥重要作用，中学美育跨学科整合设计是解决诸多矛盾问题的有效方案。确立明确的育人目标，课程设计突出主题，实施路径体现多元创新，将"以美育人、以美润心"作为跨学科美育实践的核心着力点，使中学美育跨学科整合设计能综合各学科优势，发挥美育的"培根铸魂"教育价值。

第二章

基础理论

跨学科美育是指将美育与其他学科进行有机融合，通过跨学科的方式来提高学生的学习成效和审美素养。这种融合不仅能够促进学生对美育的理解和认知，还能够培养学生的综合素养和创造力。其核心思想是"学以致用"，即通过美育来实现对其他学科知识的运用和创新。跨学科美育在教育中具有重要的意义。一方面，美育可以培养学生的审美意识和审美能力，提高其文化素养和艺术表现能力。另一方面，美育还可以促进学生产生学习兴趣和动力，提升学习效果和创造力。

第一节 美育和生态智慧教育

一、美育的内涵与外延

（一）以美育心

美育是审美教育，也是情操教育和心灵教育。美育不仅能提升人的审美素养，还能潜移默化地影响人的情感、趣味、气质、胸襟，激励人的精神，温润人的心灵。美育与德育、智育、体育相辅相成，相互促进。中学美育的育人导向，是以美育人，以文化人。通过审美教学与美感教学相结合提升学生认识美、理解美、欣赏美、创造美的能力，是新时代培养"德、智、体、美、劳"全面发展的社会主义建设者和接班人的重要着力点，在"立德树人"方面发挥着独特作用。我国社会主义学校美育是为建设社会主义精神文明和培养学生心灵美、行为美服务的。美育可以发展道德情操，丰富知识，发展智力，增进身心健康，激发对劳动和人民的热爱。

（二） 以美养德

中西方古代美育目标和方法有许多相通之处。古代中国认为美育通过艺术手段来达到感化人心、提高人的道德素质和教化的目的。美育不仅是艺术的教育，更是道德的教育，强调艺术在培养人的德行方面的作用。使人具备"仁、义、礼、智、信"等品质，以及欣赏艺术、感悟人生的能力。美育内容主要包括音乐、舞蹈、诗歌、绘画等艺术形式。这些艺术形式在古代被视为重要的教育手段，能够感化人心、陶冶情操，培养人的审美情趣和道德素质。美育方法主要是艺术实践和艺术欣赏。艺术实践包括演奏乐器、跳舞、画画等，而艺术欣赏则主要是欣赏音乐、诗歌、戏剧等。在古代中国，美育被视为教育的重要组成部分，与德育、智育、体育同等重要。美育被视为培养人的德行的重要手段，对人性格的形成和发展具有重要影响。

（三） 以美启智

古代西方认为美育通过艺术手段来净化心灵、提升精神境界和道德素质，从而增长人生智慧。美育不仅是艺术的教育，更是精神的教育，强调艺术在塑造人的精神世界方面的作用。美育的目标是培养人的精神品质和审美情趣，使人具备高尚的道德情操和崇高的精神追求。音乐、舞蹈、雕塑、绘画等艺术形式被视为重要的教育手段，能够净化心灵、陶冶情操，培养人的精神品质和审美情趣，帮助人理解生命的价值。美育方法主要包括艺术实践和艺术欣赏。艺术实践包括演奏乐器、跳舞、画画等，而艺术欣赏则主要是欣赏雕塑、绘画、戏剧等。在古代西方，美育被视为教育的重要组成部分，与德育、智育、体育同等重要。美育被视为塑造人的精神世界的重要手段，对人的性格形成和发展具有重要影响。总体来说，古代中国和古代西方的美育观点都是艺术具有教育作用，能够感化人心、提升人的道德素质和精神境界。但是，由于文化背景和社会环境的不同，古代中西方的美育观点也存在一些差异，在教育内容和方式上有所不同。

（四） 以美育情

民国时期美育曾经被学者大儒提升到前所未有的至高地位。蔡元培提出"以美育代宗教"；王国维也在《论教育之宗旨》中说"教育在使人为完全之人物"。20世纪20年代，时任教育总长蔡元培进一步指出美育"皆足以破人我之见，去利害得失之计较。则其所以陶养性灵，使之日进于高尚者"，"凡是学校所有的课程，都没有与美育无关的"。蔡元培在《美育》中论述，"美育者，应用美学之理论于教育，以陶养感情为目的者也。"在另一篇《美育与人生》中又说，"陶养的工具，为美的对象；陶养的作用，叫做美育。"美育自清末民初引入中国以来，到如今已逐渐褪去神秘色彩。自创立之时，专家们就重视其在教育实践中对于人格的塑造和完善作用。美育可以提升学生道德情操，丰富学生知识，发展学生智力，增进学生身心健康，激发学生热爱劳动、热爱人民的情感。在国家一批又一批关注美育的文件的推动下，全社会掀起了倡导美育、重视美育的新高潮。愿美育能使人心清如水、心静如古尔斯基镜头下的莱茵河（见图2-1），愿学生能从容走过青春，享受生命的过程。

图2-1　古尔斯基的莱茵河　作者陈默　中国画　纸本工笔120 cm×240 cm　2018年

二、什么是生态智慧教育

（一）生态智慧教育的定义

生态，指生物在自然环境下生存和发展的状态，也指生物的生理特性和生活习性，以及它们之间和它与环境之间环环相扣的关系。智慧是生命所具有的基于生理和心理器官的一种高级创造思维能力，包含对自然与人文的感知、记忆、理解、分析、判断、升华等诸多能力。智慧与智力不同，智慧表达智力器官的综合终极功能，与"形而上之道"有异曲同工之处；智力则为"形而下之器"，是生命的一部分技能。"生态智慧教育"是指运用生态智慧的发展理念实施教育，根据教育的不同场域，可以分成学校、家庭及社会中的生态智慧教育。

（二）生态智慧教育的特点

生态智慧教育是一种强调生态学和可持续发展的教育理念。它的目标是培养学生对生态系统的理解和尊重，使他们认识到人类与自然界的相互依赖关系，从而更好地管理和保护我们的环境。生态智慧教育鼓励学生思考环境问题，并培养他们成为环境保护者和可持续发展的倡导者。

三、生态智慧教育和美育的关系

生态智慧教育和美育是两个不同但密切相关的教育理念，它们在培养学生综合素养和促进其可持续发展方面发挥着重要的作用。

（一）生态智慧教育和美育都能提高社会责任感和可持续发展意识

生态智慧教育和美育之间的许多共通之处帮助学生提高综合素养、社会责任感和可持续发展意识。美育鼓励学生在艺术创作中发挥想象力和创造力，而生态智慧教育则培养学生解决综合问题的能力。这两者相辅相成，使学生能够面对各种挑战，提出创新性的解决方案。通过美育，学生能够更深刻地体验自然和人类社会的美，从而更加珍视环境。艺术作品可以反映环境问题，激发学生对环境的情感认同和保护意识。美育涉及各种不同的艺术形式和文化背景，帮助学生了解不同文化之间的共通性和差异性。生态智慧教育也强调尊重和保护不同生态系统和文化的多样性。

（二）生态智慧教育和美育都鼓励学生通过艺术表达关注社会问题

生态智慧教育和美育都强调培养学生的社会责任感，美育鼓励学生通过艺术表达关注社会问题，而生态智慧教育鼓励学生积极参与环境保护和可持续发展行动。生态智慧教育和美育在共同培养学生综合素养、增强学生环境意识和社会责任感方面相辅相成，可以为培养全面发展的个体和可持续发展的社会作出贡献。

四、生态智慧教育和跨学科美育

生态智慧教育和跨学科美育有着密切的关系。生态智慧教育强调培养学生的生态意识、环境责任感和可持续发展的能力，旨在让学生了解和关注自然环境，让他们成为具有环境保护意识和行动能力的公民。而跨学科美育则是通过将不同学科和艺术领域进行整合，促进学生的综合素养和创造力的培养。它强调通过艺术和创造性的方式，培养学生的审美能力、创造力、批判性思维和跨学科思维能力。生态智慧教育和跨学科美育的相同之处在于它们都强调培养学生的综合能力，促进其全面发展。生态智慧教育注重培养学生的环境意识和环保行动能力，而跨学科美育则通过艺术和创造性的方式培养学生的审美能力和创造力。两者可以相互促进和补充，共同培养学生的综合素养和全面发展能力。在实践中，生态智慧教育可以通过跨学科美育的方式来实施。例如，通过艺术创作和表演，学生可以表达对环境问题的关注和思考。通过跨学科的教学设计，将生态智慧教育的理念融入不同学科和艺术领域的教学中，可以使学生在学习中更好地理解和应用环保知识，培养环保责任感和意识。因此，生态智慧教育和跨学科美育可以相互支持和促进，共同为学生的全面发展和可持续发展作出贡献。

五、国内近现代美育概况

1952年教育部颁布的《小学暂行规程（草案）》《中学暂行规程（草案）》明确规定：中小学实施智育、德育、体育、美育全面发展的教育，在美育方面使小学生具有欣赏艺术的初步能力，使中学生具有初步艺术创造的能力。近二十年以来，国家文件一步步强化美育、重视美育、倡导美育，美育不再如女人的面庞般昙花一现（见图2-2），而是散发出持久的育人光华。

1957年2月，最高国务会议第十一次（扩大）会议指出，我们的教育方针，应该使受教育者在德育、智育、体育几方面都得到发展。

中共十一届三中全会以后，学校的教学秩序得到了恢复，教育走上了正轨，在这样的情况下，应该怎样认识美育在全面发展教育中的地位和作用这一问题，重新摆在了人们面前。

1981年2月，全国总工会、共青团中央、全国妇联等9个单位联合发出《关于开展文明礼貌活动的倡议》，进行了全国范围的"五讲四美"活动。

1986年4月12日，第六届全国人大第四次会议通过了《中华人民共和国义务教育法》，在关于《中华人民共和国义务教育法》草案的说明中指出，在中小学教育中，应当贯彻德、智、体、美全面发展的方针，应当使青少年儿童受到比较全面的基础教育。

1993年2月，中共中央国务院印发《中国教育改革和发展纲要》提出应试教育转向素质教育，并强调了美育的重要作用，提出

图2-2 女人花 作者陈默 中国画纸本工笔 35 cm×138 cm 2012年

要发挥美育在教学中的作用，开展形式多样的美育活动。

于 1998 年 12 月制定，由国务院批准的《面向 21 世纪教育振兴行动计划》规定：体育和美育是素质教育的重要组成部分，必须加强体育和美育的工作。

1999 年 6 月，中共中央、国务院发布《关于深化教育改革全面推进素质教育的决定》，指出：要尽快改变学校美育工作薄弱的状况，将美育融入学校教育全过程，开展丰富多彩的课外文化艺术活动。进入 21 世纪，我国进行了新一轮基础教育课程改革，学校美育教育得到了进一步强化。

2001 年 5 月 29 日公布的《国务院关于基础教育改革与发展的决定》第 17 条规定：实施素质教育，必须全面贯彻党的教育方针，认真落实《中共中央国务院关于深化教育改革全面推进素质教育的决定》，端正教育思想，转变教育观念，面向全体学生，加强学生思想品德教育，重视培养学生的创新精神和实践能力，为学生全面发展和终身发展奠定基础。实施素质教育，促进学生德、智、体、美等全面发展，体现时代要求。

2010 年国务院常务会议审议并通过的《国家中长期教育改革和发展规划纲要（2010—2020 年）》提出：加强美育，培养学生良好的审美情趣和人文素养，促进德育、智育、体育、美育有机融合，提高学生综合素质，使学生成为德智体美全面发展的社会主义建设者和接班人。

2020 年 10 月，中共中央办公厅、国务院办公厅印发《关于全面加强和改进新时代学校美育工作的意见》的通知，全面总结和规定了学校美育工作的各方面内容，指出到 2022 年学校美育工作得到突破性进展，学生审美和人文素养明显提升。到 2035 年基本形成全覆盖、多样化、高质量的具有中国特色的现代化美育体系。意见同时要求全面实施中小学艺术素质测评，将结果纳入初高中学生综合素质评价，并纳入中考计分。

截至 2024 年，国家美育方针政策旨在全面加强和改进新时代美育工作，以立德树人为根本任务，以提高学生审美素养和人文素养为核心目标，弘扬中华美育精神，实施美育强国计划，促进青少年全面发展和社会进步。该方针要求学校保障美育课程开齐开足，结合地方文化特色开设美育课程。加强美育与德育、智育、体育的有机融合，创新美育教学方式，提升美育教学质量。鼓励学校开展形式多样的艺术活动，丰富校园文化生活。鼓励社会各界积极参与美育工作，发挥公共文化设施的美育功能，加强学校与美术馆、博物馆等文化机构的合作，开展面向社会的审美教育活动，增进亲子关系。发挥家庭教育的优势，推动家校共育，形成美育合力。将美育纳入师范生的必修课，作为教师资格考试的必要内容，涵养美育情怀，提升教师全员美育意识和美育素养。开展面向教育行政人员、学校领导的专题培训和面向艺术骨干教师的美育专业培训。制定学校美育名师工作室建设标准，构建美育名师和骨干教师学习成长共同体。此举可大幅提升美育在教育中的地位。我国在美育发展的道路上是不断前进的，美育通过提高人的审美能力，培养人积极健康的审美趣味，陶冶人的心灵，提升人的境界。我们需要与时俱进，推进人的全面发展，创造出更多的优秀艺术作品，使创造者和欣赏者都能在审美活动中获得熏陶和感染。

进入新时代，习近平总书记鲜明倡导美育。他不仅肯定了美育强大的育人功能，更强调要坚持以德树人、以美育人、以文化人，提高学生审美和人文素养，弘扬中华美育精神，增强文化自信等。为了满足人民对美好生活的向往，除了精准扶贫、提高全民物质生活水平以外，还需要提升人的精神生活质量，提高人对生命和生活意义的认知，让人民过上物质和精神双饱满的美好生活。对全民进行积极感知、体验、享受和创造美好生活的教育，就是社会美育。社会美育是拓展学校美育、整合社会媒体和各种社会文化资源，共同实现中华民族伟大复兴的中国梦。

近年来，在经济飞速发展的背景下，中国学界也对艺术审美助力于心理健康以及人生幸福指数的巨大功用给予了高度重视。到大学阶段，多数同学将告别完整而又系统的美育课。基于此，体验生命之美、感受社会生活之美、欣赏艺术之美，使学生懂得去追求审美的人生将是初高中美术教育教学的重要目标。基础教育审美对人一生的成长与幸福具有重要价值。毫无疑问，一个努力追求有情趣、有价值的生命过程的人，将拥有丰富多彩的人生。

六、国际教育中的跨学科美育

国际教育中的美育现状呈现出以下几个主要趋势和特点。

（一）重视综合素养培养

国际教育机构越来越重视学生的综合素养，包括审美能力、创造力、文化意识等，美育被视为培养学生全面发展的重要途径。

（二）强调跨学科整合教育

美育在国际教育中得到越来越广泛的应用，学校倡导将艺术教育与其他学科整合，促进学生跨学科思维和创新能力的培养。

（三）注重实践与体验过程

注重通过实践和体验式学习来提升学生的美育素养，例如，艺术作品创作、音乐表演、戏剧表演等活动成为教学的重要组成部分。

（四）强调多元文化融合教育

国家教育中的美育强调多元文化的融合与交流，鼓励学生欣赏和尊重不同文化背景下的艺术表现形式，促进跨文化理解和交流。

（五）注重数字化与创新技术教育

国际教育机构开始探索利用数字化和创新技术来支持美育，例如，虚拟现实、增强现实等技术被应用于艺术教育中，为学生提供更丰富的学习体验。

（六）注重国际交流与合作

国际教育机构积极开展国际交流与合作项目，促进不同国家间的美育经验分享和合作，推动全球美育的发展。

总体而言，国际教育中的美育正逐渐成为教育改革和发展的重要组成部分，为学生提供更广阔的学习空间和发展机会，培养具有全球视野和创新精神的公民。

第二节　跨学科美育理论基础

跨学科整合是由不同学科合并或融合，将一些有着内在联系的知识融会贯通，尝试以跨学科教学为立足点，探索而成的新的教学模式，也称交叉学科教学。这是超越单一学科边界而进行的涉及两个或两个以上学科的知识创造与传播活动。通过整合两个或更多学科的专业知识体系、概念以及理论，促进理解或解决单一学科或领域的难题。

一、跨学科美育的定义

跨学科美育是一种美学理论、艺术实践、文化传承、审美情感、创新思维、人文素养、社会责任感、跨学科合作、多元文化交融以及美育政策与规划等多个方面相互融合的教育理念与实践。它旨在培养具有全面素质和创造力的人才，促进个体和社会的发展。

美学理论是跨学科美育的基础，它关注美的本质、特征以及表现形式等方面。通过对美学理论的学习，学生可以深入了解"美"的内涵和外延，为审美实践提供理论指导。

艺术实践是跨学科美育的重要组成部分，它包括音乐、舞蹈、绘画、戏剧等多种艺术形式。通过艺术实践，学生可以亲身感受艺术的魅力，提高审美感知和表达能力。

文化传承是跨学科美育的重要使命之一。它旨在传承和弘扬优秀传统文化，让学生了解不同文化的特点和价值，增强文化自信和跨文化交流的能力。

审美情感是人们对美的内心感受和体验，它是跨学科美育的核心要素之一。通过审美情感的培养，学生可以提升情感表达和情感管理能力，建立健康的人格和情感世界。

创新思维是跨学科美育的重要目标之一，它注重培养学生的创新意识和创新能力。通过创新思维的培养，学生可以更好地应对复杂多变的社会环境，推动个人和社会的发展进步。

人文素养是跨学科美育的重要基础，它关注人类文化遗产、文学、历史、哲学等多个领域。通过人文素养的培养，学生可以提升综合素质和文化修养，培养对人类文明的理解和尊重。

社会责任感是跨学科美育的重要价值取向之一，它强调个人对社会的责任和贡献。通过社会责任感的培养，学生可以形成积极向上的价值观和行为准则，为社会的发展进步作出贡献。

跨学科合作是实现跨学科美育的重要途径之一。跨学科合作可以整合各学科优势资源，促进学科之间的交叉融合和创新发展，同时还能培养学生的团队合作和交流能力，提高整体教育质量。

二、跨学科美育理论

跨学科美育研究的理论基础涉及多个学科领域的知识和理论，包括美学、教育学、心理学、社会学、文化学等。

（一）美学理论

美的本质是指美的本源或基本属性。客观主义认为美是客观存在的，而主观主义则认为美是主观感受，是人的意识、情感和认知的表现。美学是一门综合性学科，与其他学科有着密切的关系。美学研究美的本质、特征、意义以及美的创造、欣赏、评价，探究人类对美的认识和追求，以及美对人类的影响和价值。审美体验是个体对美的独特感受和认知。艺术作品是美的载体。艺术作品的美受到时代、文化和社会背景的影响。美的表现形式包括自然美、社会美、艺术美等，艺术美往往指绘画、音乐、文学等。创造美需要灵感、技能和创造力。跨学科美育是指调动多学科知识围绕艺术学科来展开立体多维的教育，围绕艺术美的感受、形成过程等方面进行讨论。在跨学科美育研究中，美学理论为了解美育的目标、内容和方法提供了重要依据。

（二）教育学理论

教育学是研究教育过程和教育方法的学科，它提供了关于学习和教育的原则、方法和实践经验。教育学旨在揭示教育的本质、特点和规律。教育学基本理论包括教育哲学、教育史学、教育社会学、教育心理学等，为教育实践和教育政策提供理论支持和实践指导。教育心理学是研究教与学过程中的心理活动和行为的学科，旨在揭示学生的学习规律、教师的教学策略以及教育环境对学生发展的影响。教育心理学为教学设计、教育评价和教师教育提供理论依据和实践指导。

学习与发展理论是研究个体学习和发展的过程和规律的学科，旨在揭示个体在学习和发展过程中的特点和规律。学习与发展理论包括认知发展理论、行为主义学习理论、人本主义学习理论等多个流派，为教育教学提供理论基础和实践指导。课程与教学设计理论研究课程和教学设计的原理和方法，旨在提供有效的课程和教学设计框架，以提高教学质量和学生学习效果。课程与教学设计理论包括课程开发理论、教学设计理论、学习环境设计理论等，为课程和教学提供实践指导。教育评价与测量理论是研究教育评价和测量的原理和方法，旨在提供有效的评价和测量工具，以评估学生的学习成果和教师的教学效果。教育评价与测量理论包括项目反应理论、经典测试理论、多元智能理论、建构主义评价、形成性评价、总结性评价、同伴评价、自我评价、基于标准的评价等，为教育实践和教育政策提供实践指导。跨学科美育研究需要基于教育学的理论，探讨如何更有效地进行美育。

（三）心理学理论

感知心理学是研究人类如何感知外部世界的学科。它主要关注人们如何通过感官接收信息，并将其转化为有意义的主观体验。感知心理学涉及许多领域，包括知觉、感知觉理论、感知障碍等。认知心理学是研究人类认知过程的学科，主要关注人们如何获取、储存、处理和运用知识。认知心理学研究包括记忆、思维、语言、问题解决等，对人工智能和计算机科学等领域也有重要影响。发展心理学是研究人类从胎儿到老年的发展过程的学科。它主要关注不同年龄阶段的心理发展特点和规律，包括胎儿期、儿童期、青少年期、成年期等各个阶段的发展。发展心理学对教育、家庭和健康等领域具有重要指导意义。人格心理学是研究个体差异和人格结构的学科。它主要关注个体的人格特质、动机和价值观等，以理解不同个体的行为和心理状态。人格心理学对心理咨询、教育和人力资源管理等领域有重要影响。心理学探讨人类的认知、情感、行为等，对于了解个体在美育活动中的反应、体验和学习过程非常重要。

（四）社会学理论

社会学关注个体在社会群体中的行为和影响。社会结构理论关注社会中各种稳定、持久的社会关系，以及这些关系如何影响个体和群体的行为。它包括对阶级、阶层、家庭、组织、社区等社会结构形式的研究，以及对社会不平等的起源和影响的探讨。文化社会学理论主要研究文化与社会的关系。它关注文化的定义、特征和功能，以及文化如何影响个体和群体的行为、思维和社会关系。该理论探讨文化的起源、传播和发展，以及文化如何塑造社会制度和个体认同。行动社会学理论强调个体在社会中的主动性和创造性。它关注个体如何通过行动塑造社会关系和结构，行动的动机、意义、后果、逻辑、策略和社会条件，以及行动如何影响社会变迁和个体发展。跨学科美育研究需要考虑美育在社会和文化层面的意义和影响，以及美育对社会的作用和功能。

这是一幅双联画，所以不是一幅图、而是两幅图，但是，其中一幅图也可以独立成画。此图用昙花的短暂开放表现人生的短暂，青春易逝；用陶瓷器皿暗示无论动物还是植物，生命是历史中的一个阶段。只有让心平静安详，才能觅得人生智慧。也同时提示观者：趁青春，尽快抓住基础教育阶段实施美育，时不我待，育人、育心、育才，教育不等人（见图2-3）。

图2-3　守静　中国画　作者陈默　纸本工笔35 cm×138 cm×2 2019年

（五）文化学理论

文化学研究文化的形成、传播、演变等方面。文化学理论作为研究文化现象、文化演变和文化传播的学科，对于跨学科美育实践具有重要的指导意义。在跨学科美育实践中，文化学理论提供对文化背景、文化内涵和文化传承等方面的深入理解，帮助我们更好地发掘和利用各种文化资源，培养具有全面素质和创造力的人才。跨学科美育作为一种综合性的教育理念和实践，旨在通过美学、艺术、文化等多个领域的融合，促进人的全面发展。在跨学科美育的实践中，新的教育模式和教育成果不断涌现，为文化学提供了丰富的实践经验，进一步丰富了文化学理论体系。文化学与美育在人的全面发展中具有重要地位。文化学理论指导人们深入理解文化的内涵和价值，提高文化素养和审美能力；而跨学科美育则通过丰富的教育实践，促进个体在审美、创新、社会责任感等方面的全面发展。两者相互促进，共同推动人的全面发展。跨学科美育不仅关注传统的美学和文化传承，同时也注重创新和对现代文化的探索。通过跨学科合作和多元文化的交融，美育实践者能够发掘和创造新的艺术形式和文化表达方式，推动文化的创新和传承。同时，跨学科美育也促进了不同文化之间的交流和理解，有助于保护和传承世界各地独特的文化遗产。文化学与美育的融合有助于培养个体的审美情感、社会责任感和跨文化交流能力，从而促进社会的和谐发展。通过深入理解和欣赏不同文化背景下的艺术作品和美学理念，人们能够更好地理解和尊重各种文化差异，增强社会包容性和文化多样性。同时，美育实践中的团队合作和交流能力培养也有助于提升社会凝聚力和协同效应。在跨学科美育研究中，文化学理论有助于理解不同文化背景下的美育观念和实践。

三、美育为什么要跨学科整合

美育围绕审美展开，已经成为美学、教育学、心理学、人类学的交叉领域。美育实施途径包括美术、音乐、戏剧、舞蹈、影视等，但并不限于艺术。语文、历史、地理、数学、生物、物理也有美育，甚至政治、体育、生命科学等领域也离不开美育。

中学美育跨学科整合设计是从特定主题出发，围绕美育核心开展的课程整合教学研究，针对一个教育专题，跨越学科界限，将授课内容重新组合，通过多学科教师相互辅助备课，交叉授课，由教师或教师团队对两门及以上学科的知识、资料、技术、工具、方法进行归纳分析，以调动全学科素养、构建全面认识为目的，依据学习需求整合并设计课程，以达到立体多维的教育目标，为打造"德、智、体、美、劳"全面发展的"完全之人"助力。

基础教育为之后更高更深层的教育或职业训练作准备，中学阶段接受的审美教育成为一个人一生的审美素养的铺垫和基础。当下，蔡元培提出的五育并举在"大美育"目标的带动之下，将通过跨学科整合落到实处，其中跨学科美育成为最有效也最重要的途径。

国内跨学科研究都在以"大美育"的概念打造适合中国孩子的同步艺术教材，从小培养儿童的艺术语言及艺术素养，开展促进国际化思辨和交流能力的博物馆和艺术家特色活动课程。要让学生为未来的职业发展做准备，必须让其超越学科的界限进行思考。社会领域的文艺跨界实践，大学里的文理跨界教学都启发了基础教育层面的跨学科教学探索。围绕美术本体实施鉴赏与创作实践，探索跨学科教学，尝试融合多学科的知识、技能、教育理念、教学方法，研究跨学科整合实施美育的可行性策略，在中学阶段具有重要意义。

通过跨学科整合实施美育可以促进学生的综合素养发展，提升学习动力和兴趣，培养综合思维能力及终身学习能力，丰富学习体验和表达方式。这种综合的教育方式有助于学生全面发展，更好地应对未来的挑战和机遇。跨学科整合可以帮助学生在不同学科和艺术领域之间建立联系和桥梁，促进综合素养的发展。跨学科整合要求学生跳出传统学科边界，进行综合思考，形成跨学科思维。这种综合思维能力对于解决复杂问题和应对现实挑战非常重要，可以培养学生的创新能力和适应能力。跨学科整合可以为学生提供多样化的学习体验和表达方式。通过艺术和创造性的活动，学生可以以不同的方式表达自己的想法和情感，提高表达能力和艺术素养。通过跨学科的学习和实践，学生可以培养自主学习、合作学习和批判性思维等能力，为未来的学习和职业发展打下坚实的基础。

四、美育怎样跨学科整合

跨学科美育研究需要综合运用多个学科领域的理论和方法，以全面地探讨美育的问题。跨学科美育研究可以采用多种方法进行探索和实践。

文献综述：通过查阅相关文献，了解和分析已有的跨学科美育研究成果和理论基础，从中总结和归纳出关键观点和发现。

实证研究：通过设计实验、调查问卷、观察等方法，收集和分析数据，以验证跨学科美育对学生学习和发展的影响。这种研究方法可以提供定量数据支持，帮助评估跨学科美育的效果。

质性研究：通过深入访谈、观察、案例分析等方法，收集和分析学生、教师和其他相关参与者的经验和观点，以了解他们对跨学科美育的看法和体验。这种研究方法可以提供丰富的描述性数据，帮助揭示跨学科美育的实际运作效果。

行动研究：与教师和学生合作，共同设计和实施跨学科美育项目或课程，然后反思和调整实践过程，以改进教学和学习效果。这种研究方法强调实践和反思的结合，促进实践知识的生成和分享。

案例研究：通过深入研究个别学校、教师或项目的实践经验，了解他们在跨学科美育方面的做法和成效。这种研究方法可以提供具体的案例和经验分享，为其他学校和教师提供借鉴和启发。跨学科美育研究旨在深入探讨美育的目标、意义、方法，以及美育在个体、社会和文化层面的作用和价值。跨学科的研究有助于促进美育的发展和改进，提升学生的审美素养和创造力，同时也为更好地认识和理解美育的重要性作出贡献。

五、跨学科美育的课程开端

跨学科美育课程的历史可以追溯到20世纪初。20世纪初期至中期，在欧洲和美国，一些教育家和艺术家开始提倡将艺术与其他学科整合，以促进学生的全面发展。例如，德国教育家赫尔曼·穆特修斯（Hermann Muthesius）提出了将艺术与科学、工程和工艺结合的理念。

1960—1970：在美国，跨学科教育和美育开始受到更多关注。一些学校和教育机构开始实施跨学科美育课程，将艺术与科学、数学、社会科学等学科进行整合，以促进学生的创造力和综合素养。

1980—1990：跨学科美育在教育领域得到更广泛的认可和应用。一些学校和教育机构开始开设跨学科美育课程，并将其纳入教育改革的议程中。同时，相关的研究和理论也逐渐发展起来。

2000年至今：跨学科美育在全球范围内得到越来越多的关注和推广。许多国家和地区将跨学科美育纳入教育政策和课程标准，以培养学生的创造力、批判性思维和综合素养。同时，跨学科美育的研究也在不断深化和拓展。

在将自然科学、技术科学、人文社会科学相结合进行整合研究的方法论的指导下，英国国家科学基金会组织力量研究"艺术在促进学生发展中的价值"，发现中小学的艺术类课程在提高学生的想象力和创新能力方面具有独特的意义和价值，该基金会于2007年组织专门研讨会，讨论如何将艺术学科（art）融入STEM（science，technology，engineering，mathematics，科学、技术、工程、数学）教育，这次研讨会被视为英国国家层面STEAM跨学科整合课程开发的开端。跨学科整合实施美育是以审美为核心抓手，以美育为最终目标，围绕地理、生物、科学等学科研究宇宙星空、山川河流、植物动物乃至微生物，感受生命之美；通过政治、语文、外语、历史等学科融合帮助学生了解人类思想、思考社会规则、提升道德修养，感受社会之美；通过数学、物理、化学等学科研究人类在科学发现、创造、实验等领域的理性思维、感受科技之美；通过音乐、美术、舞蹈、戏剧、电影等学科融合带领学生欣赏艺术之美。无论感受与表达的是自然之美、社会之美、科技之美还是艺术之美，美育的终极目标都指向帮助孩子们追求幸福美好的人生。

美国学者乔吉特·亚克曼（Georgette Yakman）经过研究和实践，在 STEM 教育中加入了 A（art，艺术）元素，提出 STEAM 跨学科课程整合的概念并构建了相应的模型。该模型根据学生的学习阶段和整合程度自下而上分为五层。第四层是 STEAM 层，即在多学科进一步整合基础上，培养跨学科思维和创新能力；最上层是整体融合层，即超越单一学科，融合各类跨学科知识，并加以灵活应用，培养跨学科素养及在复杂情境中解决具体问题的综合能力。五层课程架构相互递进，与学生思维水平和生活经验积累相契合，彼此互相影响，下层课程是上层课程的基础，上层整合活动又会引起下层联动。不难看出，在 STEAM 教育中，艺术具有和科学、技术、工程、数学并列的重要地位，对综合思维以及创造力的培养有不可替代的重要价值，这既为新时代拔尖创新人才的培养指明了方向，也再次印证了艺术教育在基础教育阶段的重要价值。

总体而言，跨学科美育课程经历了不断的发展和演变。它的发展受到了教育改革、艺术教育理念的影响，旨在通过整合不同学科和艺术领域，促进学生的全面发展和创造力的培养。随着教育理念和实践的不断进步，跨学科美育在当今教育领域的重要性和影响力不断增强。

六、跨学科美育的育人价值

围绕美育核心目标进行跨学科内容整合，以问题或项目为导向开展跨学科教学实践，打破学科传统规范的樊篱，引领学生感受学习之美，并进一步研究和探讨跨学科美育的重要性和可行性，取得有启发性的教育成果。以美育为辐射点来展开研究，可以提升学生的学习体验和幸福指数，也可以拓宽老师学科育人的视野，更可以挖掘学科当中的美育元素，使学科更好地发挥育人价值。以审美的角度切入教学，能让学生更喜欢所学的学科。历史上的大师都是通才，其实人类的智慧是不分学科的。结合教育现状，跨学科美育有非常现实的育人价值。

（一）中学生对"美"的感受力严重不足，感性素质低

现在的中学生大多是独生子女二代，甚至是父母双方家族中的"独苗"。作为每个家庭唯一的孩子，他们从小就生活在长辈百般的关爱甚至溺爱当中。这种情况的负面影响在学校内多表现为孩子不关心集体、不爱劳动、对跟自己无关的事漠不关心，在家庭中多体现为孩子不整理房间、不爱运动、不爱阅读、不爱学习。由于整天忙于完成课内、课外的学习任务，孩子逐渐变得麻木，对学习内容也不求甚解，敷衍了事。近些年这样的孩子在中学里越来越多，他们体会不到学习之美，更无从感受生活的快乐，个性张扬却又不知所谓。在国家全力推进"双

减"政策的背景下,孩子们竟和家长一道进入突然停下来的迷茫期,日复一日的知识堆叠般的学习生活似乎一下子"断片儿"了。学校作业量减少,课外补习班取缔,业余时间该去何从?"双减"政策的目的是解放孩子的业余时间,让孩子们从课外补习班回归家庭、回归生活,从休息日的"课外班"回到家中,体会和父母家人在一起"慢生活"的美好。学校美育要引领深度学习,让学生懂得欣赏艺术之美,感受生活之美、社会之美、科技之美,在追求自身发展的同时,反省人与人、人与社会、人与自然的关系,以便将来能应对复杂的社会问题,可是多数学生表现为学习主动性不足,疲于思考、懒于思考、习惯浅表刺激、不求甚解,这让教师无所适从。中央音乐学院周海宏教授在演讲中提到的国民"感性素质低"已经传染到孩子身上,中学生文科课堂表现的"无感"尤为明显。美好的感受就如内心有烂漫的山花开放(如图2-4),那是生命的鲜活状态,蔓延全社会的"感性素质低"已经在拉低孩子的生命活性。基于此,中学校园美育的责任重大。

图2-4 心花绽放 作者陈默 纸本水粉画90 cm×110 cm 2020年

（二）中学生单学科思维明显，思考问题狭隘

中学阶段的学科划分容易造成学生的思维单一割裂，中学生对艺术的认识虽然比"美术就是画画""音乐就是唱歌"这样的想法有所进步，但依旧不能理解艺术与历史和文化背景的联系；不知道数学和美有什么关系；不明白书法学习为什么要讲历史，甚至有的同学觉得书法就是用毛笔写字而已；历史课讲泰山竟然读起了杜甫的《望岳》，这老师太不着边际，那不是考点；即使作为语言储备的英语学习，同学们也疲于日复一日的单词背诵与通篇阅读，很少有时间驻足思考，感受异域语言之美。不少学科教师都纷纷感叹学生的思维迟钝，爱钻牛角尖，学习极为被动。成年人都知道生活问题是复杂的，并没有学科划分；世界是一体的，也不能按学科切割。因为教学需要而分科，却不小心导致中学生走入单一思维的困境。单一思维会导致教学目标窄化，急功近利，而学习、求知过程的美感就此消失不见。未来学生应该是灵活调动全学科知识解决问题的行动者，教育不仅关注让学生"知晓什么"，更关注他们在现实的问题情境中"能做什么"。孩子面对真实问题情境，要调动多学科知识能力，通过跨学科思维来寻求解决方案，思维窄化不仅阻碍多学科思维，还会导致思维被动、僵化、不活跃，让人懒惰甚至钻牛角尖，走入思维困境。

（三）中学教师育人视野不宽，忽视跨学科知识间的横向联系

现在城市中学的教师多由硕士博士构成，他们本应博学通达，但在岗位上快节奏的几年单科教学打磨后，虽然对自己所学专业领域比较精通，却很难做到旁征博引，对跨出学科边界的知识知之甚少。教师忙于应付日常教学，目标单一明确，对学科外的领域无暇涉猎，甚至有的老师对本学科考试之外的内容都不再关心。在艺术教育圈里更是如此。精通西乐的不懂民乐，会画中国画的不知道油画是怎么回事，甚至能写书法的老师不会画画者也比比皆是。其实中国传统文化讲"书画同源"，硕士博士虽然专精，但也一定要知识渊博。所谓"隔行如隔山"，一个从事艺术的教师很可能对物理或者化学一窍不通，甚至从来不关注，这似乎也没有影响日常的教学。但深度思考基础教育，多学科独立教学所堆叠的宽广知识系统会造成思维僵化和单一窄化，表面看孩子们的视野得到了拓展，实际上却丢失了融会贯通的思维活性。如果能围绕审美展开教育，将知识领域铺排得宽广些，以美育问题统领全学科，不仅可以彰显美育的公共性和人文性，还能调动跨学科思维、激发创造力。

七、全民美育时代的学校举措

在当今社会，美育已成为教育的重要组成部分，对于提高学生的综合素质、促进学生的全面发展具有重要意义。在全民重视美育的当下，初高中校园美育却

处于相对孤立的尴尬境地,学生和家长都只盯着考试分数,因为审美这种东西很难量化,技术也不是短时间就能提升的,所以学习成就感不足,让家长和学生觉得浪费时间。怎样更好地落实美育?探讨跨学科美育的实践研究为我们打开了突破口。自然科学、农业科学、医药科学、工程与技术科学、人文与社会科学,上升到思想层面,都具有审美价值。基础教育阶段,无论语数外、理化生、史地政,都涵盖真善美教育的内容。面向未来的"全人"教育,跨学科整合美育是研究的趋势和方向。学校作为教育的主阵地,应该采取有效的措施,加强美育,提高学生的审美素养和创造力。

(一) 学校应该注重培养学生的审美意识

学校通过各种途径引导学生认识美、发现美、欣赏美。例如,在课程中增加美学知识的内容,引导学生探讨美的本质和特征;组织艺术展览、音乐会等活动,让学生亲身感受艺术的魅力;开设美学讲座和研讨会,鼓励学生积极参与讨论,提高对美的认识和理解。

(二) 学校应该通过各种途径提升学生的审美能力

通过美术、音乐、舞蹈等艺术课程,让学生掌握基本的艺术技能和表达方式;组织学生参加各种艺术比赛和创作活动,让学生在实践中锻炼自己的审美能力;开设阅读、写作等文学课程,提高学生的文学鉴赏能力和表达能力。

(三) 学校应该注重陶冶学生的审美情操

审美情操是指人们对美的情感体验和态度。可以开设情感教育课程,引导学生正确处理情感问题,培养健康的心态;组织文化交流活动,让学生了解不同地域、不同民族的文化特色和艺术形式;开设心理健康课程,帮助学生建立积极向上的心态和价值观。

(四) 学校应该注重培育学生的创新思维

创新思维是指人们在思考和解决问题时所采用的新颖、独特的方法和思路。可以开展科技创新活动,鼓励学生自主探索和研究;组织创意设计比赛,激发学生的创造力和想象力;开设创新思维课程,引导学生掌握创新思维的方法和技巧。美育的根本目的是促进学生的全面发展。

(五) 学校应该注重将美育与其他教育领域相结合

将美育与德育相结合,可以培养学生的道德情操和人文素养;将美育与智育相结合,可以提高学生的思维能力和创新能力;将美育与体育相结合,可以提高学生的身体素质和健康水平。同时,学校应该注重学生的个性化发展,尊重学生的兴趣爱好和特长,为每个学生提供适合自己的发展路径。

全民美育时代的学校需要从多个方面入手,培养学生的审美意识、审美能力、审美情操。学校应该注重将美育与其他教育领域相结合,同时尊重学生的个性化发展需求。通过这些措施的实施，可以有效地提高学生的审美素养和综合素质，为他们的未来发展打下坚实的基础。以审美为纽带联络多学科整合教学实践，探究美育教学策略，不仅能帮助老师们提升美育素养，深度思考美育在本学科教学中的价值，将"术"的传授上升到"道"的层面；还可以培养学生打破学科界限思考问题的能力，带领他们从历史、地理、文化、社会乃至数学、物理、生物、生命科学等角度欣赏艺术。知识是固定的，思维是无限的，用无限的思维整合固定的知识，是当代教育面临的全新挑战。

图2-5用倒下的玻璃瓶代表冰冷的情绪，鲜花作为生命，已经在快速走向生命的终点，面对生命的萌发，教育就如同干净的水源和肥沃的土壤，我们如何能保护好生命的活性是教育者的责任。

图2-5 伤逝 作者陈默 中国画 纸本工笔 35 cm×138 cm 2010年

第三章

课程设计

■ 第一节　跨学科美育课程设计前的准备

中学美育跨学科整合设计是从特定主题出发，采用大单元教学的方式，围绕美育核心目标，对不同单元知识进行跨学科内容整合，以问题或项目引领展开深度美育教学实践，利用一个教育主题"抽丝剥茧"，层层深入，触类旁通，培养学生的综合审美素养。由单个教师或教师团队对两门及以上的学科知识、资料、技术、工具、方法进行归纳分析，依据学情整合并重新设计课程。以美术学科为依托，以激发学习兴趣为出发点，以清晰的教学目标为主导，通过整合知识，调动全学科素养、构建全面认识，提高学生全方位理解问题、处理问题、创造性地调动多学科的思维方法解决问题的能力，达到"培根铸魂"的最终目标。

一、有明确的美育目标

①培养学生的审美素养：通过跨学科的整合，使学生在各个学科中都能接触到美的元素，提高他们的审美能力和鉴赏能力。

②提高学生的创新能力：美育能够激发学生的想象力和创造力，通过跨学科的整合，使学生在不同的学科领域中发挥他们的创新思维。

③培养学生的人文素养：美育是人文教育的重要组成部分，通过跨学科的整合，使学生在学习科学知识的同时，也能够理解和欣赏人类文化的成果。

④培养学生的道德情操：美育能够熏陶人的情感，通过跨学科的整合，使学生在各个学科中都能体验到美的情感，从而培养他们的道德情操。

⑤培养学生的生活技能：美育不仅仅是艺术教育，还包括生活美学，通过跨学科的整合，使学生在各个学科中都能学习到生活技能，提高他们的生活质量。

二、探讨有效的美育策略

美育着眼"全人"教育，跨学科美育重在整合。多学科介入美育，让学生围绕一个主题鉴赏与实践，在参与活动的过程中得到美的熏陶、净化灵魂，是基础美育的重要组成部分。跨学科美育是一种将美学原理和艺术实践融入不同学科教学中的教育方法。它鼓励学生从多种角度和多维度探索和理解知识，培养他们的创造力、批判性思维和审美鉴赏力。"以美育人、以文化人"，作为多学科交融的综合体，跨学科美育更应强化学生艺术核心素养的培育，着重引导和培养设计思维、创造性解决问题的能力和合作共情的能力。

（一）整合课程内容

将艺术作品和美学理论与数学、科学、语言艺术、社会学等其他学科相结合。例如，在历史课上分析艺术作品背后的历史背景，或在文学课上研究文学作品中的艺术描述，从而形成跨学科授课方式。又如，系列美育课程"大师的故事"，以各领域的杰出人物传记故事构成知识内容，包括牛顿、哥白尼、爱因斯坦、亚里士多德、柏拉图、达·芬奇、米开朗基罗、莎士比亚、巴尔扎克、罗丹、梵高、高更、苏轼、李白、乔布斯、马斯克等。讲述大师的生命历程、人生追求，构建课程体系，内容实施过程中涵盖各学科基础知识，培养学生用跨学科思维解决实际问题的能力，并感受不同领域的大师对世界的贡献，从而锻造个人的精神品格。

跨学科课程整合主题选择可以参照乔治·J·波斯纳提出的六种课程主题形式。

①探究导向主题。
②鉴赏导向主题。
③问题导向主题。
④决策力导向主题。
⑤技能导向主题。
⑥个人成长导向主题。

例如，深受学生关注的以艺术鉴赏为美育主题的"达·芬奇的艺术人生"，是美术、历史和科学三个学科相结合的典型教学内容，通过多维度整合设计，既能引导学生品赏达·芬奇艺术之美，还可以深度解析达·芬奇的伟大创造和突出贡献。这一教学策略可以推广到梵高、罗丹、徐渭、苏轼、颜真卿等艺术家鉴赏的教学主题中去。备受欢迎的中国古代十大名画之一的《韩熙载夜宴图》鉴赏主题，通过一幅名画了解背后的历史故事，解析作品高妙的艺术价值，使学生领略高超的水墨画技巧，并反思历史，最终感受到画作无与伦比的艺术创造之美。

这一课的教学策略同样可以推广到技能导向主题的清明上河图、千里江山图、洛神赋图、虢国夫人游春图、簪花仕女图、五牛图、步辇图、富春山居图、千里江山图等名画鉴赏与实践教学中去。无论是对中外艺术家及艺术作品的欣赏,还是对艺术创作的技法解析与实践体验,都要站在人性的高度挖掘美育价值,引领学生去感受作品背后的生命,因为所有的开拓性创造都源于艺术家的超凡心灵。

(二) 项目式学习

设计以项目为中心的活动,让学生通过创作艺术品或表演来探索特定主题。例如,学生可以在学习生态系统的同时创作反映自然美的画作。北京一零一中"校园桃山建设与实践项目"(见图3-1),围绕生物学科开展桃树养殖课程:种桃花、授粉、画桃花、做桃花粥、桃花饼、拍摄桃花、写桃花诗词、跳桃花舞、观看戏剧片段《桃花扇》,学唱《在那桃花盛开的地方》,育桃子、摘桃子、出售变现。授课过程中融会劳动、植物学、美术、音乐、文学、舞蹈、戏剧、经济等内容。跨学科美育综合项目学习目标直指审美,带学生在综合项目实施过程中感受学习之趣,体验审美之乐。

图3-1 北京一零一中"校园桃山建设与实践项目"活动现场

(三) 批判性对话与讨论

组织课堂讨论，鼓励学生分享对艺术作品的解读和感受。教导学生如何进行艺术批评，并应用于不同学科的学习中。

(四) 创造性表达

鼓励学生使用不同的媒介和材料（绘画、雕塑、数字媒体等）来表达自己的创意。在写作、戏剧表演或音乐创作中应用艺术元素，如色彩、形状和节奏。

(五) 实地考察与体验学习

安排参观博物馆、画廊、剧院和音乐会，让学生直接体验艺术作品和文化活动。利用户外教学的机会观察自然界的美，并将这些体验与课堂学习联系起来。

(六) 跨文化比较

教授学生如何欣赏和分析来自不同文化背景的艺术作品。通过比较不同文化的美学标准，促进多元文化之间的理解和尊重。

(七) 利用技术资源

运用数字工具和互联网资源，如虚拟现实（virtual reality，VR）、增强现实（augmented reality，AR）和在线艺术数据库，为学生提供互动式的学习体验。利用平板电脑和绘图软件等设备促进艺术创作和设计。

(八) 反思与自我评估

定期让学生反思自己的学习过程和创作成果，并总结艺术活动如何帮助他们理解其他学科。通过日志、学习档案和展示会等方式，使学生了解自己的进步情况并进行自我评估。

(九) 合作学习

鼓励团队合作，让学生在小组中共同完成艺术项目，学习协作与沟通技巧。小组成员可以分别从不同学科的角度出发，共同探讨和创造艺术作品。通过这一策略的实施，跨学科美育不仅丰富了学生的学习体验，还能帮助建立连接不同领域的桥梁，从而全面提升学生的综合素质。

(十) 教师角色的转变

教师应从传统的"知识传递者"转变为"学习引导者"和"协作伙伴"。教师需要不断更新自己的专业知识，并能够灵活运用各种教学方法来满足学生的不同需求。

图3-1所示为一位初中学生，她背对画面，目光期许，面容迷茫，面对充满未知的前方束手无策，提示观者：趁青春，尽快抓住基础教育阶段实施美育，时不我待，育人、育心、育才，教育不等人。

图3-2　前方　作者陈默　中国画
纸本水墨120 cm×240 cm　2011年

三、美育实施体现多元创新

美育跨学科整合要借助内容、问题、思想、材料的支撑,创制一套学科融合的课程。面对美术领域门类众多、风格多样、形式浩繁的特点,寻找跨学科美育的范例性和普遍性落点,锁定有价值主题,通过感受、欣赏、表达等活动方式内化知识,挖掘不同学科的美育资源,能使教师立足于学科本体,建构立体思维,打通学科界限,围绕各自学科进行多维度思考。

例如,历史教师的"时空视域下的《望岳》"美育课程中,教师首先通过语文教学的"诵其诗"引入教学主题;旋即以短视频"观其貌"介入教学;引导学生近距离品赏泰山主题优秀摄影作品以"望其景";并从地理的角度让学生感受到泰山神秀巍峨的特点;然后"识其人",搜集各时代画家采用多种技法创作的杜甫肖像,从个人与时代、历史与文化这两个角度对《望岳》诗歌创作的历史背景进行介绍;升华阶段的"感其情",则请同学们结合美术、地理、历史、语文知识,对"望岳"诗中所见的"杜诗心胸气魄"进行分析总结。多学科教师参与备课拓宽了"泰山"这一主题教学的育人价值,提升了教学设计立意:泰山的壮美不仅是自然的也是人文的,所以登上极顶的想望本身,当然也具备了双重的审美内涵;泰山的伟大成就了杜诗的伟大,泰山不仅以其自然的雄奇磅礴之美触动了杜甫的心灵,也鼓舞了杜甫不怕困难、敢攀顶峰、俯视一切的雄心和气概;作为"五岳之首"的象征,泰山"国泰民安""和合共生"的历史文化内涵深深影响着杜甫,也塑造着中华民族"海纳百川、有容乃大"的气魄、自强不息的精神和爱国爱民的美德。

美育跨学科不仅可以在美术与地理、历史学科之间进行融合,还可以与所有学科找到结合点,如美术和数学结合的跨学科美育课"黄金分割之美",美术与生物结合的"探究生命之美",还有美术与语文、书法、民俗文化融合的"冬至——书法与设计的奇妙碰撞",围绕"冬至"节气文化开展初高中二十四节气主题美育跨学科整合设计。教学中运用知识阅读、图像识读、视频导读、对比品读等阅读手段,促进学生观察与思考。美育跨学科整合也激发了教师多元化课堂活动的创意设计灵感,教师们在备课过程中脑洞大开,学生上课时兴致勃勃、意犹未尽,这样的反馈也激励了教师们进一步投入,教学相长。于是,"校园文创设计""为非物质文化遗产项目设计活动""为濒临灭绝的生物画肖像""利用网络进行博物馆专题设计研究"等富有创意的作业设计也应运而生,在"双减"政策背景下,美育跨学科整合设计将穿行于校内和校外,贯穿于上学日和休息日,活跃于线上和线下,教师和学生一起立足于本学科,穿行于多学科之间,感受艺术之美,品味学习之美。

四、综合发挥各学科美育价值

为了帮助学生重建知识树,多学科教师依据单元教学总目标,思考美术和思政、语文、书法、历史、地理、生物、数学等学科的联系,实施跨学科整合设计,重构课堂,帮助学生在多学科综合学习中建立知识间的联系,寻找学习规律,培养创造思维,提升审美素养。

例如,初中品赏课"敦煌艺术之美",语文、地理、历史、美术、音乐学科教师从地理地貌、历史渊源、壁画雕塑、舞蹈音乐、建筑艺术、民俗文化等多维度展开教学。历史老师从敦煌发展的历史渊源来凝视这片敦煌艺术产生的沃土;

地理老师从敦煌的地貌地势分析地理环境对于形成莫高窟这样的佛教景观的优势和必然性，引导学生感受人地关系之美；美术教师带领学生品赏敦煌壁画、雕塑、建筑，徜徉于艺术世界；舞蹈教师帮助学生了解并尝试还原胡旋舞；音乐教师为学生拆解反弹琵琶并带领他们欣赏琵琶古曲、感受异域心音；书法教师指导学生欣赏敦煌遗经的书写之美……飞天、罗汉、九色鹿，敦煌有美丽的文学故事，高深的佛教因缘理论，丰富的民俗文化沿革，老师们共同带来一堂多学科综合艺术品赏课，让学生深刻领略敦煌艺术的立体美感。

以审美为核心抓手，融合多学科实施跨学科整合设计，无论是自然之美、社会之美、科技之美还是艺术之美的感受与表达，美育的终极目标都指向学会体验幸福美好的人生过程。而美育跨学科整合设计的实践，也是所有参与教师拓展思维宽度并学习、提升的有效通道。

五、跨学科美育整体设计方案

（一）跨学科美育课程目标设定

明确跨学科美育的总目标，并将美术目标与其他学科的目标相协调、相融合，形成综合美育目标。确保每个学科的内容都与跨学科主题相关，也确保每个目标都有助于美育总目标的达成，最终指向学生心灵的培育。

1. 美学知识的传授

跨学科美育的首要目标是向学生传授美学知识，使他们了解美的本质、美的历史演变以及美的表现形式。通过让学生接触并理解不同领域的美学观念和知识，能够拓宽他们的视野，培养其对于美的敏感性和鉴赏力。

2. 审美能力的培养

审美能力是学生感受美、欣赏美和评价美的能力。在跨学科美育中，教师要注重培养学生的审美能力，使他们能够独立思考、分析并评价各种艺术作品的美学价值。

3. 文化素养的提升

文化素养是个体在文化方面的素质和修养。通过跨学科美育，学生可以深入了解不同文化背景下的艺术作品和美学观念，从而提升自身的文化素养，增强跨文化交流的能力。

4. 情感教育的重视

情感教育是美育的重要组成部分，它关注学生的情感体验和情感表达。在跨学科美育中，教师要引导学生深入体验艺术作品所蕴含的情感，培养其积极健康的情感态度和价值观。

5. 艺术实践的参与

艺术实践是实现美育目标的重要手段。通过组织学生参与各种艺术实践活动，如绘画、音乐、舞蹈等，让他们亲身感受艺术的魅力，培养其创造美的能力。

6. 创新思维的激发

创新思维是个体在面对问题时所表现出的独特、新颖的思维方式。在跨学科美育中，教师要鼓励学生发挥想象力和创造力，培养其独立思考和解决问题的能力。

7. 社会责任感的培育

在跨学科美育中，教师还要注重培养学生的社会责任感。通过引导学生关注社会现实问题，激发其参与社会公益活动的热情，使其成为具有社会责任感的人。

8. 多元文化的包容

最后，跨学科美育还应强调多元文化的包容性。在教育过程中，教师要尊重并理解不同文化背景下的美学观念和艺术表达方式，帮助学生拓宽视野，培养其尊重多元文化的态度和胸怀。

（二）跨学科美育项目式学习设计范本

针对高一《美术鉴赏》第二单元课程内容，围绕图像之美展开绘画艺术项目式学习方案设计。中国传统绘画、西方古典绘画的历史久远，与学生的生活存在距离，为了让学生深入了解古代绘画艺术，运用创意和技术手段使这些艺术作品在现代背景下焕发新的生机，教师运用以下步骤和方法与学生共同完成项目。

1. 课程介绍与目标设定

向学生介绍"让古画活起来"项目的背景、意义和学习目标。明确项目的最终成果，例如，制作一个多媒体展示空间、举办一个展览或创建一个互动网站。

2. 知识导入与历史背景

选取古代中西方有代表性的绘画，讲解其创作的历史背景、艺术特点和技法。分析不同时期、流派的代表性古画作品，解析作品与时代文化的关系。

3. 跨学科内容整合

结合文学、历史、哲学等学科知识，探讨古画中的主题和象征意义，例如，中国唐代工笔画《捣练图》（见图3-3）中对于女性劳动的赞美；再如，法国油画《我们从哪里来？我们是谁？我们到哪里去？》中对于生命的思考。对比了解中西方绘画不同的材料和技法。

图3-3　捣练图　唐代　卷轴画　绢本（局部）

4. 实地考察与体验

组织参观博物馆或画廊，近距离观察古画原作。或者联系美术史专家或艺术家进行面对面访谈交流，获取针对作品的第一手资料。例如，参观故宫博物院，近距离观看北宋王希孟的山水画作品《千里江山图》，唐代韩滉的《五牛图》，请博物院的专家教师讲古画修复和保存的故事，获得图文以及历史资料，作为制作网站或者举办展览的重要素材。

5. 创意发想与设计

鼓励学生小组讨论：如何让古画在现代社会"活起来"。每个小组选择一件中国古画或者西方古典油画作品，制定具体的项目计划书。

①借助高科技手段制作互动数字图画展览，增加解说、音乐、动态效果，使观众能够更加生动地欣赏和体验画作。

②借助传统材料来创作自己的古典绘画作品，依托原作画出一件中国画或油画原创作品。

③利用古画介入当代设计,将古画与时尚、家居装饰或产品设计结合,将古代绘画融入现代生活中,如设计服装图案、家居物品图案装饰等。

④用现代艺术的方式对古画进行再创作,比如通过行为艺术、现代绘画或雕塑的方式诠释古代绘画,让古画以全新的面貌出现。

通过这些方法,可以使古代绘画超越博物馆的框架,成为现代人可以体验和参与的活生生的艺术。这不仅有助于传承传统文化,也能够激发学生对古典艺术的兴趣,并产生对其价值的尊重。

6. 技术应用与实践操作

教授必要的技术和工具使用方法,如数字绘图板、图像处理软件、视频编辑软件等。指导学生如何运用数字媒介对古画进行再创作或解读。

7. 项目实施与过程记录

学生按照计划实施项目,教师提供指导和反馈。过程中记录关键步骤和思考,为最终评估做准备。

8. 成果展示与评价

完成的项目可以是动态图像、短片、AR体验、互动装置等。组织展览会或线上展示,邀请校内外人士参观和点评。

9. 反思与总结

学生呈现项目过程和成果,分享学习体会。教师和同学共同讨论项目中的亮点和改进空间。

10. 扩展活动与社区参与

将项目成果推广到学校网站或社交媒体,扩大影响力。与本地社区合作,参与文化节庆活动,让更多人参与到古画的现代诠释中。

在整个项目过程中,教师需要不断激发学生的创造力和探究精神,同时确保他们能够尊重和理解古代艺术的价值。通过这样的项目式学习,学生不仅能深入理解古画的艺术魅力,还能获得跨学科融合的实际经验,提升自己的创新能力和实践技能。

第二节　美育跨学科专题课程群设计解析

组建一个跨学科教育团队,包括美术教师、文学教师、科学教师、历史教师、地理教师等。团队教师定期参观展览,提升审美素养,拓宽艺术视野,定期参加跨学科教育培训、定期学习,共同规划多学科参与的主题课程,并确保各学科之间的通力配合。依托国家基础教育艺术课程改革，探索跨学科整合美育的知识与技能切入点。寻找对跨学科美育有价值的问题，形成系列的问题链，确定课程内容提纲。以北京一零一中为例，学校专业教室建设、师资配备或课程建设方面都已经取得了长足的进步，围绕提升美术核心素养的课程配备有中国书画、版画、素描、油画、陶艺、设计、摄影、篆刻、影视、美术鉴赏等选修课，围绕提升音乐核心素养的课程配备有声乐、器乐、舞蹈、戏剧、音乐鉴赏等选修课。在对课程内容进行过谨慎筛选后，高中课程形成了固定的跨学科可持续发展的教学内容系列。教师寻找跨学科有效教学策略，钻研教材教法，灵活运用多种教学手段，规范授课。探讨跨学科融合课程，不能局限于美术学科内部，而是要以审美为核心，在授课中进一步论证这些课程的文化价值，探索与整合课程内容，确定并编写校内课程目录，撰写教学设计，在执行跨学科美育的过程中不断改进和完善。此外，还要做好实施过程记录，积极固化优秀课程成果，形成一套成熟的以美育为核心并辐射其他学科知识的选修系列课程及实施办法，吸纳各学科教师加入课题研究。

愿我们的研究还给孩子天真烂漫的青春时光，让他们徜徉在奇思妙想的世界（见图3-4）。当孩子们缺少了天真浪漫，内心背负太多沉重的东西时，他们的幸福感和活力也在慢慢的消减，一旦思维缺乏活性，它的生命力就变得羸弱，学习力自然也就慢慢减弱了。美育能为他们的生命注入活力，使他们变得顽强。

图3-4　课间　作者陈默　中国画　纸本　水墨人物160 cm×340 cm　2012年

一、绘画美育课程

（一）绘画艺术之美的核心知识点梳理

绘画艺术之美取决于艺术家的风格、主题和表达方式，以及观众的个人感受和审美标准。围绕绘画整合,完成跨学科美育课程设计,要围绕以下知识点展开设计。

①色彩和色彩对比:绘画中的色彩选择和运用可以极大地影响作品的美感。明亮、鲜艳的颜色可能会引起注意,而柔和、调和的色调则可能传达宁静和温暖。色彩对比也可以增强画面的深度和视觉吸引力。

②构图和比例:构图是指画面元素的排列和组织方式。艺术家通过精心设计的构图来引导观众的目光,创造出平衡、和谐或有张力的画面。正确的比例和透视也可以使人物或物体看起来更加逼真。

③线条和形状:线条和形状可以用来定义对象的轮廓和纹理,也可以用来表达情感、动态和运动。线条的粗细、弯曲度和方向都可以影响观众的感受。

④绘画技巧:绘画的技巧和笔触可以为作品增添独特的质感和细节。不同的绘画媒材和技巧,如油画、水彩、素描等,都有独特之美。

⑤主题和情感表达:艺术家通过作品表达情感、思想和主题,这些可以触发观众的共鸣和思考。一幅画作的情感深度和意义可以赋予其独特的美感。

⑥创新和独创性:创新是绘画艺术中的重要因素之一。独特的创意和新颖的表现方式可以吸引观众的注意,推动绘画艺术的发展。

⑦时间和历史背景:一幅画作所反映的时代背景和历史情境也可以为其赋予特殊的美感。某些画作成为历史的见证,具有独特的历史和文化价值。

⑧观众的情感和互动:观众的情感和互动也是绘画艺术之美的一部分。不同的人可能因不同的原因而被一幅画作吸引,他们的个人背景和经历可以影响他们对作品的理解和感受。

总之,绘画艺术之美是多层次的,可以在色彩、构图、表达方式、主题和观众互动等多个方面体现出来。每个人都可能对不同类型的绘画作品有不同的欣赏和解读,这正是绘画艺术的魅力所在。

(二) 绘画美育课程设计

围绕绘画艺术教学设计跨学科美育课程,需要将美术与其他学科相结合,创造一个多维度的学习体验项目。以下是一些步骤和策略,用于设计这样的跨学科美育课程。

1. 确定核心主题与目标

选择一个或多个中心主题,例如,"自然与生态""城市与建筑""历史与文化"等,并设定课程旨在达成的美育和跨学科学习目标。

2. 融合不同学科内容

将绘画艺术与语言艺术、历史、科学、数学等其他学科相结合。例如,学生可以在学习透视法的同时了解几何学原理，或者在探讨古代西方绘画时学习相关的历史知识。

3. 项目式学习方法

采用项目式学习，让学生通过完成具体的艺术创作项目来探索跨学科内容。例如，学生可以创作一件反映生态系统多样性的画作，包含生物学的知识。

4. 实地考察与体验

组织学生参观博物馆、画廊、历史遗址等地，直接观察和体验艺术作品和相关学科的实际场景。

5. 创造性思维培养

鼓励学生运用创造性思维解决问题，如设计一幅能够表达社会问题的绘画作品，同时考虑其科学、文化和伦理方面的影响。

6. 批判性分析与讨论

开展以艺术作品为中心的讨论和批评活动，培养学生的批判性思维能力。让学生从不同学科的角度分析艺术作品的意义和背景。

7. 技术与媒介应用

利用数字工具和新媒体进行艺术创作和展示，如数字绘画、视频制作、互动媒体等，同时结合信息技术课程教授相关知识。

8. 综合评价方法

采用多元化评价方式，包括学生的自我评价、同伴评价以及教师评价。评价标准应涵盖艺术技能、创意表现、跨学科知识的应用等方面。

9. 社区参与与展示

鼓励学生将自己的作品带到社区中展示，如学校艺术展、社区中心或在线平台，促进学校与社区之间的互动。

10. 反思与延伸活动

在项目的最后阶段，组织学生进行反思，回顾整个学习过程，并探讨如何将所学应用到其他领域。同时，提供延伸活动，如艺术家讲座、工作坊或进阶课程。

通过上述策略，绘画艺术教学可以成为连接不同学科的桥梁，帮助学生建立全面的知识体系，激发他们的创造力和批判性思维能力，从而全面提升其美育素养。

（三）绘画美育案例解析：图像之美——绘画艺术

这一教学内容涉及中西方美术，从古典到现代，涉猎面广，知识繁杂，有许多教学点都能和音乐产生关联。绘画是视觉的艺术,如图3-5所示,两只鹌鹑栖息在美丽的草药花间,营造了和谐温存的静谧空间,画家运用图像语言来表达情感。西方绘画和音乐有共通的艺术特征,如巴洛克绘画盛行的时期,也是巴洛克音乐风靡之时;而印象派美术的探索也激发了印象派音乐、印象派文学的创作。这一切,皆受到历史背景和思想发展阶段的影响,艺术不可能脱离文化、历史而独立存在。不过,美育不是文学欣赏,也不是历史故事教化,更不是音乐品鉴,单元目标清晰,单课时教学目标明确是跨学科美育整合设计成功的关键。抓住印象主义强调主观感受这一特点展开教学设计,以比较教学法探讨西方现代美术与传统美术在艺术理念、艺术标准、创作方法、语言形式等方面的不同,使学生明白,艺术是时代的镜子,西方现代美术形成了完全不同于传统的新艺术体系,其焦点是否认古典主义绘画原则,提倡艺术家自由表现。教师需要精心梳理策划课程内容,在针对该单元主题进行知识整合时,教学目标一定要清晰明确,确保信息的精炼与核心概念的突出。

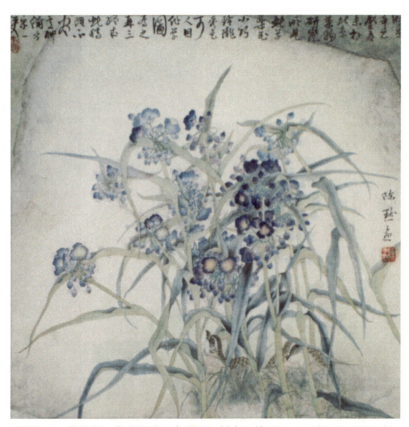

图3-5　草药花　作者陈默　中国画　纸本工笔 35 cm×138 cm　2013 年

1. 课程目标设定

运用比较教学法让学生了解中西方美术的发展脉络，掌握各个时期的关键特征、代表作品及其背后的文化和历史背景。将中西方美术史分为几个关键时期，每个时期选择一至两个代表性作品，以点带面、一斑窥豹，进行深入解读，阐述其艺术风格、技法、主题和文化背景。

2. 时间分配与节奏控制

由于内容繁多，教师需合理分配时间，如引入主题（5分钟）、中西美术概述（10分钟）、各时期美术特点讲解与对比（30分钟）、互动讨论（10分钟）、总结（5分钟）。

3. 前导引入

通过一个引人入胜的问题或有趣的视觉图像来吸引学生的注意力，例如，展示一张融合了东西方元素的现代艺术作品，并提问如何分辨其元素来源。

4. 中西美术概述

快速概述中西方美术的历史发展，强调两者间的差异与联系。使用时间线图表辅助说明。

5. 关键时期与作品解读

将中西方美术史分为几个关键时期，每个时期选择一至两个代表性作品进行深入解读，阐述其艺术风格、技法、主题和文化背景。

古典时期：介绍古希腊罗马雕塑、建筑与中国古代的书法、绘画等。

文艺复兴与明清美术：解读达芬奇的作品与中国文人画。

巴洛克与洛可可时期：对比西方的光影运用与东方的色彩表现。

现代艺术：从印象派开始，讨论立体主义、抽象表现主义以及中国的现代艺术运动。

6. 互动环节

设计小组讨论、角色扮演或者快速问答游戏，鼓励学生参与并加深理解。例如，分组讨论不同时期的艺术对社会的影响，或者模拟艺术品拍卖会，让学生扮演收藏家和艺术家角色。

7. 跨文化比较

引导学生思考中西美术在相似时期内的异同，讨论它们背后的文化价值观和社会环境因素。

8. 总结与延伸思考

总结本次课程的核心内容，提出问题供学生思考，如"现代艺术在全球化背景下如何实现中西融合?"或者"当代艺术在继承传统的同时,如何表达现代社会的复杂性?"

9. 作业与进一步学习

布置相关的作业,如撰写一篇短论文比较两个不同文化的艺术作品,或者创作一件融合中西美术元素的艺术作品。

为了确保课程内容的深度与广度,教师可能需要借助多媒体教学工具(如PPT、视频片段),并提前准备详细的讲义或资料供学生参考。

二、雕塑美育课程

(一) 雕塑艺术之美的核心知识点

雕塑艺术之美可以在多个方面体现出来,这取决于雕塑家的创作风格、主题和技巧,以及观众的个人感受和审美标准。

①形态和比例:雕塑的形态和比例可以塑造出美感。正确的比例和比例感可以使雕塑看起来和谐和令人愉悦,而夸张的形态可以增加戏剧性或反应艺术家的独特视角。

②材料和纹理:不同的雕塑材料(如大理石、青铜、木材、陶瓷等)具有独特的质感和纹理,这些可以赋予雕塑特殊的美感。雕塑家的技艺也可以创造出不同的纹理和细节。

③表面处理:雕塑的表面处理方式可以影响其视觉效果。光滑的表面可以反射光线,产生独特的光影效果,而粗糙或镜面处理的表面可以产生截然不同的效果。

④主题和情感表达:雕塑可以通过形态、姿态和表情来表达情感和主题。观众可以从雕塑中感受到雕塑家所要传达的信息、情感或故事。

⑤空间和立体感:雕塑是一种立体的艺术形式,观众可以从不同的角度和距离来欣赏雕塑,可以创造出独特的立体感和视觉效果。雕塑可以占据物理空间,与观众互动,营造出身临其境的体验。

⑥历史和文化背景:一些雕塑作品具有历史或文化价值,它们反映了特定时期或文化的特点和价值观,这些也可以为雕塑赋予特殊的美感。

⑦创新和独创性:创新是雕塑艺术中的重要因素之一。独特的创意和新颖的表现方式可以吸引观众的注意,推动雕塑艺术的发展。

⑧观众的情感和互动:观众的情感和互动也是雕塑艺术之美的一部分。观众可以通过触摸、观察和思考来与雕塑互动,这可以增强他们对作品的理解和欣赏。

总之，雕塑艺术之美是多维的，可以从形态、材料、表面处理、主题、立体感等多个方面体现出来。每个人都可能对不同类型的雕塑作品有不同的欣赏和解读，这正是雕塑艺术的丰富性和多样性所在。

如图3-6所示，法国著名雕塑家罗丹的《加莱义民》，不仅再现了当时的历史，讴歌了英雄的献身精神，雕塑家奥古斯特·罗丹还以彻底逼近真实和深入探索的精神，尖锐的心理刻画和强烈的性格表现在震撼着人民的心 。雕塑的语言力量。

图3-6　加莱义民群像　作者罗丹　法国　雕塑

（二）围绕雕塑设计跨学科美育课程

高中美术围绕雕塑主题设计跨学科美育课程，可以通过整合艺术史、设计原理、物理学、数学等相关知识，让学生从多角度理解和体验雕塑艺术。

1. 课程介绍与目标设定

明确课程的学习目标，如理解雕塑的历史发展、掌握基本的雕塑技巧、学习如何将雕塑理念应用于其他领域等。介绍雕塑艺术的基本概念、材料和流派。

2. 历史与文化背景

通过讲授和讨论，探索雕塑在不同文化和历史时期的发展，以及雕塑与社会、宗教和政治的关系。组织参观博物馆或雕塑公园，直接观察不同风格和时期的雕塑作品。

3. 理论与实践结合

学习雕塑的基本理论，包括形态、空间、体积和构图等。实践操作，如使用粘土、木材、金属或其他材料进行基本雕塑技巧的训练。

4. 跨学科内容整合

结合数学课程，探讨雕塑中的几何形状、比例和对称性。结合物理和工程学，了解不同材料的物理特性，以及如何支撑和安装大型雕塑作品。

5. 创意设计与制作

鼓励学生创作自己的雕塑设计，可以是实用的（如家具）、装饰性的或抽象的。指导学生制作小型雕塑模型，并讨论其设计理念和制作过程。

6. 技术应用

使用现代技术，如 3D 建模软件和 3D 打印机，来设计和制作雕塑。探讨数字技术在雕塑领域的应用，如数控雕刻机。

7. 批判性分析

组织批评会，让学生展示自己的作品，并接受同伴和教师的评价。分析雕塑作品如何反映社会议题和个人表达。

8. 展示与评估

安排学生作品的展览，邀请校内外观众参观并提供反馈。对学生的作品进行全面评估，考虑创意、技术执行、跨学科知识的运用等因素。

9. 社区参与

与当地艺术家合作，组织公共雕塑项目或社区艺术活动，让学生参与到真实的艺术创作中。

10. 反思与延伸学习

课程结束时，引导学生反思整个学习过程，讨论他们的成就和遇到的挑战。提供延伸阅读和资源，鼓励学生继续探索雕塑艺术及其与其他领域的联系。通过这样的课程设计，学生不仅能够获得雕塑艺术的知识和技能，还能够学会如何将艺术与科学相结合，培养跨学科的思维和创新能力。

（三）雕塑美育案例解析：匠心之用——雕塑艺术的跨学科之旅

1. 课程主题

探索雕塑艺术的跨学科之旅。

2. 目标群体

初、高中学生。

3. 课程目标

①理解雕塑艺术的历史发展和文化意义。

②掌握雕塑的基本技巧和材料知识。

③学习如何将雕塑艺术与其他学科相结合。

④培养学生的创造力、批判性思维和跨学科综合能力。

4. 课程内容与活动设计

（1）引入阶段——雕塑艺术概览

活动：观看雕塑艺术相关的纪录片或讲座，了解雕塑的定义、功能和历史演变。

讨论：雕塑在人类文明中的作用，及其如何体现不同文化的特点。

（2）历史探究——雕塑与文明

活动：分组研究不同文明（如古罗马、古希腊、非洲、亚洲）中的代表性雕塑作品，并展示其研究成果。

讨论：这些雕塑作品如何反映当时的社会价值观、宗教信仰和技术水平。

（3）实践操作——雕塑基础

活动：学生使用粘土或其他易塑材料进行基本地雕塑练习，如制作简单的几何体或小型动物雕塑。

讨论：雕塑的形态语言，以及如何通过雕塑表达情感和故事。

（4）科学融合——材料与技术

活动：实验不同雕塑材料（如木材、金属、塑料）的特性，探讨它们在雕塑中的应用。

讨论：现代科技（如 3D 打印、数控雕刻）如何改变雕塑的创作和表现形式。

（5）数学链接——几何与比例

活动：学习雕塑中的几何学原理，探索比例和对称性在雕塑设计中的重要性。

项目：设计一个结合几何学的雕塑方案，制作模型并解释其设计理念。

(6) 文学交叉——雕塑与叙事

活动：阅读文学作品中的雕塑描述，分析雕塑如何传达作者的思想。

项目：创作一个以文学作品为灵感的雕塑作品，并撰写作品说明。

(7) 社会联系——公共艺术与社会参与

活动：研究公共雕塑如何影响城市空间和社会互动，参观当地的公共艺术作品。

项目：设计一个公共雕塑提案，考虑其与周围环境和社会功能的互动。

(8) 展示与评价——成果分享

活动：组织雕塑作品展览，邀请校内外观众参观并提供反馈。

反思：学生对自己作品的制作过程和最终效果进行评价和反思。

(9) 评估方式

采用同伴评价、自我评价和教师评价相结合的方式，通过学生的作品展示、项目报告和反思日志来评估学生的学习成果。

(10) 延伸活动

邀请雕塑家进校园进行讲座。组织学生参加社区雕塑项目设计或与雕塑相关的艺术竞赛。组织学生参观雕塑主题公园、考察古代雕塑遗址、了解雕塑和生活的关系。通过这样的跨学科美育学习，学生不仅能够深入了解雕塑的艺术之美，还能够将所学知识应用于实际创作中，同时培养综合素养和社会责任感。

三、建筑美育课程

（一）建筑艺术之美

建筑艺术之美体现在众多方面，这些方面在建筑的设计、结构、功能和审美上都发挥作用。

①比例和对称性：建筑师使用比例和对称性来创建均衡和谐的建筑外观。正确的比例可以使建筑看起来舒适和吸引人，而对称的设计可以增强其美感。

②材料和纹理：建筑材料的选择和处理方式对建筑的美感产生深远影响。不同的材料（如石头、木材、玻璃、金属等）具有独特的质感和纹理，这些可以赋予建筑特殊的视觉效果。

③形状和线条：建筑的形状、线条和轮廓可以产生视觉上的动态和美感。弯曲的线条、现代的几何形状或独特的轮廓都可以为建筑增添个性和魅力。

④光影效果：光线的运用可以创造出独特的光影效果，使建筑在不同的时间和天气条件下呈现出不同的美感。适当的光线设计可以突出建筑的特点和细节。

⑤空间和布局：建筑的内部空间和布局设计可以为人们提供愉悦的使用体

验。开放的、通透的设计可以创造宽敞感，而精心设计的内部空间可以增加舒适感（见图3-7）。

图3-7 苏州博物馆外观 建筑师 贝聿铭（美国）

⑥历史和文化背景：一些建筑物具有历史或文化价值，它们反映了特定时期或文化的特点和价值观。这些历史元素可以赋予建筑深刻的美感。

⑦创新和独创性：建筑师的创新和独创性可以通过建筑的设计、材料选择和结构方式来表现。独特的建筑理念和解决问题的创新方法可以使建筑脱颖而出。

⑧可持续性和环保：现代建筑越来越注重可持续性和环保，这不仅可以减少对环境的负面影响，还可以创造美感。绿色建筑设计可以融合自然元素，提高建筑的生态美。

⑨功能和实用性：建筑的功能性和实用性也是其美感的一部分。一个设计合理、满足需求的建筑可以被视为美的表现，因为它实际上解决了人们的生活和工作需求。

⑩社会和文化价值：建筑可以成为社会和文化的象征，反映出特定社群或文化的价值观和认同感。这种象征性可以增强建筑的美感。

总之，建筑艺术之美是多维的，涵盖设计、材料、光影、历史、创新、可持续性等多个方面。每个人对不同类型的建筑可能有不同的欣赏和解读，这正是建筑艺术的多样性和丰富性所在。

（二）建筑美育课程设计：无声之韵——建筑艺术的跨学科之旅

1. 课程主题

本课程主题为无声之韵——建筑艺术的跨学科探索。

2. 目标群体

本课程目标群体为高中学生。

3. 课程目标

①理解建筑艺术的历史演变和文化意义。

②掌握建筑的基本元素和设计原则。

③学习如何将建筑艺术与其他学科相结合。

④培养学生的创造力、批判性思维和跨学科综合能力。

4. 课程内容与活动设计

（1）引入阶段——建筑艺术概览

活动：观看建筑艺术相关的纪录片或讲座，了解建筑的定义、功能和历史演变。

讨论：建筑在人类文明中的作用，及其如何体现不同文化的特点。

（2）历史探究——建筑与文明

活动：分组研究不同文明（如古埃及、古希腊、中国、现代）中的代表性建筑作品，并展示其研究成果。

讨论：这些建筑作品如何反映当时的社会价值观、宗教信仰和技术水平。

（3）实践操作——建筑设计基础

活动：学生使用绘图工具或计算机软件进行基本地建筑设计练习，如平面图、立面图和剖面图的绘制。

讨论：建筑设计的基本原则，如功能、美学、结构和可持续性。

（4）科学融合——材料与技术

活动：实验不同建筑材料（如砖、石、钢、玻璃）的特性，探讨它们在建筑设计中的应用。

讨论：现代科技，如建筑信息模型（building information modeling，BIM）、绿色建筑技术等，如何改变建筑的设计和施工。

（5）数学链接——几何与比例

活动：学习建筑设计中的几何学原理，探索比例和对称性在建筑设计中的重要性。

项目：设计一个结合几何学的建筑方案，制作模型并解释其设计理念。

（6）文学交叉——建筑与叙事

活动：阅读文学作品中的建筑描述，分析建筑如何讲述故事或传达作者的思想。

项目：创作一个以文学作品为灵感的建筑设计作品，并撰写作品说明。

（7）社会联系——公共空间与社会参与

活动：研究公共建筑如何影响城市空间和社会互动，参观当地的公共建筑作品。

项目：设计一个公共空间提案，考虑其与周围环境和社会功能的相互作用。

（8）展示与评价——成果分享

活动：组织建筑设计作品展览，邀请校内外观众参观并提供反馈。

反思：学生对自己作品的制作过程和最终效果进行评价和反思。

（9）评估方式

采用同伴评价、自我评价和教师评价相结合的方式，通过学生的作品展示、项目报告和反思日志来评估学生的学习成果。

（10）延伸活动

邀请建筑师进校园进行讲座；组织学生参加社区建筑设计项目或艺术竞赛；组织学生参观民间建筑文化遗产；听建筑大师讲述中外优秀建筑的历史故事，深度感受建筑与生活的密切关系。

通过这样的跨学科美育课程，学生不仅能够深入了解建筑艺术，还能够将所学知识应用于实际创作中，同时培养综合素养和社会责任感。

（三）建筑美育案例解析：人作与天开——中国古典园林艺术

1. 课程主题

本课程主题为中国古典园林艺术的跨学科之旅。

2. 目标群体

本课程的目标群体为高中学生。

3. 课程目标

①理解中国古典园林艺术的历史演变和文化意义。

②掌握园林设计的基本元素和美学原则。

③学习如何将园林艺术与文学、哲学、生态学等其他学科相结合。

④培养学生的创造力、批判性思维和跨学科综合能力。

4. 课程内容与活动设计

（1）引入阶段——园林艺术概览

活动：观看园林艺术相关的纪录片或讲座，了解园林的定义、功能和历史演变。

讨论：园林在中国文化中的作用及其如何体现中国人的自然观和审美观。

（2）历史探究——园林与文明

活动：分组研究不同历史时期的代表性园林（如苏州园林、颐和园、承德避暑山庄），并展示其研究成果。

讨论：这些园林作品如何反映当时的社会价值观、宗教信仰和技术水平。

（3）实践操作——园林设计基础

活动：学生使用绘图工具或计算机软件进行基本地园林设计练习，如平面布局图和景观效果图的绘制。

讨论：园林设计的基本原则，如空间布局、景观营造和生态平衡。

（4）科学融合——生态与技术

活动：了解不同园林植物的特性，探讨它们在园林设计中的应用。

讨论：现代科技（如景观生态学、水资源管理）如何改变园林的设计和施工。

（5）文学链接——园林与诗意

活动：阅读文学作品中的园林描述，分析园林如何讲述故事或传达作者的思想。

项目：创作一个以文学作品为灵感的园林设计方案，并撰写作品说明。

（6）哲学交叉——园林与道家思想

活动：探讨道家哲学如何影响中国古典园林的设计，特别是"道法自然"的理念。

项目：设计一个结合道家哲学的园林方案，制作模型并解释其设计理念。

（7）社会联系——公共空间与社会参与

活动：研究公共园林如何影响城市空间和社会互动，参观当地的公共园林作品。

项目：设计一个公共园林提案，考虑其与周围环境的互动和社会功能。

（8）展示与评价——成果分享

活动：组织园林设计作品展览，邀请校内外观众参观并提供反馈。

反思：学生对自己作品的制作过程和最终效果进行评价和反思。

（9）评估方式

采用同伴评价、自我评价和教师评价相结合的方式，通过学生的作品展示、项目报告和反思日志来评估学生的学习成果。

（10）延伸活动

邀请园林设计师进校园进行讲座；组织学生参加社区园林设计项目或艺术竞

赛；组织学生走进中国古典园林（北京颐和园、中华民族园）去参观考察，感受园林所融入的道家思想、园林的建筑布局和艺术特色。

通过这样的跨学科美育课程，学生不仅能够深入了解中国古典园林艺术，还能够将所学知识应用于实际创作中，同时培养综合素养和社会责任感。

四、工艺美育课程

（一）古代手工艺之美

古代手工艺之美体现在许多方面，是人类创造力、技艺和文化的精髓。以下是古代手工艺之美常见的方面。

①工艺技巧：古代手工艺品通常展示了高超技巧和精湛技艺，如雕刻、织物制作、陶瓷制作、金属铸造、木工等各种工艺，体现了工匠的熟练技能和极大耐心。

②材料选择：古代手工艺常常使用自然材料，如木材、石头、金属、陶瓷、玻璃等。材料的选择可以影响手工艺品的外观、质感和耐久性。

③设计和装饰：古代手工艺品的设计和装饰常常充满美感，常包括精美的图案、雕刻、纹饰、绘画和刺绣等元素，极具艺术性和吸引力。

④实用性和功能：许多古代手工艺品旨在满足实际需求，如家具、陶瓷器皿、服装、饰品等。这些古代手工艺品既美观又实用，反映了人们对功能性和美感的追求。

⑤文化和历史价值：古代手工艺品常常承载着文化和历史的价值。它们可以是特定时代、地区或文化的代表，反映了当时的社会状况、宗教背景、文化传统和价值观。

⑥传统和工匠精神：古代手工艺品制作通常受到传统传承和工匠精神的影响。这些传统通过代代相传，保持了手工艺传承的连续性和纯正性。

⑦手工制作的独特性：与大规模工业生产相比，古代手工艺品通常都是独一无二的。每件手工艺品都有其独有的特征，包括与其他手工艺品的细微差异和独特的手工痕迹。

⑧审美价值：古代手工艺品常常体现了当时社会的审美观念，反映人们对美的追求。这些作品可能表现出当时的流行风尚、装饰元素和人们的审美趣味。

⑨生活方式的反映：古代手工艺品可以反映出人们的生活方式和需求。它们与特定的社会、经济和环境背景相关联，从而揭示了古代文化的方方面面。

⑩持久性：古代手工艺品通常具有较高的耐久性，能够经受时间的考验，保持美感和功能性，这也增加了其价值。

总之，古代手工艺品之美是多维的，是古代文化、工匠技艺和审美观念的结合。这些手工艺品不仅具有艺术价值,还承载着历史和文化的重要信息,因此一直备受珍视,传承至今。

(二) 工艺美育课程设计:追溯古代手工艺的美学与技艺

1. 课程主题

人们较熟悉的古代手工艺有苗族服装、银饰、陶瓷、青铜器(见图3-8)、玉器、蜡染、纺织、刺绣、竹编等,可以围绕一门手工艺展开学习,也可以介绍多门手工艺,以其中一门的实践体验为主。

图3-8　长信宫灯　中国　西汉
高48 cm　重15.85 kg　通体鎏金

2. 目标群体

本课程的目标群体为高中学生。

3. 课程目标

①了解古代中国工艺美术的历史背景、种类和特点。

②掌握不同古代手工艺品的制作技术和美学原则。
③培养学生对传统工艺文化的欣赏能力和创新思维。
④通过跨学科学习，增强学生的综合素养和文化自信。

4. 课程内容与活动设计

（1）引入阶段——古代工艺概览

活动：观看关于中国古代工艺的纪录片或讲座，了解不同工艺的历史和文化意义。

讨论：探讨古代工艺在中国文化中的地位及其对现代生活的影响。

（2）历史探究——工艺与文明

活动：分组研究不同朝代的代表性工艺品（如青铜器、瓷器、玉器、丝绸），并展示其研究成果。

讨论：这些工艺品如何反映当时的社会结构、经济发展和文化交流。

（3）实践操作——手工艺制作体验

活动：学生选择一种古代工艺进行实践操作，如陶艺、蓝印花布、剪纸等。

讨论：探讨传统手工艺品的制作流程和技术要点，以及如何在现代进行创新。

（4）科学融合——材料与技术

活动：分析不同手工艺品所用材料的性质和来源，探讨它们在工艺制作中的科学原理。

讨论：现代科学技术如何帮助我们更好地理解和复原古代工艺。

（5）数学链接——几何与比例

活动：研究古代工艺品设计中的几何学元素，如对称性、比例和图案排列。

项目：设计一个结合几何学的手工艺品方案，并解释其设计理念。

（6）文学交叉——工艺与叙事

活动：阅读文学作品中对工艺品的描述，分析工艺品如何讲述故事或传达作者的思想。

项目：创作一个以文学作品为灵感的手工艺品，并撰写作品说明。

（7）社会联系——文化遗产与社会参与

活动：探讨古代工艺在现代社会的保护、传承和发展问题，参观当地的工艺品展览或工作坊。

项目：制定一个关于传统手工艺保护和传承的提案，考虑其在当代社会的实际应用。

（8）展示与评价——成果分享

活动：组织手工艺品制作成果展览，邀请校内外观众参观并提供反馈。

反思：学生对自己作品的制作过程和最终效果进行评价和反思。

（9）评估方式

通过学生的作品展示、项目报告和反思日志来评估学生的学习成果。采用同伴评价、自我评价和教师评价相结合的方式。

（10）延伸活动

邀请工艺美术大师进校园进行讲座；组织学生参加社区工艺品制作活动或文化节庆；参观民间手工艺工作坊，如景德镇陶瓷工作坊、苗寨苗族服装银饰工作坊、民间剪纸工作坊等，了解手工艺与现代生活的关系。

通过这样的跨学科美育课程，学生不仅能够深入了解古代中国工艺美术，还能够将所学知识应用于实际创作中，同时培养综合素养和文化自信。

（三）工艺美育案例解析：探索陶艺的跨学科之旅

1. 目标群体

本课程的目标群体为高中学生。

2. 课程目标

①理解陶艺的历史演变和文化意义。
②掌握陶艺的基本技巧和材料知识。
③学习如何将陶艺与其他学科相结合。
④培养学生的创造力、批判性思维和跨学科综合能力。

3. 课程内容与活动设计

（1）引入阶段——陶艺概览

活动：观看陶艺相关的纪录片或讲座，了解陶艺的定义、功能和历史演变。

讨论：陶艺在不同文化中的作用及其如何体现不同民族的生活方式和审美观。

（2）历史探究——陶艺与文明

活动：分组研究不同历史时期的代表性陶艺作品，并展示其研究成果。

讨论：这些陶艺作品如何反映当时的社会价值观、宗教信仰和技术水平。

（3）实践操作——陶艺基础

活动：学生使用陶泥进行基本地陶艺制作练习，如捏塑、拉坯和釉色的应用。

讨论：陶艺的基本原则，如形态、质感和烧制技术。

（4）科学融合——材料与技术

活动：实验不同陶泥的特性，探讨它们在陶艺制作中的应用。

讨论：现代科技（如高温烧制技术、釉料化学）如何改变陶艺的制作和表现。

（5）数学链接——几何与比例

活动：研究陶艺作品设计中的几何学元素，如对称性、比例和空间感。

项目：设计一个结合几何学的陶艺作品，并解释其设计理念。

如图3-9所示为《人面鱼纹盆》，其是我国新石器时代的一件陶瓷作品，通高16.5厘米，口径39.5厘米，细泥红陶质地。盆内壁以黑彩绘出两组对称的人面鱼纹。人面为圆形，额头左半部涂成黑色，右半部呈黑色半弧形，可能是当时的纹面习俗。人物眼睛细长，鼻梁挺直，神态安详，嘴旁分置两个变形鱼纹，鱼头与人嘴外廓重合，配上两耳旁相对的两条小鱼，构成形象奇特的人鱼合体，表现出制作者丰富的想象力。人像头顶的尖状角形物，可能是发髻，配以鱼鳍形的装饰，更显得威武华丽。人面鱼纹彩陶盆上的人与鱼题材，可能与古代半坡人的图腾崇拜和经济生活有关。这种鱼纹装饰正是他们生活的写照，也象征着人们期盼富足的美好愿望。人头上奇特的装饰，大概是在进行某种宗教活动时的化妆形象。而稍作变形的鱼纹很可能代表了"鱼神"的形象，表达出人们以鱼为图腾的崇拜主题。人面鱼纹彩陶盆于1955年出土于陕西省西安市半坡。新石器时代前期仰韶文化彩陶工艺的代表作之一，多作为儿童瓮棺的棺盖来使用，是一种特制的葬具。泥质红陶烧成，盆内壁画人面纹和鱼纹各两个，相间排列，题材新颖，形象生动，反映了半坡类型彩陶常以鱼纹装饰陶器的特点。

图3-9　人面鱼纹盆　新石器时代　中国　高16.5 cm
口径39.8 cm 由细泥红陶制成

(6) 文学交叉——陶艺与叙事

活动：阅读文学作品中对陶艺的描述，分析陶艺如何讲述故事或传达作者的思想。

项目：创作一个以文学作品为灵感的陶艺作品，并撰写作品说明。

(7) 社会联系——公共艺术与社会参与

活动：探讨陶艺在公共空间的应用及其如何影响城市景观和社会互动，参观当地的陶艺作品。

项目：设计一个公共陶艺装置提案，考虑其与周围环境和社会功能的相互影响。

(8) 展示与评价——成果分享

活动：组织陶艺作品展览，邀请校内外观众参观并提供反馈。

反思：学生对其作品的制作过程和最终效果进行评价和反思。

(9) 评估方式

采用同伴评价、自我评价和教师评价相结合的方式，通过学生的作品展示、项目报告和反思日志来评估学生的学习成果。

(10) 延伸活动

邀请陶艺家进校园进行讲座；参观陶艺大师艺术工作室；参观陶艺博物馆，欣赏古代陶艺精品；到陶吧进行陶艺学习体验，学习拉坯、泥条盘筑、泥板成形等陶艺基本造型技法；组织学生参加社区陶艺制作活动或艺术竞赛。

通过这样的跨学科美育教学案例，学生不仅能够深入了解陶艺，还能够将所学知识应用于实际创作中，同时培养综合素养和社会责任感。

五、摄影美育课程

（一）摄影艺术之美

摄影艺术之美可以在多个方面体现出来，摄影师通过镜头捕捉到的画面来传达情感、故事、美感和观点。以下是摄影艺术之美的一些常见方面。

①构图和视角：构图是摄影中的关键元素之一。摄影师通过选择拍摄角度，物体的排列和前景、中景、背景的安排来创造有吸引力的画面。独特的视角和构图可以为照片带来新颖感和视觉冲击。

②光影和色彩：光线的运用对照片的美感至关重要。不同的光线条件、光源和光线方向可以产生截然不同的效果，从而增强或减弱画面的情感和氛围。色彩也是重要的元素，可以传达情感、情绪和主题。

③焦点和深度：摄影师可以通过控制焦点和景深来引导观众的目光。选择何处放置焦点和如何使用景深可以创造出有趣的视觉效果。

④定格瞬间：摄影是捕捉瞬间的艺术，摄影师通常要等待合适的时机，以捕捉到恰到好处的瞬间。这种能力可以带来具有戏剧性、故事性和情感张力的照片。

⑤情感和故事：摄影是一种表达情感和讲述故事的方式。摄影师可以通过照片传达情感、情绪和观点，让观众沉浸其中，产生共鸣。

⑥主题和内容：摄影可以以各种主题和内容为基础，如风景、人物、动植物、抽象艺术和社会问题等。选择合适的主题和内容可以使照片更具深度和意义。

⑦技术和后期处理：摄影技术和后期处理在创造美感方面起着关键作用。摄影师可以运用各种技术，如曝光、快门速度、ISO感光度、滤镜，以及后期处理软件来增强照片的表现力。

⑧创新和实验：摄影是一个允许创新和实验的领域。摄影师可以尝试新的技术、风格和概念，以创造出独特的视觉效果。

⑨观众的共鸣：观众与照片之间的相互作用也是摄影艺术之美的一部分。观众对照片的理解和解读可以因其个人经历和背景而存在差异，这种多样性增添了摄影的魅力。

总之，摄影艺术之美是多维的，涵盖构图、光影、色彩、情感、故事性、主题、技术等多个方面。每位摄影师都有自己独特的风格和视觉语言，这使摄影艺术变得丰富多彩，充满创造力和表现力。

（二）摄影美育课程设计：摄影艺术的跨学科探索

1. 目标群体

本课程的目标群体为高中学生。

2. 课程目标

①理解摄影艺术的历史演变和文化意义。
②掌握摄影的基本技巧和视觉语言。
③学习如何将摄影与其他学科相结合。
④培养学生的创造力、批判性思维和跨学科综合能力。

3. 课程内容与活动设计

（1）引入阶段——摄影概览

活动：观看摄影艺术相关的纪录片或讲座，了解摄影的定义、功能和历史演变。

讨论：摄影在不同文化中的作用及其如何体现不同时代的生活方式和审美观。

（2）历史探究——摄影与文明

活动：分组研究不同历史时期的代表性摄影作品，并展示其研究成果。

讨论：这些摄影作品如何反映当时的社会价值观、宗教信仰和技术水平。

（3）实践操作——摄影基础

活动：学生使用相机进行基本地摄影练习，如构图、曝光和色彩的应用。

讨论：摄影的基本原则，如视角、光影和后期处理。

（4）科学融合——光学与技术

活动：实验不同镜头和光源的特性，探讨它们在摄影中的应用。

讨论：现代科技（如数字成像技术、图像处理软件）如何改变摄影的创作和表现。

（5）数学链接——几何与比例

活动：研究摄影作品设计中的几何学元素，如对称性、比例和空间感。

项目：设计一个结合几何学的摄影作品，并解释其设计理念。例如，民间服饰中的几何纹样运用，民间建筑中的几何学原理和比例关系。

（6）文学交叉——摄影与叙事

活动：阅读文学作品中对摄影的描述，分析摄影如何讲述故事或传达作者的思想。例如，欣赏和分析国际摄影大赛中的获奖作品。

项目：创作一个以文学作品为灵感的摄影作品，并撰写作品说明。

（7）社会联系——纪实摄影与社会参与

活动：探讨纪实摄影在社会问题记录和传达中的作用，拜访身边的摄影师，关注生活实事，及时用镜头记录，参观当地的纪实摄影展览。

项目：依托生活现实设计一个纪实摄影项目提案，考虑其如何揭示社会现象和引发公众关注。

（8）展示与评价——成果分享

活动：组织摄影作品展览，邀请校内外观众参观并提供反馈。

反思：学生对自己作品的制作过程和最终效果进行评价和反思。

（9）评估方式

采用同伴评价、自我评价和教师评价相结合的方式，通过学生的作品展示、项目报告和反思日志来评估学生的学习成果。

（10）延伸活动

邀请摄影师进校园进行讲座；组织集中拍摄活动；组织参观摄影艺术展；组织拜访摄影艺术家工作室；组织学生参加社区摄影活动或艺术竞赛。

通过这样的跨学科美育课程，学生不仅能够深入了解摄影艺术，还能够将所学知识应用于实际创作中，同时培养综合素养和社会责任感。

（三）摄影美育案例解析：人像摄影的艺术与科学

1. 目标群体

本课程的目标群体为高中学生。

2. 课程目标

①理解人像摄影的历史和文化意义。
②掌握人像摄影的技巧和视觉语言。
③学习如何将人像摄影与心理学、社会学等学科相结合。
④培养学生的创造力、批判性思维和跨学科综合能力。

3. 课程内容与活动设计

（1）引入阶段——人像摄影概览

活动：观看人像摄影相关的纪录片或讲座，了解人像摄影的定义、功能和历史演变。

讨论：人像摄影在不同文化中的作用及其如何体现不同时代的生活方式和审美观。

（2）历史探究——人像摄影与文明

活动：分组研究不同历史时期的人像摄影作品，并展示其研究成果。

讨论：这些人像摄影作品如何反映当时的社会价值观、宗教信仰和技术水平。

（3）实践操作——人像摄影基础

活动：学生使用相机进行基本地人像摄影练习，如构图、曝光和色彩的应用。

讨论：人像摄影的基本原则，如视角、光影和后期处理。

（4）科学融合——光学与技术

活动：实验不同镜头和光源的特性，探讨它们在人像摄影中的应用。

讨论：现代科技（如数字成像技术、图像处理软件）如何改变人像摄影的创作和表现。

（5）心理学链接——人像摄影与情感表达

活动：研究人像摄影中的情感表达，如眼神、姿态和表情。如图3－10所示，法国摄影师布列松著名的"决定性瞬间"理论深深影响了他的夫人、马格南图片社女摄影记者马丁弗兰克，这件作品以巧妙地S曲线式构图，记录了孩子们游戏的瞬间，马丁细腻的女性感受，为摄影史留下了不可复制的经典佳作。可以设计以"决定性瞬间"为创作主题的人像抓拍活动。

图3-10 马丁·弗兰克（1938— ）摄影抓拍 法国

项目：拍摄一系列表达特定情感的人像照片，并解释其设计理念。

(6) 社会学交叉——人像摄影与社会身份

活动：阅读关于人像摄影与社会身份的文献，分析人像摄影如何揭示个体的社会角色和身份认同。

项目：创作一组以社会身份为主题的人像摄影作品，并撰写作品说明。

（7）展示与评价——成果分享

活动：组织人像摄影作品展览，邀请校内外观众参观并提供反馈。

反思：学生对自己作品的制作过程和最终效果进行评价和反思。

（8）评估方式

采用同伴评价、自我评价和教师评价相结合的方式，通过学生的作品展示、项目报告和反思日志来评估学生的学习成果。

（9）延伸活动

邀请摄影师进校园进行讲座；组织学生参加专题拍摄活动；组织学生参加社区人像摄影活动或艺术竞赛。

通过这样的跨学科美育项目式教学案例，学生不仅能够深入了解人像摄影艺术，还能够将所学知识应用于实际创作中，同时培养综合素养和社会责任感。

六、摄像美育课程

（一）摄像艺术之美

摄像艺术与摄影艺术有很多相似之处，但也有一些独特的方面。摄像艺术通常涉及运动、音频、时序和故事叙述，以下是摄像艺术之美的一些常见方面。

①运动和时间：摄像艺术能够捕捉和呈现运动和时间的流逝。这允许艺术家创造出动态和连续的画面，其中运动可以增加戏剧性、情感表现力和视觉吸引力。

②音频和声音：音频是摄像艺术的一个重要组成部分。声音可以传达关于情感、氛围和情节的重要信息。摄像艺术家可以通过音频设计来增强观众的情感体验。

③剪辑和编辑：摄像艺术家使用剪辑和编辑来组织和构建画面。剪辑可以控制画面的流畅度和节奏感，从而影响观众的感受和反应。

④色彩和视觉效果：与摄影一样，摄像艺术可以使用色彩和视觉效果来传达情感和氛围。颜色分级、滤镜、特殊效果和后期制作可以增强画面的艺术感。

⑤视觉语言和风格：摄像艺术家通常具有自己的视觉语言和风格，这反映在摄像作品的构图、镜头选择、拍摄技巧和表现方式上。不同的艺术家有不同的创作签名和独特之处。

⑥情感和故事叙述：摄像艺术可以通过运动、音频和剧情来传达情感和叙事。这允许观众与作品产生情感共鸣，在故事中投入感情。

⑦特效和动画：摄像艺术可以融入特效和动画元素，这些元素可以增加创意性和视觉吸引力。特效和动画可以创造出超现实或抽象的效果。

⑧技术创新：随着科技的进步，摄像艺术也在不断创新和发展。新的拍摄设

备、后期制作工具和技术创新可以推动摄像艺术向前发展。

⑨社会和文化反映：摄像艺术可以反映社会、文化和时代的特点。它可以探讨社会问题、文化差异、历史事件等，使观众思考和反省。

⑩观众的参与和互动：摄像艺术也可以是互动的。VR、AR、交互式视频等技术可以使观众更深入地参与作品，创造出与传统媒体不同的体验。

总之，摄像艺术之美是多维的，涵盖时间、音频、视觉效果、剪辑、情感传达、技术创新等多个方面。摄像艺术为艺术家提供了一个具有多样性和创造性的媒介，允许他们表达独特的观点和情感，并与观众建立深刻的连接。

（二）摄像美育课程设计：摄像艺术的跨学科探索

1. 目标群体

本课程的目标群体为高中学生。

2. 课程目标

①理解摄像艺术的历史演变和文化意义。

②掌握摄像的基本技巧和视觉语言。

③学习如何将摄像与其他学科相结合。

④培养学生的创造力、批判性思维和跨学科综合能力。

3. 课程内容与活动设计

（1）引入阶段——摄像概览

活动：观看摄像艺术相关的纪录片或讲座，了解摄像的定义、功能和历史演变。

讨论：摄像在不同文化中的作用及其如何体现不同时代的生活方式和审美观。

（2）历史探究——摄像与文明

活动：分组研究不同历史时期的代表性摄像作品，并展示其研究成果。

讨论：这些摄像作品如何反映当时的社会价值观、宗教信仰和技术水平。

（3）实践操作——摄像基础

活动：学生使用摄像机进行基本地摄像练习，如构图、运镜和剪辑。

讨论：摄像的基本原则，包括视角、光影和节奏等方面。

（4）科学融合——光学与技术

活动：实验不同镜头和光源的特性，探讨它们在摄像中的应用。

讨论：现代科技（如数字成像技术、视频处理软件）如何改变摄像的创作和表现。

(5) 数学链接——几何与比例

活动：研究摄像作品设计中的几何学元素，如对称性、比例和空间感。

项目：设计一个结合几何学的摄像作品，例如，生活中的花卉拍摄与解析，感受神奇的大自然，探究地球脉动、生命的秘密等，并解释其设计理念。

(6) 文学交叉——摄像与叙事

活动：阅读文学作品中对摄像的描述，分析摄像如何讲述故事或传达作者的思想。

项目：创作一个以文学作品为灵感的摄像作品，并撰写作品说明。

(7) 社会联系——纪实摄像与社会参与

活动：探讨纪实摄像在社会问题记录和传达中的作用，参观当地的纪实摄像展览。

项目：设计一个纪实摄像项目提案，考虑其如何揭示社会现象和引发公众关注。

比尔·维奥拉（Bill Viola）是影像艺术的舞台上一位耀眼的明星，视像装置艺术先驱，早期作品受白南淮等艺术家影响，他独特的影像艺术语言魅力也直接影响了一批中国当代艺术家。*The Crossing* 是 Bill viola 的视频装置作品。作品通过雨幕、穿行、洗礼、重生，通过冥想、坐禅等方式寻求内在自省，让自我在意识层面获取成长。比尔·维奥拉（Bill Viola）的作品常出现气势恢弘的超慢镜头，他注重投影的质量，不断利用最新技术与专业影棚以求达到最佳效果。水是他常用的创作媒介，他时常追求"无声胜有声"的感受，20世纪90年代以后的创作常以古典宗教绘画为直接灵感（见图3-11）。

图3-11 Bill Viola 1996视频装置作品"The Crossing"

（8）展示与评价——成果分享

活动：组织摄像作品展览，邀请校内外观众参观并提供反馈。

反思：学生对自己作品的制作过程和最终效果进行评价和反思。

（9）评估方式

采用同伴评价、自我评价和教师评价相结合的方式，通过学生的作品展示、项目报告和反思日志来评估学生的学习成果。

（10）延伸活动

邀请摄像师进校园进行讲座；组织学生进行生活热点问题实时拍摄，参加社区摄像活动或摄像艺术竞赛。

通过这样的跨学科美育课程，学生不仅能够深入了解摄像艺术，还能够将所学知识应用于实际创作中，同时培养综合素养和社会责任感。

（三）摄像美育案例解析：校园艺术博览影像创作

1. 目标群体

本课程的目标群体为高中学生。

2. 课程目标

①掌握使用摄像技术记录和表现艺术作品的方法。

②培养学生的艺术审美能力和创新思维。

③促进学生对校园文化和艺术活动的理解和参与。

3. 课程内容与活动设计

（1）引入阶段——校园艺术博览概览

活动：介绍校园艺术博览的历史、目的和重要性，观看往年艺术博览的视频资料。

讨论：艺术博览在校园文化中的作用，以及如何通过摄像技术更好地记录和传播。

（2）实践操作——摄像技术基础

活动：学习基本的摄像技巧，如构图、运镜、曝光和白平衡等。

练习：在校园艺术博览现场进行拍摄练习，捕捉瞬间以完善艺术作品的细节和整体氛围。

（3）艺术理论链接——艺术作品分析

活动：学习艺术理论，分析不同艺术作品的风格、主题和表现手法。

项目：选择一件艺术作品，用摄像技术进行解读和再现。

（4）创意表达——影像创作实践

活动：运用所学摄像技术和艺术理论，围绕校园文化艺术活动，创作一系列以校园艺术博览为主题的影像作品。

讨论：分享创作过程，讨论如何通过影像表达个人对艺术的理解和感受。

（5）社会联系——艺术与社会参与

活动：探讨艺术与社会的关系，分析艺术作品如何反映和影响社会现象。

项目：设计一个以艺术博览为主题的社会互动项目，通过摄像技术记录公众的参与和反应。

（6）展示与评价——成果分享

活动：组织校园艺术博览影像作品展，邀请校内外观众参观并提供反馈。

反思：学生对自己作品的制作过程和最终效果进行评价和反思。

（7）评估方式

采用同伴评价、自我评价和教师评价相结合的方式，通过学生的作品展示、项目报告和反思日志来评估学生的学习成果。

（8）延伸活动

邀请摄影师进校园进行讲座；组织学生参与社会文化活动完成外拍任务；参观影像艺术博物馆；组织学生参加社区摄像活动或艺术竞赛。

通过这样的课程案例，学生不仅能够深入了解摄像艺术，还能够将所学知识应用于实际创作中，同时培养综合素养和社会责任感。

七、书法美育课程

（一）书法艺术之美

①笔画和墨迹：书法艺术的美在于书法家的笔法和墨迹。笔画的粗细、轻重、长短、曲直等特点都反映了书法家的技艺和风格。墨迹的质地和流动性也对书法作品的美感产生深刻影响。

②布局和结构：书法作品的布局和结构非常重要。书法家通过精心布局来组织字词的排列，创造出均衡、和谐和美观的画面。合适的结构可以使字体之间的空间得以优雅地利用。

③字体和字形：不同的书法风格和字体可以赋予作品不同的美感。不同字体的笔锋、曲线和装饰性元素都可以增添作品的独特魅力。书法家可以自由地选择不同字体或创作自己的字体（见图3-12）。

④墨色和纸张：墨色和纸张的选择对书法作品的美感至关重要。墨色的深浅和纸张的质地可以影响作品的质感和效果。一些书法家还会通过墨的浓淡、透明度和渐变效果来增强作品的艺术性。

⑤情感和意境：书法艺术常常传达情感、具有意境和内涵。书法家运用自己

图3-12 黄州寒食诗 苏轼 北宋 行书

的情感和思想来书写文字,这些情感可以在墨迹中体现出来。观众也可以从作品中感受到书法家所要表达的情感和意境。

⑥文化和历史价值:书法作品常常承载文化和历史的价值。不同地区、不同历史时期的书法作品反映了相应的文化、宗教、价值观和社会背景,具有独特的价值。

⑦创新和个性:尽管书法有着悠久的传统,但书法家也可以在传统中创新和张扬个性。一些书法家创作出独特的风格,将传统书法与现代元素相融合。

⑧技巧和实践:书法的美需要技巧和实践。书法家通常需要长期的练习,不断提高技艺,才能掌握高水平的书法艺术。

总之,书法艺术之美是多维的,涵盖了笔画、墨迹、布局、字体、情感、文化价值等多个方面。每一位书法家都有自己的风格和表达方式,这使得书法作品具有多样性和丰富性,能够深刻地反映出个体和文化的独特性。

(二)书法美育课程设计:书法艺术的探索之旅

1. 目标群体

本课程的目标群体为高中学生。

2. 课程目标

①理解书法艺术的历史演变和文化意义。
②掌握书法的基本技巧和审美原则。
③学习如何将书法艺术与文学、历史等学科相结合。
④培养学生的创造力、批判性思维和跨学科综合能力。

3. 课程内容与活动设计

(1) 引入阶段——书法艺术概览

活动:观看书法艺术相关的纪录片或讲座,了解书法的定义、功能和历史演变,了解不同书体风格及艺术特点。

讨论：书法在不同文化中的作用及其如何体现不同民族的审美观和价值观。

（2）历史探究——书法与文明

活动：分组研究不同历史时期的代表性书法作品，并展示研究成果。

讨论：书法作品如何反映当时社会的价值观、宗教信仰和技术水平，如《兰亭集序》《祭侄文稿》《黄州寒食诗帖》等。

（3）实践操作——书法基础

活动：学生使用毛笔进行基本地书法练习，如笔画、结构和章法的运用。

讨论：书法的基本原则，包括线条、力度和节奏等方面。

（4）科学融合——材料与技术

活动：实验不同纸张和墨水的特性，探讨它们在书法中的应用。

讨论：现代科技（如数字化书法工具）如何改变书法的创作和表现。

（5）文学交叉——书法与诗词

活动：阅读诗词作品，分析诗词如何通过书法表达情感和意境。

项目：创作一幅结合诗词的书法作品，并解释其设计理念。

（6）社会联系——书法与社会参与

活动：探讨书法在现代社会的应用，如品牌标识、广告设计、日用产品设计等；参观当地的书法展览；参与书法相关的民俗活动，如写春联、写福字、文化笔会、书画艺术大会等。

项目：设计一个以书法为主题的社会参与项目，考虑其如何影响公众对书法艺术的认识和欣赏。

（7）展示与评价——成果分享

活动：组织书法作品展览，邀请校内外观众参观并提供反馈。

反思：学生对其作品的制作过程和最终效果进行评价和反思。

（8）评估方式

采用同伴评价、自我评价和教师评价相结合的方式，通过学生的作品展示、项目报告和反思日志来评估学生的学习成果。

（9）延伸活动

邀请书法家进校园进行讲座；设计书法主题文化活动；组织学生参加社区书法活动或书法艺术竞赛；参观书法艺术空间、书法家工作室，与书法家面对面，了解书法艺术传承的现状。

通过这样的跨学科美育课程，学生不仅能够深入了解书法艺术，还能够将所学知识应用于实际创作中，同时培养综合素养和社会责任感。

（三）书法美育案例解析：楹联匾额艺术之美

1. 目标群体

本课程的目标群体为高中学生。

2. 课程目标

①理解楹联匾额艺术的历史背景和文化价值。
②掌握楹联匾额创作的基本技巧和审美原则。
③学习如何将楹联匾额艺术与文学、历史等学科相结合。
④培养学生的创造力、批判性思维和跨学科综合能力。

3. 课程内容与活动设计

（1）引入阶段——楹联匾额艺术概览

活动：介绍楹联匾额的定义、功能和历史演变，观看相关的纪录片或讲座。

讨论：楹联匾额在不同文化中的作用，及其如何体现不同民族的审美观和价值观。

（2）历史探究——楹联匾额与文明

活动：分组研究不同历史时期的代表性楹联匾额作品，并展示研究成果。

讨论：这些楹联匾额作品如何反映当时社会的价值观、宗教信仰和技术水平。

（3）实践操作——楹联匾额创作基础

活动：学生使用毛笔进行基本地楹联匾额创作练习，如笔画、结构和章法的运用。

讨论：楹联匾额创作的基本原则，包括对仗、用韵和节奏等方面。

（4）科学融合——材料与技术

活动：实验不同纸张和墨水的特性，探讨它们在楹联匾额创作中的应用。

讨论：现代科技（如数字化书法工具）如何改变楹联匾额的创作和表现。

（5）文学交叉——楹联匾额与诗词

活动：阅读诗词作品，分析诗词如何与楹联匾额创作相结合表达情感和意境。

项目：创作一副结合诗词的楹联匾额作品，并解释其设计理念。

（6）社会联系——楹联匾额与社会参与

活动：探讨楹联匾额在现代社会的应用，如品牌标识、广告设计等，参观当地的楹联匾额展览。

项目：设计一个以楹联匾额为主题的社会参与项目，考虑其如何影响公众对楹联匾额艺术的认识和欣赏。

（7）展示与评价——成果分享

活动：组织楹联匾额作品展览，邀请校内外观众参观并提供反馈。

反思：学生对其作品的制作过程和最终效果进行评价和反思。

（8）评估方式

采用同伴评价、自我评价和教师评价相结合的方式，通过学生的作品展示、项目报告和反思日志来评估学生的学习成果。

（9）延伸活动

邀请书法家进校园进行讲座；组织学生参观故宫博物院（见图3-13）、颐和园，了解楹联匾额在建筑装饰中的作用；组织学生参加社区楹联匾额活动或艺术竞赛。

图3-13　故宫太和殿楹联匾额

通过这样的跨学科美育教学案例，学生不仅能够深入了解楹联匾额艺术，还能够将所学知识应用于实际创作中，同时培养综合素养和社会责任感。

八、篆刻美育课程

（一）篆刻艺术之美

①字形的工艺和美感：篆刻艺术中字形是核心。篆书字形通常由角、弯、折、竖、撇、捺等基本笔画构成，书写时需要极高的精准度和技艺。每一个字的字形都经过设计和琢磨，形态工整，线条流畅，充满了美感。

②印章的质地和质感：篆刻印章的材料包括玉石、骨头、木头、金属等，每种材料都有独特的质地和质感。不同材料的运用，以及刀法和雕琢技艺的差异，直接影响了印章的美感。

③篆刻的线条和纹理：篆刻作品的线条和纹理是其独特之处。结合不同的刀法和刻画技巧可以创造出丰富的纹理和表面效果，增添作品的层次感和质感。

④印章的结构和布局：印章的结构和布局是篆刻艺术的重要部分。篆刻家通过精心地设计和布局来突出印章的主题，使之更具艺术感和视觉吸引力。

⑤文化和历史价值：篆刻艺术承载着中国文化和历史的价值。不同地区、不同历史时期的篆刻作品反映了相应的文化、宗教、价值观和社会背景，具有深厚的文化底蕴。

⑥创新和个性：虽然篆刻有着悠久的传统，但篆刻家也可以在传统中创新和张扬个性。一些篆刻家通过创作新的字体、题材或技法，将传统篆刻与现代元素相结合，创造出独特的篆刻艺术作品。

⑦技巧和实践：篆刻艺术需要长期的练习，不断提高技艺。篆刻家必须掌握刀法技巧、材料处理和字形造诣等多方面的技艺，才能创造高水平的篆刻艺术品。

总之，篆刻艺术之美以其精致的字形、富有质感的印章、线条和纹理的表现、结构和布局的设计，以及文化和历史的价值表达出来。篆刻作品具有深刻的内涵和独特的视觉吸引力，是中国传统文化精髓的代表。

如图3-14所示，其为皇后之玺，可以引出一个跌宕起伏的文物故事：1968年9月某个傍晚，西汉的这一方"皇后之玺"被韩家湾公社韩家湾小学的13岁学生孔忠良在放学的路上偶然发现，后被其父亲孔祥发带到西安交给文物专家鉴定。此后，这枚玉玺收藏在陕西省博物馆。1974年，当时炙手可热的江青下令将西汉皇后之玺送到北京，一直霸占不还。后"四人帮"被粉碎，西汉皇后之玺辗转返还陕西省博物馆收藏。1991年，陕西历史博物馆和碑林博物馆分家，这枚玉玺便陈列于陕历博基本陈列展厅。

图 3-14　皇后之玺　西汉　篆刻

（二）篆刻美育课程设计：探索中国古代篆刻艺术

围绕古代中国篆刻艺术，我们可以设计一个跨学科美育课程。以下是课程设计的框架。

1. 目标群体

本课程的目标群体为高中学生。

2. 课程目标

①理解篆刻艺术的历史背景和文化意义。
②掌握篆刻的基本技巧和审美原则。
③学习如何将篆刻艺术与文学、历史等学科相结合。
④培养学生的创造力、批判性思维和跨学科综合能力。

3. 课程内容与活动设计

（1）引入阶段——篆刻艺术概览，方寸世界中的艺术

活动：介绍篆刻的定义、功能和历史演变，观看相关的纪录片或讲座视频。
讨论：篆刻在不同文化中的作用及其如何体现不同民族的审美观和价值观。

（2）历史探究——篆刻与文明

活动：分组研究不同历史时期的代表性篆刻作品，并展示研究成果。
讨论：这些篆刻作品如何反映当时社会的价值观、宗教信仰和技术水平。

（3）实践操作——篆刻基础

活动：学生使用刻刀进行基本地篆刻练习，如笔画、结构和章法的运用。

讨论：篆刻的基本原则，包括线条、力度和节奏等方面。

（4）科学融合——材料与技术

活动：实验不同石材的特性，探讨它们在篆刻中的应用。

讨论：现代科技（如数字化篆刻工具）如何改变篆刻的创作和表现。

（5）文学交叉——篆刻与诗词

活动：阅读诗词作品，分析诗词如何与篆刻结合表达情感和意境。

项目：创作一方结合诗词的篆刻作品，并解释其设计理念。

（6）社会联系——篆刻与社会参与

活动：探讨篆刻在现代社会的应用，如品牌标识、广告设计等，使品牌具有历史感；参观当地的篆刻展览。

项目：设计一个以篆刻为主题的社会参与项目，考虑其如何影响公众对篆刻艺术的认识和欣赏，如橡皮图章的设计与制作体验活动。

（7）展示与评价——成果分享

活动：组织篆刻作品展览，邀请校内外观众参观并提供反馈。

反思：学生对其作品的制作过程和最终效果进行评价和反思。

（8）评估方式

采用同伴评价、自我评价和教师评价相结合的方式，通过学生的作品展示、项目报告和反思日志来评估学生的学习成果。

（9）延伸活动

邀请篆刻家进校园进行讲座；组织学生参加社区篆刻活动或艺术竞赛。通过这样的跨学科美育课程，学生不仅能够深入了解篆刻艺术，还能够将所学知识应用于实际创作中，同时培养综合素养和社会责任感。

如图3-15所示，这一方篆刻闲章《德不孤》的解读与鉴赏就非常有趣。海内存知己，天涯若比邻。在古人看来，只要真是道德君子，那么即便在短时间内或许没有互相呼应的伙伴，但是时间长了就总会有同样性情和抱负的人过来与

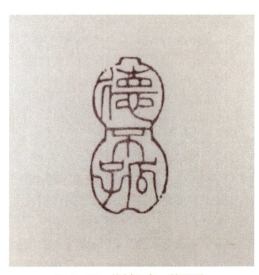

图3-15　篆刻闲章　德不孤

他亲近。"德不孤，必有邻"，孔子在《论语》里讲的不仅仅是一种人生经验，更是一种社会生活的规律。虽然"德不孤"强调的重点是个人的努力，是我们应该如何着手提高自己的道德修养。然而从今天来理解，"德不孤，必有邻"这句话，不仅仅只讲述了一个提高道德修养的问题。我们做任何有意义、有价值的事情，都希望有人理解，有人支持，不过在现实生活中，由于种种原因，我们在做这些事情的时候，也许相当长一段时间内都不得不完全依靠自己的努力。但是，"德不孤，必有邻"，只要自己不懈地追求，身边的人可以从不理解到理解、从不支持到支持，而远方的志同道合的人们，在通过各种渠道了解了我们的所作所为之后，一定会给我们送来遥远的帮助和祝福。

（三）篆刻美育案例：篆刻闲章设计与制作的艺术之旅

围绕"篆刻闲章设计与制作"的主题，我们可以撰写一个跨学科美育教学案例。以下是该教学案例的框架。

1. 目标群体

本课程的目标群体为高中学生。

2. 课程目标

①理解闲章的历史背景、文化意义和艺术特点。
②掌握篆刻闲章设计与制作的基本技巧。
③结合文学、历史等学科知识，进行创意设计与实践。
④培养学生的美术审美能力、创新思维和动手操作能力。

3. 课程内容与活动设计

（1）引入阶段——篆刻艺术与闲章概览
活动：介绍篆刻的定义、功能和历史演变，特别是闲章的起源和发展。
讨论：闲章在书画作品中的作用及其如何体现个人品位和文化身份。
（2）历史探究——闲章的文化内涵
活动：分组研究不同历史时期的代表性闲章作品，并展示研究成果。
讨论：这些闲章作品如何反映社会文化和个人修养。
（3）文学交叉——闲章与诗词
活动：阅读古典诗词，分析诗词中的意境如何通过闲章表达。
项目：创作一方结合诗词的闲章，完成设计草图，并解释其设计理念。
（4）实践操作——篆刻基础与技巧
活动：学习篆刻的基本技巧，如笔画、结构和章法的运用。
练习：使用刻刀在橡皮或其他软材料上进行基本地篆刻练习。
（5）科学融合——材料学与篆刻工具

活动：了解不同石材的特性及其在篆刻中的应用。
讨论：现代科技（如激光雕刻）如何辅助篆刻创作。
（6）设计实践——闲章创作与制作
活动：根据设计的草图，选择合适的材料和工具，制作自己的闲章。
讨论：分享创作过程，探讨如何在设计中融入个人风格和文化元素。
（7）展示与评价——成果分享与反思
活动：组织闲章作品展览，邀请校内外观众参观并提供反馈。
反思：学生对其作品的制作过程和最终效果进行评价和反思。
（8）评估方式
采用同伴评价、自我评价和教师评价相结合的方式，通过学生的设计草图、制作过程记录和最终作品来评估学生的学习成果。
（9）延伸活动
邀请篆刻家进校园进行讲座；参观篆刻家工作室；组织学生参加为自己设计印章的校园活动或篆刻艺术竞赛。
通过这样的跨学科美育教学案例，学生不仅能够深入了解篆刻艺术，还能够将所学知识应用于实际创作中，同时培养综合素养和社会责任感。

九、设计美育课程

（一）设计艺术之美

①创意和创新：设计是关于创意和创新的艺术。设计师以独特的思考和创造性的灵感，将问题转化为解决方案，并创造出令人惊叹的作品。创意的表达是设计之美的核心。

②形式和功能的平衡：设计要求在美感和功能之间找到平衡。美丽的设计除了令人愉悦，还要实现其既定目标。设计师需要考虑用户体验、实用性和可持续性等因素，这种平衡是设计之美的一部分。

万物有灵，《随风》（见图3-16），描绘蒲公英的种子，在风的吹动下寻一方沃土扎根，完成自己的使命。生态智慧教育就是要保持教育初心，尊重生命多样性，顺情而为、顺礼而为、顺势而为才是真教育。

③视觉吸引力：视觉效果是设计的一个重要元素，包括颜色、形状、线条、比例等。吸引人的视觉元素能够使设计作品更加引人注目和美观。

④功能性和可用性：设计不仅为了外表美观，还要考虑功能性和可用性。良好的设计应该满足用户的需求，提供有效的解决方案，使生活更便捷或工作更高效。

⑤文化和社会意义：设计常常反映文化，包括社会的价值观及其趋势。设

图3-16　随风　作者陈默　中国画
纸本工笔 70 cm×138 cm　2019年

师可以通过作品反映社会问题、文化现象或历史背景，这种文化和社会意义也是设计之美的一部分。

⑥材料和工艺的运用：设计师选择和运用各种材料和工艺来创造作品。材料的质感、颜色、可塑性，以及工艺的精湛和创新，都能为设计作品增添独特的美感。

⑦可持续性和环保：可持续设计是当今设计领域的重要趋势之一。设计师关注减少资源浪费、降低环境影响的问题，创造出符合可持续发展原则的作品。

⑧情感共鸣：优秀的设计常常能够触发观众的情感共鸣。设计师通过创造情感联系，使观众能够深刻地理解和感受作品。

⑨历史和传统的借鉴：设计师常常受到历史和传统的启发。文化遗产和历史上的经典设计可以激发设计师的灵感，为现代设计提供参考。

⑩多领域交叉：设计艺术通常跨足多个领域，如平面设计、室内设计、时尚设计、工业设计等。这种多领域交叉带来了不同领域之间的交流和创新，拓展了设计之美的领域。

总之，设计艺术之美涵盖创意、形式、功能、可用性、文化意义、可持续性、情感共鸣和材料工艺等多个方面。设计的产物是一种思考和表达方式，能够为个人和社会的生产生活带来美的体验和启发。设计师通过不断追求卓越，为世界注入创新和美的力量。

（二）设计美育课程设计：平面广告设计的艺术与技巧

围绕高中"平面广告设计艺术"的内容，我们可以设计一个跨学科美育课程。以下是课程设计的框架。

1. 目标群体

本课程的目标群体为高中学生。

2. 课程目标

①理解平面广告设计的发展历史、文化意义和市场需求。
②掌握平面广告设计的基本技巧和创意方法。
③学习如何将平面广告设计与营销、心理学等学科相结合。
④培养学生的美术审美能力、创新思维和团队合作能力。

3. 课程内容与活动设计

（1）引入阶段——平面广告设计概览

活动：介绍平面广告的定义、功能和历史演变，观看相关的纪录片或讲座视频，除了利用网络整理视频资源，教师也可以请专家现场讲座。

讨论：平面广告在不同媒体中的作用及其如何吸引消费者的注意力和兴趣。

（2）历史探究——平面广告与商业文明

活动：分组研究不同历史时期的代表性平面广告作品，并展示研究成果。

讨论：这些平面广告作品如何反映当时的社会经济和文化趋势。

（3）实践操作——平面广告设计基础

活动：学习平面广告设计的基本元素及其原则，如版式、色彩和字体的运用。

练习：使用设计软件进行基本地平面广告设计练习。

（4）科学融合——视觉传达与心理学

活动：了解视觉传达原理和消费心理学在平面广告设计中的应用。

讨论：如何利用视觉元素和心理策略来提高平面广告的效果。

（5）文学交叉——平面广告与叙事

活动：阅读文学作品中的叙事部分，分析叙事元素如何通过平面广告表达。

项目：创作一幅结合叙事元素的平面广告设计草图，并解释其设计理念。

（6）社会联系——平面广告与社会参与

活动：探讨平面广告在社会责任和道德伦理方面的挑战；参观当地的广告公司或相关展览。

项目：设计一个以社会责任为主题的平面广告提案，考虑其如何影响公众的观念和行为。

（7）展示与评价——成果分享与反思

活动：组织平面广告设计作品展览，邀请校内外观众参观并提供反馈。

反思：学生对自己作品的制作过程和最终效果进行评价和反思。

（8）评估方式

采用同伴评价、自我评价和教师评价相结合的方式，通过学生的设计草图、制作过程记录和最终作品来评估学生的学习成果。

（9）延伸活动

邀请广告设计师进校园进行讲座；参观考察平面广告工作室，了解平面广告的创意实施流程；组织学生参加社区平面广告设计竞赛或展览。

通过这样的跨学科美育课程，学生不仅能够深入了解平面广告设计艺术，还能够将所学知识应用于实际创作中，同时培养综合素养和社会责任感。

如图3-17所示，其是为海淀区第二实验小学的艺术教室内实施的墙壁画创作。教室宽10米、长20米，正方形，墙面高度3米。我截取中断1.5米的高度进行设计。以门德尔松的音乐《乘着歌声的翅膀》为创作主题，以中西方古典乐神、天使、乐器为设计元素，以闪烁的群星做背景装饰，运用丙烯喷绘、线描

图3-17 乘着歌声的翅膀 作者陈默 石膏壁画 150 cm×6 000 cm 2004年

填色等技法完成创作。该作品的缩小一倍版复印件于 2004 年参加全国首届壁画展，在中国美术馆展出。该作品创作过程中全程带动学生社团集体参与创作，收到了很好的美育效果。

（三）设计美育案例：校园文创设计

围绕"校园文创设计"的主题，我们可以设计一个跨学科美育教学案例。以下是该教学案例的框架。

1. 目标群体

本课程的目标群体为高中学生。

2. 课程目标

①理解校园文创在校园文化中的作用和意义。
②掌握校园文创设计的基本原则和技巧。
③结合美术、文学、社会学等学科知识，进行创意设计与实践。
④培养学生的美术审美能力、创新思维和团队合作能力。

3. 课程内容与活动设计

（1）引入阶段——文化创意概览及优秀文创设计赏析

活动：介绍文化创意的定义、功能和历史演变，特别是其在商业活动中的应用。

讨论：文化创意在校园活动中的作用及其如何吸引学生的注意力和兴趣。

（2）历史探究——校园文创与校园文化

活动：分组研究不同历史时期的代表性校园文化创意作品，并展示研究成果。

讨论：这些校园文创作品如何反映当时的校园文化和社会趋势。

（3）实践操作——校园文创设计基础

活动：学习校园文创设计的基本元素及其原则，如版式、色彩和字体的运用。

练习：使用设计软件进行基本地校园文创设计练习。

（4）科学融合——视觉传达与心理学

活动：了解视觉传达原理和消费心理学在校园文创设计中的应用。

讨论：如何利用视觉元素和心理策略来提高校园文创设计的效果。

（5）文学交叉——校园文化创意与叙事

活动：阅读文学作品中的叙事部分，分析叙事元素如何通过校园文化创意表达。

项目：创作一幅结合叙事元素的校园文化创意设计草图，并解释其设计理念。

(6) 社会联系——校园文化创意与社会参与

活动：探讨招贴画在社会责任和道德伦理方面的挑战；参观当地的广告公司或相关展览。

项目：设计一个以社会责任为主题的校园文化创意提案，考虑其如何影响学生的观念和行为，例如，以中国书画为载体进行校园文化创意设计，在校园内进行文创义卖活动，既继承和发扬了传统书画文化，又将创意变现，所得款项部分用于捐赠，增强学生的社会责任意识（见图3-18）。

(a) (b)

图3-18 北京一零一中书画社 校园文化创意设计

(7) 展示与评价——成果分享与反思

活动：组织校园文化创意作品展览，邀请校内外观众参观并提供反馈。

反思：学生对自己作品的制作过程和最终效果进行评价和反思。

(8) 评估方式

采用同伴评价、自我评价和教师评价相结合的方式，通过学生的设计草图、制作过程记录和最终作品来评估学生的学习成果。

(9) 延伸活动

邀请文化创意设计师进校园进行讲座；组织学生参加社区校园文化创意设计竞赛或展览。

通过这样的跨学科美育课程，学生不仅能够深入了解文化创意设计艺术，还能够将所学知识应用于实际创作中，同时培养综合素养和社会责任感。

十、音乐美育课程

（一）音乐艺术之美

音乐艺术之美是多维的，它在多个方面体现出来，可以概括为以下几个方面。

①旋律和和声：音乐中的旋律和和声是最基本和重要的元素之一。美妙的旋律和和声可以触发情感共鸣，给人以愉悦的感受。旋律可以让听众跟随音乐的情感走向，和声则可以增强音乐的深度和复杂性。

②节奏和韵律：音乐的节奏和韵律赋予音乐生命力和动感。节奏可以引导听众跟随音符的跳动，韵律可以为音乐增添节奏感和动态变化。

③声音质感和乐器选择：不同的乐器和声音质感丰富了音乐的多样性和美感。乐器和演奏技巧的搭配可以产生独特的音色和音质，这些可以增强音乐的表现力。

④表情和情感表达：音乐艺术可以通过表情和情感的表达来传达信息。音乐家可以通过演奏和音乐的编排等技巧来表现悲伤、喜悦、愤怒、平静等各种情绪，这增添了音乐的深度和情感共鸣。

⑤结构和形式：音乐作品的结构和形式可以影响其美感。一部音乐作品可能包括序曲、主题、发展、回旋和终曲等部分，这些部分的编排和互动可以影响音乐的戏剧性和完整性。

⑥创新和个性：音乐家常常通过创新和张扬个性来表现独有的艺术风格。一些音乐家尝试实践新的音乐风格、技巧和音乐理念，以创造出独特的音乐作品。

⑦文化和历史背景：音乐也反映了不同文化和历史背景下的社会特点及其所形成的价值观。不同地区和时期的音乐具有独特的文化符号和情感特征，这些也影响了音乐的美感。

⑧技巧和演奏：音乐家的演奏技巧和表现力是音乐艺术之美的关键部分。高超的演奏和情感表现技巧可以使音乐作品更具感染力。

⑨观众的互动：音乐是一种具有互动性的艺术形式。音乐家与观众之间的互动可以增强音乐的美感，观众的参与可以使音乐更具生命力。

总之，音乐艺术之美是多层次和多样化的。它涵盖旋律、和声、节奏、韵律、情感抒发、表现力、结构等多个方面。每一位音乐家都有自己独特的音乐语言和表达方式，这使得音乐艺术充满了创造力和多样性，能够触发人们的共鸣和思考。

（二）音乐美育课程设计：音乐艺术的探索之旅

围绕音乐艺术之美，我们可以设计一个跨学科美育课程。以下是课程设计的框架。

如图3-19所示，小泽征尔善于利用自己的技巧和风格来使乐队发挥潜力和形成辉煌的音响效果，同时善于通过自己的情感来传达音乐作品的内蕴。他能够准确地把握和理解不同风格的音乐作品，能够做到主题突出，布局清晰严谨，层次细致流畅；他能够捕捉到作品的微妙情感变化，无论恬静与激烈、缠绵与愤怒、诙谐与庄严、细腻与粗犷等情绪都能表达的恰如其分。小泽征尔是以"大动作"为特点的指挥家，利用看似夸张的形体动作来调动乐队演奏者的音乐表现力。以此来提升乐团的整体演出效果。

图3-19　日本指挥家小泽征尔

1. 目标群体

本课程的目标群体为高中学生。

2. 课程目标

①理解音乐艺术的历史演变和文化意义。
②掌握音乐欣赏的基本技巧和审美原则。

③学习如何将音乐艺术与文学、历史等学科相结合。
④培养学生的创造力、批判性思维和跨学科综合能力。

3. 课程内容与活动设计

（1）引入阶段——音乐艺术概览

活动：介绍音乐的定义、功能和历史演变，观看相关的纪录片或讲座视频。

讨论：音乐在不同文化中的作用及其如何体现不同民族的审美观和价值观。

（2）历史探究——音乐与文明

活动：分组研究不同历史时期的代表性音乐作品，并展示研究成果。

讨论：这些音乐作品如何反映当时社会的价值观、宗教信仰和技术水平。

（3）实践操作——音乐基础

活动：学生使用乐器进行基本地演奏练习，如节奏、旋律和和声练习。

练习：通过演唱、演奏和创作简单的音乐作品来体验音乐的魅力。

（4）科学融合——物理与技术

活动：实验不同乐器和声音的特性，探讨它们在音乐中的应用。

讨论：现代科技（如数字音频处理、音乐制作软件）如何改变音乐的创作和表现。

（5）文学交叉——音乐与叙事

活动：阅读文学作品中对音乐的描述，分析音乐如何叙述故事或表达情感。

项目：选择一段文学作品，用音乐进行解读和再现。

（6）社会联系——音乐与社会参与

活动：探讨音乐在现代社会的应用，如品牌推广、广告设计等；参观当地的音乐活动或相关展览。

项目：设计一个以音乐为主题的社会参与项目，考虑其如何影响公众对音乐艺术的认识和欣赏。

（7）展示与评价——成果分享

活动：组织音乐会或音乐作品展览，邀请校内外观众参观并提供反馈。

反思：学生对自己作品的制作过程和最终效果进行评价和反思。

（8）评估方式

采用同伴评价、自我评价和教师评价相结合的方式，通过学生的音乐创作、表演和项目报告来评估学生的学习成果。

（9）延伸活动

邀请音乐家进校园进行讲座；组织学生参加社区音乐活动或艺术竞赛。

通过这样的跨学科美育课程，学生不仅能够深入了解音乐艺术，还能够将所学知识应用于实际创作中,同时培养综合素养和社会责任感。

(三) 民乐美育案例解析:《黄河》——民族交响乐的魅力与深意

围绕民族交响乐《黄河》(见图 3-20)这一作品,我们可以设计一个中国音乐之美的跨学科美育教学案例。以下是该教学案例的框架。

图 3-20　中国交响乐团　民族交响乐《黄河》演出现场

1. 目标群体

本课程的目标群体为高中学生。

2. 课程目标

①理解《黄河》作为中华民族精神象征的历史背景和文化意义。

②掌握民族交响乐的特点和《黄河》的音乐结构。

③学习如何结合历史、文学、哲学等学科知识,深入分析《黄河》的艺术价值和社会影响。

④培养学生的文化自信、审美鉴赏能力以及跨学科综合思维能力。

3. 课程内容与活动设计

(1) 引入阶段——《黄河》概览

活动:介绍《黄河》的创作背景、作曲家和演奏情况,观看《黄河》的演出视频或纪录片。

讨论:《黄河》如何以音乐形式表现中华民族的精神特质和历史情感。

(2) 历史探究——《黄河》与民族命运

活动:研究《黄河》创作时的历史背景,并展示研究成果。

讨论：《黄河》如何反映当时的社会状况和人民心声。

（3）实践操作——音乐欣赏与分析

活动：聆听《黄河》的不同乐章，分析其旋律、节奏、和声和配器等特点。

练习：通过小组讨论，学生尝试解读《黄河》中的音乐语言和象征意义。

（4）文学交叉——《黄河》与诗歌

活动：阅读描写黄河的古典诗词，探讨这些诗词如何与《黄河》相呼应。

项目：创作一首以《黄河》为灵感的诗歌或散文，表达对《黄河》的个人感悟。

（5）社会联系——《黄河》与社会参与

活动：探讨《黄河》在当代社会的传承与发展；参观相关的音乐会或展览。

项目：策划一个以《黄河》为主题的社区活动，旨在推广民族音乐文化。

（6）展示与评价——成果分享

活动：组织《黄河》音乐作品的展演或诗歌朗诵会，邀请校内外观众参观并提供反馈。

反思：学生对自己作品的制作过程和最终效果进行评价和反思。

（7）评估方式

采用同伴评价、自我评价和教师评价相结合的方式，通过学生的音乐分析报告、诗歌创作和项目报告来评估学生的学习成果。

（8）延伸活动

邀请音乐家或学者进校园进行讲座；组织学生参加社区民族音乐活动或艺术竞赛。

通过这样的跨学科美育课程，学生不仅能够深入了解《黄河》这部民族交响乐，还能够将所学知识应用于实际创作中，同时培养综合素养和文化自信。

十一、合唱美育课程

（一）合唱艺术之美

①和谐的声音融合：合唱是多个声音合而为一的艺术形式。多个不同音色和音高的声音能够和谐地融合在一起，创造出富有层次感和深度的声音。

②集体表演的力量：合唱是一种集体表演形式，要求合唱团的成员协同合作，以实现和声的完美协调。这种集体表演的力量和团队合作的美感在合唱艺术中得以充分展现。

③情感的传达：合唱作品通常通过歌词、曲调和声音表达情感和故事。合唱团的演唱可以触发听众的情感共鸣，使人们深受感动。

④音乐的多样性：合唱艺术包括各种不同风格和形式的音乐，如古典音乐、

民谣、流行歌曲等。这种多样性为不同听众提供了不同的音乐体验，丰富了音乐的美感。

⑤音乐的技巧和复杂性：合唱作品通常具有复杂的音乐结构和和声编排。合唱团的成员需要具备高超的音乐技巧，包括音准、节奏感、和声技巧等，以呈现出音乐的美感。

⑥文化和历史的传承：合唱音乐反映了不同文化和历史背景下的故事。合唱作品可以传承古老的音乐传统，同时也可以创造新的音乐表达方式。

⑦社交互动和集体感：合唱团成员之间的互动和社交联系是合唱艺术的一部分。合唱团通常是一个集体，其中的友谊和合作也是美的表现。

⑧音乐教育和培养：合唱艺术对于音乐教育和音乐培养具有重要意义。通过合唱，年轻音乐家可以提高音乐技能、加深对音乐的理解，激发创作热情。

⑨社会影响力：合唱作品可以传达文化信息，反映社会问题，激励社会变革。合唱可以成为社会运动的凝聚力和团结的象征。

总之，合唱艺术之美涵盖声音和谐、情感传达、音乐多样性、音乐技巧、文化传承和社交互动作用等多个方面。合唱艺术不仅使听众因音乐而愉悦，还通过声音的集体表演传递情感和信息，具有深刻的文化和社会意义。无论是参与合唱团还是欣赏合唱音乐，都可以感受到这种艺术形式的美妙之处。

（二）**合唱美育课程设计：校园合唱节的策划与实践**

围绕合唱艺术，我们可以设计一个以"校园合唱节"（见图3-21）为主题的跨学科美育课程。

图3-21　北京一零一中校园合唱节

以下是课程设计的框架。

1. 目标群体

本课程的目标群体为高中学生。

2. 课程目标

①理解合唱艺术的历史背景、文化意义和教育价值。

②掌握合唱的基本技巧、声部练习和表演形式。

③学习如何将合唱艺术与音乐理论、文学、社会学等学科相结合。

④提升学生的团队合作能力、组织协调能力和跨学科综合素养。

3. 课程内容与活动设计

（1）引入阶段——合唱艺术概览

活动：介绍合唱的定义、功能和历史演变，观看国内外与合唱相关的纪录片或讲座视频，欣赏优秀合唱演出录像。

讨论：合唱在不同文化中的作用及其如何体现不同民族的审美观和价值观。

（2）历史探究——合唱与文明

活动：分组选取不同历史时期有代表性的合唱作品，欣赏并展示研究成果，如宗教合唱歌曲等。

讨论：这些合唱作品如何反映当时社会的价值观、宗教信仰和科学技术水平。

（3）实践操作——合唱基础

活动：学生进行声部练习，包括音准、节奏和音色的训练。

练习：通过演唱经典合唱曲目来体验合唱的魅力。

（4）科学融合——物理与技术

活动：实验不同声音的特性，探讨它们在合唱中的应用。

讨论：现代科技（如音响设备、录音技术）如何辅助合唱表演。

（5）文学交叉——合唱与叙事

活动：阅读文学作品中对合唱的描述，分析合唱如何叙述故事或表达情感；讨论合唱艺术如何运用声音；集体训练和声。

项目：选择一段文学经典作品，用合唱进行解读和再现，感受合唱艺术之美。

（6）社会联系——合唱与社会参与

活动：探讨合唱在现代社会的应用，如品牌推广、广告设计等，参观当地的音乐活动或相关展览，参加合唱节活动。

项目：策划一个以合唱为主题的校园或社区活动，旨在推广音乐文化。

(7) 展示与评价——校园合唱节

活动：组织以班级为单位参加校园合唱节，邀请校内外观众参观并提供反馈。

反思：学生对自己合唱作品的设计、训练、完成过程和最终效果进行评价和反思。

(8) 评估方式

采用同伴评价、自我评价和教师评价相结合的方式，通过学生的合唱表演、项目报告和反思日志来评估学生的学习成果。

(9) 延伸活动

邀请合唱团进校园进行交流演出和工作坊座谈活动；挖掘民间合唱资源，如"侗族大歌""苗寨情歌"等；也可以开办一个合唱歌曲沙龙，把这些民歌合唱引进校园，结合民俗风情，感受多民族合唱文化的艺术魅力。组织学生参加社区合唱活动或艺术节合唱比赛。

通过这样的跨学科美育课程，学生不仅能够深入了解合唱艺术，还能够将所学知识应用于实际创作中，同时培养综合素养和社会责任感。

十二、舞蹈美育课程

（一）舞蹈是一种极富表现力和感染力的艺术形式

①身体动态和技巧：舞蹈艺术的美在于舞者的身体动态和技巧。舞者通过精湛的舞蹈技巧、协调的动作和优美的舞姿来展现自己的艺术思想。

②节奏和音乐：舞蹈通常与音乐相结合，节奏是舞蹈的基础之一。舞者通过与音乐的互动，用身体的动作来传达音乐的情感和节奏，创造出视觉和听觉的美感。

③表情和情感：舞蹈可以通过舞者的表情和动作来传达故事、情感和观点。观众可以从舞者的身体语言中感受到深刻的情感共鸣。

④编排和创意：舞蹈作品的编排和创意是舞蹈艺术之美的重要组成部分。编舞家通过精心设计的动作序列、舞蹈结构和舞台布景来创造具有视觉冲击力和戏剧性的作品。

⑤舞蹈风格和种类：舞蹈艺术具有多样的风格和种类，如古典芭蕾、现代舞、民族舞、爵士舞等。每种舞蹈风格都有独特的特点和美感，反映了不同文化和时代的艺术审美。

⑥舞蹈服装和舞美：舞蹈艺术中的服装和舞台设计也是艺术的一部分。精美的舞蹈服装和舞台布景可以增添视觉上的吸引力，为舞蹈作品营造出特殊的氛围。

⑦群舞和个人表演：舞蹈可以是个人表演，也可以是团体表演。在群舞中，舞者的协作和同步可以创造壮观的场面。在个人表演中，舞者的个性和独特之处可以充分展现。

⑧社会和文化反映：舞蹈可以反映社会和文化的特点和价值观。不同文化和地区的舞蹈作品通常具有独特的文化符号和情感特征，这些也影响了舞蹈的美感。如图 3-22 所示，苗族姊妹节，苗语叫"浓嘎良"，它以苗族青年女子为中心，以苗族姊妹节以青年妇女为中心，以展示歌舞、服饰、游方，吃姊妹饭和青年男女交换信物为主要活动内容，节日规模较大，民间群舞成为姊妹街上最靓丽的风景，舞者身着盛装，载歌载舞，庆祝内容丰富独特，场面热烈奔放。

图 3-22　苗族舞蹈——庆祝姊妹节

⑨观众的情感共鸣：观众与舞者之间的情感共鸣也是舞蹈艺术之美的一部分。观众可以从舞蹈作品中获得愉悦、感动、启发和思考。

总之，舞蹈艺术之美是多维的，涵盖了身体动态、音乐、节奏、情感、编排、创意、舞蹈风格、服装、文化反映等多个方面。每一场舞蹈作品都是独特的艺术表达，能够引发观众的情感共鸣，为人们带来艺术和美的享受。

（二）舞蹈美育课程设计：探索民族舞蹈的艺术之旅

围绕民族舞蹈艺术，我们可以设计一个高中跨学科美育课程。以下是课程设计的框架。

1. 目标群体

本课程的目标群体为高中学生。

2. 课程目标

①理解民族舞蹈的历史背景、文化意义和艺术特点。
②掌握民族舞蹈的基本技巧和表演形式。
③学习如何将民族舞蹈与历史、文学、社会学等学科相结合。
④培养学生的创造力、批判性思维和跨学科综合能力。

3. 课程内容与活动设计

（1）引入阶段——民族舞蹈概览

活动：介绍民族舞蹈的定义、功能和历史演变，观看和中外经典舞蹈艺术相关的纪录片或讲座。

讨论：民族舞蹈在不同文化中的作用，以及舞蹈艺术如何体现不同民族的审美观和价值观。

（2）历史探究——民族舞蹈与文明

活动：分组，结合雕塑史料及绘画史料的研究成果还原古代不同历史时期的代表性民族舞蹈作品，并展示小组研究成果。

讨论：这些民族舞蹈作品如何反映当时的社会价值观、宗教信仰和技术水平。

（3）实践操作——民族舞蹈基础

活动：学生进行民族舞蹈的基本动作和组合练习。

练习：通过学习和表演经典的民族舞蹈来体验舞蹈的魅力。

（4）科学融合——生理学与运动科学

活动：了解人体解剖学和运动生理学在民族舞蹈中的应用。

讨论：现代科技（如舞蹈影像分析）如何辅助民族舞蹈的教学和创作。

（5）文学交叉——民族舞蹈与叙事

活动：阅读文学作品中对舞蹈的描述，分析舞蹈如何叙述故事或表达情感。梳理并挖掘民间舞蹈故事，共同分享，感受舞蹈与文学之间的关系。

项目：选择一段文学作品，用民族舞蹈进行解读和再现，创作舞蹈作品。

（6）社会联系——民族舞蹈与社会参与

活动：探讨民族舞蹈在现代社会的应用，参与民间文化活动，参观当地的舞蹈庆祝活动或舞蹈专题展览。

项目：策划一个以民族舞蹈为主题的社区活动，旨在推广舞蹈文化。

（7）展示与评价——成果分享

活动：组织民族舞蹈作品的展演或舞蹈节，邀请校内外观众参观并提供反馈。

反思：学生对自己创编的舞蹈作品的排练过程和最终演出效果进行评价和反思。

（8）评估方式

采用同伴评价、自我评价和教师评价相结合的方式，通过学生的舞蹈表演、项目报告和反思日志来评估学生的学习成果。

（9）延伸活动

邀请舞蹈家进校园进行讲座，组织学生观看国际、国内舞蹈专业比赛。组织学生创编舞蹈并参加校园舞蹈演出、学区舞蹈活动或艺术竞赛。通过这样的跨学科美育课程，学生不仅能够深入了解民族舞蹈艺术，还能够将所学知识应用于实际创作中，同时培养综合素养和社会责任感。

（三）舞蹈美育案例：探索舞蹈艺术的世界

1. 项目背景

舞蹈作为一种表现形式，不仅仅是一种艺术，更是一种文化传承和身体表达的方式。通过舞蹈，人们可以展现情感、传递信息、表达自我，同时也可以增强身体协调性和灵活性。本项目旨在通过舞蹈活动，让学生了解历史和民族文化的多样性，引导学生感受舞蹈之美，了解不同类型的舞蹈，培养学生的审美能力和身体素养。

2. 项目目标

①让学生了解舞蹈的基本概念和分类，欣赏不同民族的舞蹈经典作品；培养学生的审美能力，提高对舞蹈艺术的欣赏水平。

②通过舞蹈训练活动，促进学生身体协调性和灵活性的发展；培养学生的团队合作意识和表达能力。

3. 项目内容和活动设计

（1）舞蹈基础知识学习

介绍舞蹈的定义、分类和历史发展；学习不同类型的舞蹈，如古典舞、现代舞、民族舞等，欣赏不同地域文化下不同舞蹈的美感。

（2）舞蹈欣赏与分析

观看经典舞蹈作品，分析舞蹈的动作、节奏和表达方式；学习如何欣赏舞蹈作品，理解舞蹈背后的情感和意义。组织学生参与舞蹈基础动作的练习，如舞步、转体、手臂动作等；编排简单的舞蹈节目，让学生在团队合作中体验舞蹈创作的乐趣。

（3）舞蹈表演与分享

组织学生进行舞蹈表演，展示他们的成果；鼓励学生分享舞蹈创作的心得和体会，促进交流和互动。

（4）项目评估方式

个人表现评估：根据学生在舞蹈实践活动中的表现和进步情况进行评估；团队合作评估：评估学生在舞蹈编排和表演过程中的团队合作能力；作品展示评估：评估学生舞蹈表演的质量和创意。

（5）项目成果展示

舞蹈作品展示：学生的舞蹈表演视频展示或现场展示；学生撰写关于舞蹈学习的心得体会。通过这个项目式学习的美育案例，学生将在舞蹈活动中感受到艺术的魅力，培养审美情趣和身体素养，同时促进团队合作意识和表达能力的发展。

十三、戏剧美育课程

（一）戏剧是一种多样性的表演艺术形式

①表演艺术：戏剧的核心在于表演，演员通过精湛的表演技巧、情感表达和角色演绎，将故事和角色带到观众面前。出色的演员可以在观众心中留下深刻的印象。

②台词和对白：戏剧中的台词和对白是情节发展和角色表达的关键。美妙的对白可以传达情感、思想和观点，引发观众共鸣。

③情感和情感共鸣：戏剧可以深刻地表现各种情感，包括爱、悲伤、喜悦、愤怒等。观众通过情感共鸣，能够与戏剧作品建立情感联系。

④戏剧结构和编排：戏剧作品的结构和编排是体现其美感的关键因素。戏剧家通过剧情的构建、场景的设计、角色的安排等来创造戏剧的戏剧性和视觉吸

引力。

⑤舞台设计和舞台效果：戏剧的视觉效果和舞台设计也是戏剧艺术之美的一部分。精美的舞台布景、服装设计和灯光效果可以增强戏剧的氛围和观赏性。

⑥音乐和音效：音乐和音效常常用来增强戏剧的情感和氛围。背景音乐、音效和歌曲可以为戏剧作品增添美感。

⑦社会和文化反映：戏剧艺术经常反映社会、文化和历史的特点和价值观。不同文化和时代的戏剧作品通常具有独特的文化符号和情感，这些也影响了戏剧的美感。

⑧观众的参与和互动：戏剧是一种与观众互动的艺术形式。观众的情感和共鸣对于戏剧的成功至关重要，观众的参与可以使戏剧更具生命力。

⑨创新和实验：戏剧艺术也允许创新和实验。一些戏剧作品尝试新的表演形式、戏剧语言、剧情结构等，以创造独特的戏剧体验。

总之，戏剧艺术之美是多维的，涵盖了表演艺术、情感表达、台词、编排、戏剧结构、视觉效果、音乐、文化反映等多个方面。每一部戏剧作品都是独特的艺术创作，能够为观众提供娱乐、情感共鸣和思考的机会，是一种丰富多彩的文化形式。

如图3-23所示，《仲夏夜之梦》讲述了一个有情人终成眷属的爱情故事。故事发生在古希腊的雅典，年轻的赫米娅与拉山德相爱，可是赫米娅的父亲却希望她嫁给狄米特律斯，为此赫米娅与拉山德逃到城外的一片森林里。此时，为了给雅典公爵提修斯和美丽的希波吕妲的盛大婚礼助兴，一群演员也在森林里排练一出喜剧。赫米娅的好友海伦娜爱着狄米特律斯，所以她把消息透露给了狄米特律斯，于是她们两个人也先后来到森林里。森林里住着许多可爱的小精灵，仙王奥布朗和仙后蒂泰妮霞正在闹别扭。为了捉弄仙后，仙王命令一个叫浦克的小淘气去采一种花汁，拿来滴在仙后的眼睛里，那么她醒来就会狂热地爱上第一眼看到的人或动物。正巧仙王还无意中得知海伦娜爱着狄米特律斯，所以他让浦克将一些花汁滴在狄米特律斯的眼里，可是浦克把拉山德误认为狄米特律斯。结果，拉山德醒来看到的是海伦娜，便不停地向她求爱，而把赫米娅忘掉了。仙王发现后。赶忙把花汁滴入正在熟睡的狄米特律斯的眼中。狄米特律斯醒来，看到正被拉山德追赶的海伦娜，于是两人争先恐后地向海伦娜求爱。看到这样的情景，海伦娜和赫米娅都很生气。与此同时，仙后也中了计，爱上了一个排戏的演员波顿。最后，仙王给除了狄米特律斯外的其他人解除了魔法，大家如愿以偿都得到了属于自己的一份爱情。极富戏剧性的情节推进给观众带来奇妙的情感体验，圆满的结局也令观者幸福满满。

图 3-23 莎士比亚戏剧《仲夏夜之梦》

(二) 戏剧美育课程设计：中西方古典戏剧艺术的探索与对比

围绕中西方古典戏剧艺术，我们可以设计一个跨学科美育课程。以下是课程设计的框架。

1. 目标群体

本课程的目标群体为高中学生。

2. 课程目标

①理解中西方古典戏剧的历史背景、文化意义和艺术特点。
②掌握中西方古典戏剧的基本技巧和表演形式。
③学习如何将中西方古典戏剧与历史、文学、哲学等学科相结合。
④培养学生的创造力、批判性思维和跨学科综合能力。

3. 课程内容与活动设计

（1）引入阶段——中西方古典戏剧概览

活动：介绍中西方古典戏剧的定义、功能和历史演变，观看相关的纪录片或讲座。

讨论：中西方古典戏剧在不同文化中的作用，及其体现不同民族的审美观和价值观。

（2）历史探究——中西方古典戏剧与文明

活动：分组研究中西方不同历史时期的代表性古典戏剧作品，并展示其研究成果。

讨论：这些古典戏剧作品如何反映当时的社会价值观、宗教信仰和技术水平。

（3）实践操作——中西方古典戏剧基础

活动：学生进行中西方古典戏剧的基本动作和表演练习。

练习：通过学习和表演经典的中西方古典戏剧来体验戏剧的魅力。

（4）科学融合——生理学与表演艺术

活动：了解人体解剖学和运动生理学在古典戏剧表演中的应用。

讨论：现代科技（如舞台灯光、音响设备）如何辅助古典戏剧的演出。

（5）文学交叉——中西方古典戏剧与叙事

活动：阅读中西方文学作品中对戏剧的描述，分析戏剧如何叙述故事或表达情感。

项目：选择一段文学作品，用中西方古典戏剧的形式进行解读和再现。

（6）社会联系——中西方古典戏剧与社会参与

活动：探讨中西方古典戏剧在现代社会的应用，如品牌识别、广告设计等，参观当地的戏剧活动或展览。

项目：策划一个以中西方古典戏剧为主题的社区活动，旨在推广戏剧文化。

（7）展示与评价——成果分享

活动：组织中西方古典戏剧作品的展演或戏剧节，邀请校内外观众参观并提供反馈。

反思：学生对自己作品的制作过程和最终效果进行评价和反思。

（8）评估方式

采用同伴评价、自我评价和教师评价相结合的方式，通过学生的戏剧表演、项目报告和反思日志来评估学生的学习成果。

（9）延伸活动

邀请戏剧家进校园进行讲座。组织学生参加社区戏剧活动或艺术竞赛。通过这样的跨学科美育课程，学生不仅能够深入了解中西方古典戏剧艺术，还能够将所学知识应用于实际创作中，同时培养综合素养和社会责任感。

（三）戏剧美育案例：舞台之光——探索戏剧艺术的魅力

1. 项目背景

戏剧作为一种综合性艺术表现形式，不仅可以激发学生的想象力和创造力，还可以培养学生的表达能力和团队合作意识。通过戏剧教育，学生可以在虚拟的舞台上体验不同的人生角色，感受戏剧艺术的魅力，同时也可以提升情商和社交能力。

2. 项目目标

①培养学生的表达能力和团队协作能力。
②提升学生的想象力和创造力。
③促进学生的团队合作意识和沟通能力的提升。
④培养学生的审美情趣和文化素养。

3. 项目内容和活动设计

（1）戏剧基础知识学习

介绍戏剧的定义、历史和发展；学习戏剧的基本要素，如角色、情节、舞台表现等。进行声音、肢体、表情等戏剧表演技巧的训练；练习角色扮演和情感表达，培养学生的表演能力。

（2）剧本阅读与解读

选择适合学生年龄的戏剧作品进行阅读和解读；分析剧本情节、人物性格和主题，引导学生深入理解戏剧作品。

（3）戏剧排练与表演

分组进行剧本排练，让学生扮演不同角色，体验舞台表演的过程；组织学生进行戏剧表演，展示他们的排练成果。

（4）项目评估方式

表演评估：评估学生在戏剧表演中的表现和角色扮演能力。
团队合作评估：评估学生在剧本排练和表演过程中的团队合作能力。
剧本解读评估：评估学生对剧本情节和人物性格的理解和表达能力。

（5）项目成果展示

学生展示戏剧表演视频或现场表演；撰写关于戏剧学习的心得体会。通过这个项目式教学案例，学生将在戏剧教育中体验表演的乐趣，培养表达能力和团队合作意识，提升审美情趣和文化素养，感受戏剧艺术的魅力并展现自我。

（四）中国戏剧《雷雨》创编与演出教学案例

《雷雨》是中国现代著名剧作家曹禺的代表作之一，首次公演于1934年。作为中国话剧史上的经典之作，它以其深刻的社会内容和精湛的艺术形式受到广泛赞誉。以下是一个关于《雷雨》创编与演出的教学案例设计。

1. 教学目标

①了解《雷雨》的文学背景和社会意义。
②掌握戏剧创编与演出的基本技巧。
③培养学生的团队合作能力和实践操作能力。
④培养学生的文学素养、审美鉴赏力和跨学科综合能力。

2. 教学内容与活动设计

（1）引入阶段——《雷雨》概览

活动：介绍《雷雨》的创作背景、剧情梗概和主要人物，观看《雷雨》的片段或全剧录像。如图 3-24 所示，雷声划过，又一次，周公馆里那个晦暗惨痛的长夜笼罩下来。2024 年年是《雷雨》剧本发表 90 周年、北京人艺演出《雷雨》70 周年，演出超过 600 场。作为"中国现代话剧成熟的里程碑作品"，《雷雨》为北京人艺演剧风格的形成奠定了剧本基础，它承载着一代代人艺人的探索，也见证了一代代观众与戏剧艺术的相逢。

图 3-24　北京人艺舞台戏剧《雷雨》剧照

讨论：《雷雨》如何反映当时社会的矛盾和冲突，以及曹禺的创作意图。

(2) 历史探究——《雷雨》与时代背景

活动：研究《雷雨》创作时的历史背景，如民国时期的社会状况和文学流派。

讨论：《雷雨》中的哪些元素反映了当时的社会现实。

(3) 文学交叉——剧本分析与改编

活动：学生分组阅读《雷雨》剧本，分析其结构和语言特点。

项目：学生尝试对剧本进行改编，以适应现代观众的审美需求。

(4) 实践操作——角色分析与表演技巧

活动：学生选择剧中角色，进行角色分析和角色塑造练习。

练习：通过排练和表演来深入理解戏剧冲突和角色的内心世界。

(5) 科学融合——舞台设计与技术应用

活动：学习舞台设计的基本原则，如布景、灯光和服装的设计。

讨论：现代科技（如多媒体投影、声音效果）如何应用于戏剧演出。

(6) 艺术交叉——音乐与戏剧的结合

活动：探讨《雷雨》中音乐元素的使用方法，以及如何选择和创作适合剧情的音乐。

项目：学生创作或挑选音乐，与戏剧表演相结合。

(7) 展示与评价——《雷雨》的创编与演出

活动：组织《雷雨》的校内演出，邀请校内外观众参观并提供反馈。

反思：学生对自己作品的制作过程和最终效果进行评价和反思。

(8) 评估方式

采用同伴评价、自我评价和教师评价相结合的方式，通过学生的剧本改编、角色扮演和演出表现来评估学生的学习成果。

(9) 延伸活动

邀请戏剧专家进校园进行讲座。组织学生参加社区戏剧活动或艺术竞赛。通过这样的教学案例，学生不仅能够深入了解《雷雨》这部经典戏剧，还能够将所学知识应用于实际创作中，同时培养综合素养和社会责任感。

十四、电影美育课程

(一) 电影艺术之美

①视觉影像：电影是一种视觉艺术，其美感可以通过画面构图、镜头运动、摄影技巧和视觉特效来塑造。导演和摄影师可以通过精心设计的创造出令人惊叹的视觉效果，唤起观众的情感共鸣。

②故事叙述：电影通过故事叙述来吸引观众，其美感体现在情节的编排、角

色的成长和故事的表达。优秀的编剧和导演能够通过故事叙述传达情感、探讨主题，引发观众思考。

③表演和演员：电影中的演员扮演着关键角色，其表演技巧和情感表达能力对电影的美感产生深刻影响。出色的演员可以生动地呈现角色的情感和复杂个性，使角色真实丰满。

④音乐和音效：音乐和音效是电影中的重要元素。音效可以渲染氛围、情感，增强电影的戏剧性。音乐可以通过旋律、节奏和饱含情感的声音来传达情绪。

⑤剪辑和后期制作：剪辑和后期制作是电影制作的关键环节，它们可以影响电影的节奏感和戏剧性。合适的剪辑和后期处理可以增强电影的表现力。

⑥场景和布景：电影的场景和布景设计可以创造出特殊的环境和情境，增强电影的视觉吸引力和真实感。艺术指导和场景设计师的工作对电影美感有着重要影响。

⑦文化和社会反映：电影艺术经常反映社会的历史文化特点和价值观。不同文化和地区的电影作品通常具有独特的文化符号和情感特征，这些也影响了电影的美感。

⑧观众的情感共鸣：观众与电影之间的情感共鸣也是电影美感的一部分。观众通过与电影中角色的共鸣，与电影建立深刻的情感联系。

⑨创新和实验：电影艺术也鼓励创新和实验。一些导演和电影制作人尝试新颖的拍摄技术、剧情结构、视觉风格等，为观众创造出独特的观影体验。

如图3-25所示，美国著名电影演员梅丽尔·斯特里普在2024年1月15日，凭借《公寓大楼里的谋杀案》获得第29届美国评论家选择奖剧情类喜剧最佳女配角；5月14日，获得第77届戛纳国际电影节金棕榈奖终身成就奖。梅丽尔·斯特里普是好莱坞的"长青树"，她的银幕魅力早已超越了国界和种族，她的演技有口皆碑，她塑造的角色就如同一本女性的百科全书，凝结了女性隐约错综的痛苦欢乐、爱恨情仇和生离死别。她将表演彻底融入到了自己的生活中，看不到丝毫的表演痕迹，几乎没有什么角色是她驾驭不了的，无论是喜剧还是正剧，歌舞剧还是历史剧，只要把剧本交到她的手上，她一定不负众望，为观众呈现一个惟妙惟肖的荧幕角色，千变万化的角色和演技，叫人的心和眼睛一起缭乱。作为演员，她辉煌得让人嫉妒，无数的奖项与赞誉为后继者树起一座难以逾越的"梅丽尔·斯特里普屏障"。然而，作为"明星"，她单调得让人乏味，多年的平凡婚姻从没有传出过任何绯闻，在现实生活中，她为人低调，是一位成熟、智慧而又伟大的女性。她知道什么东西应该不断创新，而什么东西应该保留古老的纯真，她对生活的智慧甚至超过了银幕上的角色。颁奖礼上，观众对她钦佩有加，全场观众不约而同，献出 3 分钟不间断的掌声，这是他在上演无数电影后的又一个高光时刻。

图 3-25　奥斯卡国际电影节颁奖典礼现场　引图源自网络

总之，电影艺术之美是多层次的，涵盖了视觉影像、故事叙述、表演、音乐、剪辑、后期制作、文化反映等多个方面。每一部电影都是独特的艺术创作，能够使观众娱乐放松、引发情感共鸣和思考，是一种富有创造力和表现力的艺术形式。

（二）电影美育课程设计：电影艺术的探索之旅

围绕电影艺术，我们可以设计一个高中跨学科美育课程。以下是课程设计的框架。

1. 目标群体

本课程的目标群体为高中学生。

2. 课程目标

①理解电影艺术的历史背景、文化意义和艺术特点。
②掌握电影欣赏的基本技巧和审美原则。
③学习如何将电影艺术与文学、历史、社会学等学科相结合。
④培养学生的创造力、批判性思维和跨学科综合能力。

3. 课程内容与活动设计

（1）引入阶段——电影艺术概览

活动：介绍电影的定义、功能和历史演变，观看相关的纪录片或讲座视频。

讨论：电影在不同文化中的作用及其如何体现不同民族的审美观和价值观。

（2）历史探究——电影与文明

活动：分组研究不同历史时期的代表性电影作品，并展示研究成果。

讨论：这些电影作品如何反映当时社会的价值观、宗教信仰和技术水平。

（3）实践操作——电影基础

活动：学生使用摄影机进行基本地拍摄练习，包括镜头运用、剪辑和音效的应用。

练习：通过拍摄简单的电影片段来体验电影的魅力。

（4）科学融合——物理与技术

活动：实验不同摄影技术和设备在电影中的应用。

讨论：现代科技（如数字特效、3D打印）如何改变电影的创作和表现方式。

（5）文学交叉——电影与叙事

活动：阅读文学作品中对电影的描述，分析电影如何叙述故事或表达情感。

项目：选择一段文学作品，用电影的形式进行解读和再现。

（6）社会联系——电影与社会参与

活动：探讨电影在现代社会的应用，如品牌推广、广告设计等，参观当地的电影活动或相关展览。

项目：策划一个以电影为主题的社区活动，旨在推广电影文化。

（7）展示与评价——成果分享

活动：组织电影作品的展映会，邀请校内外观众参观并提供反馈。

反思：学生对自己作品的制作过程和最终效果进行评价和反思。

（8）评估方式

采用同伴评价、自我评价和教师评价相结合的方式，通过学生的电影作品、项目报告和反思日志来评估学生的学习成果。

（9）延伸活动

邀请电影导演进校园进行讲座；组织学生参加社区电影活动或艺术竞赛。通过这样的跨学科美育课程，学生不仅能够深入了解电影艺术，还能够将所学知识应用于实际创作中，同时培养综合素养和社会责任感。

（三）电影美育案例解析：舌尖上的中国

围绕纪录电影《舌尖上的中国》（见图3-26），我们可以设计一个高中跨学科美育教学案例。

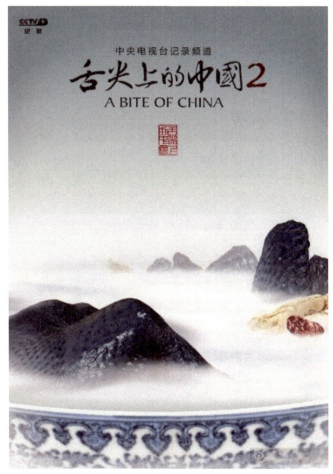

图 3-26　纪录影片《舌尖上的中国》宣传海报

以下是教学案例的框架。

1. 课程主题

本课程的主题为《舌尖上的中国》——纪录电影艺术与美食文化。

2. 目标群体

本课程的目标群体为高中学生。

3. 课程目标

①理解《舌尖上的中国》作为纪录电影的艺术特点和文化意义。

②掌握纪录电影欣赏的基本技巧和审美原则。
③学习如何将影片中展现的美食文化与历史、地理、社会学等学科相结合。
④培养学生的跨学科综合能力和批判性思维。

4. 课程内容与活动设计

(1) 引入阶段——《舌尖上的中国》概览

活动：介绍《舌尖上的中国》的创作背景、导演和拍摄情况，观看《舌尖上的中国》的片段或全剧录像。

讨论：《舌尖上的中国》如何展现中国的美食文化和地域特色。

(2) 历史探究——美食与文明

活动：研究《舌尖上的中国》中展示的美食历史和文化内涵，如其中的特色小吃和传统菜肴。

讨论：这些美食如何反映当地的历史文化和生活方式。

(3) 实践操作——美食摄影与记录

活动：学生尝试拍摄和记录本地美食，运用摄影技巧来展现食物的美感，包括色香味和其背后的故事。

练习：通过拍摄和记录来体验美食的魅力，学习纪录电影的摄制技巧。

(4) 科学融合——生物学与美食

活动：探讨食物的生物学基础，如食材的生长、营养和健康价值。

讨论：现代科技（如食品加工技术）如何影响美食的制作和呈现。

(5) 文学交叉——美食与写作

活动：阅读文学作品中对美食的描述，分析美食如何激发作家的创作灵感。

项目：学生尝试写一篇以美食为主题的文章，表达自己对美食的感受和思考。

(6) 社会联系——美食记录与社会参与

活动：探讨美食记录在现代社会的应用，如品牌推广、广告设计等，参观当地的美食活动或相关展览。

项目：策划一个以美食为主题的社区活动，旨在推广美食文化。

(7) 展示与评价——成果分享

活动：组织美食摄影作品的展览或美食写作的文章分享会，邀请校内外观众参观并提供反馈。

反思：学生对自己作品的制作过程和最终效果进行评价和反思。

(8) 评估方式

采用同伴评价、自我评价和教师评价相结合的方式，通过学生的美食摄影作品、文章和项目报告来评估学生的学习成果。

（9）延伸活动

邀请美食摄影师或美食作家进校园进行讲座；组织学生参加社区美食活动或艺术竞赛。通过这样的跨学科美育教学案例，学生不仅能够深入了解《舌尖上的中国》这部纪录电影及其所展现的美食文化，还能够将所学知识应用于实际创作中，同时培养综合素养和社会责任感。

（四）电影美育案例解析：校园画面——创作我们的校园生活电影

1. 项目背景

校园生活是学生成长过程中重要的一部分，通过电影创作，学生可以记录、表达和分享自己在校园中的点滴经历和情感体验。这个项目旨在通过电影创作，激发学生的创造力和表达能力，让他们通过镜头展现校园生活的多彩和丰富。

2. 项目目标

①培养学生的创造力和影像表达能力。

②提升学生的团队合作意识和沟通能力。

③让学生通过电影创作记录和表达校园生活的点滴。

④培养学生的影视欣赏能力和批判思维。

3. 项目内容和活动设计

（1）电影创作基础知识学习

介绍电影创作的基本流程和技术，如剧本创作、拍摄、剪辑等；学习影视语言的表达方式，了解如何通过镜头讲述故事。

（2）剧本创作与策划

学生分组进行以校园生活为主题的剧本创作，包括情节设定、角色塑造等；制订拍摄计划，确定拍摄地点、演员安排等。

（3）拍摄与剪辑实践

学生实际参与电影拍摄过程，担任导演、摄影、演员等角色，学习电影剪辑技巧，编辑拍摄素材，制作完整的电影作品。

（4）电影展映与讨论

组织学生进行电影展映活动，分享作品；进行电影讨论和评价，让学生互相学习和提升。

4. 项目评估方式

电影作品评估：评估学生电影作品的创意、表现和制作质量。

团队合作评估：评估学生在剧本创作、拍摄和剪辑过程中的团队合作能力。

个人表现评估：评估学生在电影创作中的个人表现和进步情况。

5. 项目成果展示

组织学生进行电影作品展映活动；撰写关于电影创作的心得体会。

通过这个项目式教学案例，学生将在电影创作中体验团队合作的乐趣，培养创造力和表达能力，同时也提升影视欣赏能力，锻炼批判思维，通过电影记录和展现校园生活的独特视角和自己的情感体验。

如图3-27，在初冬的寒风中摇曳，枯黄的荷叶在夕阳的映照下更显得苍老而坚韧。那些曾经盛开的荷花已经凋零，只剩下空空的茎秆，似乎在诉说着岁月的故事。夕阳下的残荷如一个个卫士，守护着河水的宁静。那金黄色的阳光洒在残荷的每一个细节上，让人们看到了生命的不灭和希望的火花。残荷用它们的生命证明了即使经历风雨，仍然可以美丽绽放。

图3-27　残荷　作者陈默　摄影　手机随拍于圆明园　2020年

第三节 非艺术学科跨学科美育课程设计

一、文学美育课程

（一）汉语言文学之美

①文字艺术：汉语汉字是一种美丽的书写形式。汉字的笔画和结构具有独特的美感，文字的艺术性常常被用于诗歌、书法和文学作品的创作中。

②古典文学的深厚底蕴：中国古典文学有着悠久的历史，包括诗歌、散文、戏曲等各种体裁。古代文学作品反映了中国文化，包括哲学、宗教和社会价值观，具有深厚底蕴。

③形象和比喻：汉语言文学常常使用形象的描写和比喻修辞来传达情感和观点。描写和比喻的巧妙应用可以让文学作品更具艺术感。

④情感与思维：汉语言文学通过诗歌、散文、小说等不同形式，表达了各种情感和思维活动，包括爱、悲伤、欢乐、愤怒、思考等。作家通过文字的运用，能够触发读者的共鸣。

⑤寓意和象征：汉语言文学作品常常具有深层的寓意和象征。一些作品运用意象描写和叙事技巧，一些作品通过故事和人物的象征性来探讨哲学、道德和社会问题。

⑥叙事技巧：中国文学中有许多出色的叙事作品，它们通过复杂的情节、角色的成长变化和戏剧性的冲突来吸引读者。叙事技巧的高超使得作品更具吸引力。

⑦诗歌的音乐性：汉语言诗歌的音乐性是其美感的一部分。古典诗歌常常有韵律和韵脚，这些音乐元素使得诗歌具有独特的美感和节奏感。

⑧文学风格和流派：汉语言文学有多种不同的文学流派和风格，古典文学包括唐诗、宋词、元曲、明清小说等，每种流派都有其独特的美感和风格。

⑨文学传统的延续：汉语言文学的美感也在于其对于传统的延续和发展。许多现代作家在传统文学的基础上进行创新，创造出符合现代审美观点的文学作品。

⑩文学批判和评论：文学评论和批判促进了对汉语言文学的深度反思和理解。文学批评家通过对文学作品的分析和解读，帮助读者更好地欣赏作品的美感，理解其内涵。

总之，汉语言文学之美涵盖文字艺术、深厚底蕴、意象和比喻、情感表达、叙事技巧、音乐性、文学传统的延续等多个方面。汉语言文学作为一种重要的文化表达形式,具有珍贵的艺术价值,能够深刻地反映中国文化和文学传统。

(二) 文学美育课程设计:《红楼梦》——文学艺术与跨学科探索

围绕文学经典《红楼梦》(见图3-28),我们可以设计一个高中跨学科美育课程。以下是课程设计的框架。

图3-28 国际戏剧公园《只有红楼梦》随拍 图片来源于网络 2024年

1. 目标群体

本课程的目标群体为高中学生。

2. 课程目标

①理解《红楼梦》的历史背景、文化意义和文学价值。
②掌握文学作品欣赏的基本技巧和审美原则。
③学习如何将《红楼梦》与历史、哲学、社会学等学科相结合。
④培养学生的创造力、批判性思维和跨学科综合能力。

3. 课程内容与活动设计

(1) 引入阶段——《红楼梦》概览

活动:介绍《红楼梦》的创作背景、作者曹雪芹的生平,观看《红楼梦》的片段或全剧录像。

讨论:《红楼梦》如何展现清代社会的生活面貌和文化特点。

(2) 历史探究——《红楼梦》与时代背景

活动:研究《红楼梦》创作时的历史背景,如清代的社会状况和文化氛围。

讨论：《红楼梦》中的哪些元素反映了当时的社会现实和文化传统。

（3）实践操作——角色扮演与表演

活动：学生选择《红楼梦》中的角色进行扮演，通过表演来深入理解角色性格和故事情节。

练习：通过角色扮演和表演来体验《红楼梦》的艺术魅力。

（4）科学融合——心理学与人物分析

活动：运用心理学知识分析《红楼梦》中的人物性格和行为动机。

讨论：现代心理学（如人格理论）如何帮助我们理解文学作品中的人物。

（5）文学交叉——诗歌与小说

活动：阅读《红楼梦》中的诗词，分析诗歌如何增强小说的情感表达和意境创造。

项目：学生尝试创作一首诗歌，以《红楼梦》为主题或灵感来源。

（6）社会联系——《红楼梦》与社会参与

活动：探讨《红楼梦》在现代社会的应用，如品牌推广、广告设计等；参观当地的文学活动或相关展览。

项目：策划一个以《红楼梦》为主题的社区活动，旨在推广文学艺术。

（7）展示与评价——成果分享

活动：组织《红楼梦》的角色扮演或诗歌朗诵会，邀请校内外观众参观并提供反馈。

反思：学生对自己作品的制作过程和最终效果进行评价和反思。

（8）评估方式

采用同伴评价、自我评价和教师评价相结合的方式，通过学生的角色扮演、诗歌创作和项目报告来评估学生的学习成果。

（9）延伸活动

邀请文学专家进校园进行讲座；组织学生参加社区文学活动或艺术竞赛。通过这样的跨学科美育课程，学生不仅能够深入了解《红楼梦》这部文学经典，还能够将所学知识应用于实际创作中，同时培养综合素养和社会责任感。

（三）文学美育案例解析：《归去来辞》——田园诗与人文精神

围绕陶渊明的文学名篇《归去来辞》（见图3-29），我们可以设计一个高中跨学科美育教学案例。

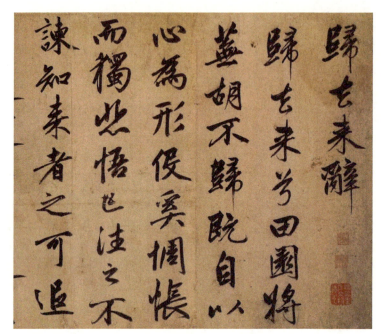

图 3-29 赵孟頫书法《归去来辞》节选 图片来源于网络

以下是课程设计的框架。

1. 目标群体

本课程的目标群体为高中学生。

2. 课程目标

①理解《归去来辞》的历史背景、文化意义和文学价值。
②掌握文学作品欣赏的基本技巧和审美原则。
③学习如何将田园诗与历史、哲学、社会学等学科相结合。
④培养学生的创造力、批判性思维和跨学科综合能力。

3. 课程内容与活动设计

（1）引入阶段——《归去来辞》概览

活动：介绍《归去来辞》的创作背景、作者陶渊明的生平，阅读《归去来辞》全文。

讨论：《归去来辞》如何展现陶渊明的田园理想和隐逸情怀。

（2）历史探究——《归去来辞》与时代背景

活动：研究《归去来辞》创作时的历史背景，如东晋时期的社会状况和文化氛围。

讨论：《归去来辞》中的哪些元素反映了当时的社会现实和文化传统。

（3）实践操作——田园生活体验

活动：学生尝试模拟田园生活，如种植、收获、烹饪等，体验陶渊明笔下的田园生活。

练习：通过亲身体验来理解《归去来辞》体现的生活哲学和价值观。

（4）科学融合——生态学与田园环境

活动：探讨生态学知识在田园环境中的应用，如农作物的生长条件、土壤的保护措施等。

讨论：现代生态学（如可持续发展、生态保护）如何帮助我们理解田园诗的意境。

（5）文学交叉——诗歌与散文

活动：分析《归去来辞》的诗歌形式和散文特点，探讨其艺术风格和表现手法。

项目：学生尝试创作一首诗歌或一篇散文，以田园生活为主题或灵感来源。

（6）社会联系——《归去来辞》与社会参与

活动：探讨《归去来辞》在现代社会的应用，如品牌推广、广告设计等，参观当地的文学活动或相关展览。

项目：策划一个以《归去来辞》为主题的社区活动，旨在推广文学艺术。

（7）展示与评价——成果分享

活动：组织田园生活体验的分享会或诗歌散文的创作朗诵会，邀请校内外观众参观并提供反馈。

反思：学生对自己作品的制作过程和最终效果进行评价和反思。

（8）评估方式

采用同伴评价、自我评价和教师评价相结合的方式，通过学生的田园生活体验、诗歌散文创作和项目报告来评估学生的学习成果。

（9）延伸活动

邀请文学专家进校园进行讲座；组织学生参加社区文学活动或艺术竞赛。通过这样的跨学科美育教学案例，学生不仅能够深入了解《归去来辞》这部文学名篇，还能够将所学知识应用于实际创作中，同时培养综合素养和社会责任感。

二、数学美育课程

（一）数学艺术之美

①简洁和纯粹性：数学的美在于其简洁和纯粹性。数学理论通常以简练而精

确的公式、定理和证明呈现，这种简洁性体现了数学的优美之处。

②对称和对调：对称是数学中的重要概念之一。在几何学和代数学中，对称性常常与美感紧密相连。数学家和艺术家常常受到对称性的启发，创作出具有对称美的作品。

③图形和几何：数学中的图形和几何形状可以展现出美感。如黄金分割概念在自然界和艺术中都有广泛的呈现，被认为是美的代表。

④数列和序列：数学中的一些数列和序列具有令人惊叹的性质。例如，调和级数具有迷人的特点，其性质被认为是美的表现。

⑤拓扑学和流形：拓扑学是一门研究形状和空间的数学学科。拓扑学中的流形概念可以用来描述复杂的几何结构，其美感在于如何用简单的数学概念来理解复杂的空间。

⑥数学公式和方程：一些数学公式和方程以其美感而闻名。例如，欧拉恒等式被认为是数学中最美丽的公式之一。

⑦数学证明和推理：数学证明是一种抽象的思维艺术，它常常通过逻辑和推理来揭示深奥的公理。一些数学证明具有巧妙而令人赞叹的结构，这种逻辑的美感涵盖其思考和创造的过程。

⑧应用于自然和科学：数学的美感不仅在于其理论和抽象性，还在于其对自然科学、工程学和技术领域的巨大价值。数学在解决实际问题和探索自然界中的规律时表现出秩序的美感。

⑨数学故事和历史：数学的历史和发展过程也具有吸引力。数学家的生平故事、数学发现的历史背景以及数学问题的解决过程都可以激发人们对数学的兴趣和欣赏。

总之，数学艺术之美涵盖抽象、简洁、对称、几何、数列、公式、推理、应用以及历史等多个方面。数学的美感常常在于如何通过抽象的思考和推理揭示自然界和宇宙中的奥秘，这种美感在数学家、艺术家和科学家之间都有着广泛的共鸣。

（二）数学美育课程设计：探索数学之美——高中数学与跨学科融合

围绕数学之美（见图3-30），我们可以设计一个高中数学跨学科美育课程。

以下是课程设计的框架。

1. 目标群体

本课程的目标群体为高中学生。

图 3-30 数学之美　图片来源于网络

2. 课程目标

①理解数学的发展历史、文化意义和美学价值。
②掌握数学欣赏的基本技巧和审美原则。
③学习如何将数学与历史、艺术、哲学等学科相结合。
④培养学生的创造力、批判性思维和跨学科综合能力。

3. 课程内容与活动设计

（1）引入阶段——数学概览

活动：介绍数学的定义、功能和历史演变，观看相关的纪录片或讲座视频。

讨论：数学在不同文化中的作用及其如何体现不同民族的审美观和价值观。

（2）历史探究——数学与文明

活动：分组研究不同历史时期的代表性数学成就，并展示研究成果。

讨论：这些数学成就如何反映当时社会的价值观、宗教信仰和技术水平。

（3）实践操作——数学基础

活动：学生进行与数学相关的基本操作练习，如几何图形的绘制、方程式的求解等。

练习：通过解决实际问题来体验数学的逻辑美和抽象美。

（4）科学融合——物理与数学

活动：探讨物理学中的数学应用，如运动学、光学等。

讨论：现代科技（如计算机模拟、数据分析）如何帮助理解和应用数学。

（5）艺术交叉——艺术与数学

活动：分析艺术作品中的数学元素，如比例、对称等。

项目：学生尝试创作一件以数学为主题的艺术作品，如绘画、雕塑等。

（6）社会联系——数学与社会参与

活动：探讨数学在现代社会的应用，如建筑设计、经济模型等，参观当地的数学活动或相关展览。

项目：策划一个以数学为主题的社区活动。

（7）展示与评价——成果分享

活动：组织数学艺术的创作展，邀请校内外观众参观并提供反馈。

反思：学生对自己作品的制作过程和最终效果进行评价和反思。

（8）评估方式

采用同伴评价、自我评价和教师评价相结合的方式，通过学生的数学艺术创作和项目报告来评估学生的学习成果。

（9）延伸活动

邀请数学家进校园进行讲座；组织学生参加社区数学活动或艺术竞赛。通过这样的跨学科美育课程，学生不仅能够深入了解数学之美，还能够将所学知识应用于实际创作中，同时培养综合素养和社会责任感。

（三）数学美育案例：探索立体几何之美——高中数学与跨学科融合

探究高中立体几何知识之美，我们可以设计一个跨学科美育教学案例。以下是课程设计的框架。

1. 目标群体

本课程的目标群体为高中学生。

2. 课程目标

①理解立体几何的发展历史、文化意义和美学价值。

②掌握立体几何欣赏的基本技巧和审美原则。

③学习如何将立体几何与历史、艺术、哲学等学科相结合。

④培养学生的创造力、批判性思维和跨学科综合能力。

3. 课程内容与活动设计

（1）引入阶段——立体几何概览

活动：介绍立体几何的定义、功能和历史演变，观看相关的纪录片或讲座视频。

讨论：立体几何在不同文化中的作用及其如何体现不同民族的审美观和价值观。

（2）历史探究——立体几何与文明

活动：分组研究不同历史时期的代表性立体几何成就，并展示研究成果。

讨论：这些立体几何成就如何反映当时社会的价值观、宗教信仰和技术水平。

（3）实践操作——立体几何基础

活动：学生进行与立体几何相关的基本操作练习，如绘制多面体、计算体积和表面积等。

练习：通过解决实际问题来体验立体几何的逻辑美和抽象美。

（4）科学融合——物理与立体几何

活动：探讨物理学中的立体几何应用，如晶体学、建筑学等。

讨论：现代科技（如计算机模拟、3D打印）如何帮助理解和应用立体几何。

（5）艺术交叉——艺术与立体几何

活动：分析艺术作品中的立体几何元素，如雕塑、建筑设计等。

项目：学生尝试创作一件以立体几何为主题的艺术作品，如绘画、雕塑等。

（6）社会联系——立体几何与社会参与

活动：探讨立体几何在现代社会的应用，如产品设计、城市规划等，参观当地的数学活动或相关展览。

项目：策划一个以立体几何为主题的社区活动，旨在推广立体几何文化。

（7）展示与评价——成果分享

活动：组织立体几何作品的展示会或艺术创作展，邀请校内外观众参观并提供反馈。

反思：学生对自己作品的制作过程和最终效果进行评价和反思。

（8）评估方式

采用同伴评价、自我评价和教师评价相结合的方式，通过学生的立体几何作品、艺术创作和项目报告来评估学生的学习成果。

（9）延伸活动

邀请数学家进校园进行讲座；组织学生参加社区立体几何活动或艺术竞赛；举办中学生数学节活动。通过这样的跨学科美育课程，学生不仅能够深入了解立体几何之美，还能够将所学知识应用于实际创作中，同时培养综合素养和社会责任感。

三、物理美育课程

（一）物理学之美

①自然界的探索：物理学的美在于它深入探索自然界的基本规律。物理学家通过实验和理论分析，揭示了宇宙中的许多奥秘：从微观粒子到宏观宇宙，都充满了令人惊叹的美。

②数学的美感：物理学与数学密切相关，数学是物理学的语言。物理学中的方程和数学表达式常常简洁而优美，以数学为工具，物理学家能够描述自然现象并推导出物理规律。

③对称性和规律：对称性是物理学中的重要概念之一，它常常与美感联系在一起。物理学的规律和定律通常表现出对称性，这些对称性不仅令人愉悦，还有助于理解自然界的运行方式。

④科学方法的精髓：物理学的美在于其体现科学方法的精髓，包括观察、实验、理论和验证。这种方法的系统性和逻辑性使物理学能够不断发展和完善。

⑤新的发现和突破：物理学不断迎来新的发现和突破，这些科学进展常常令人振奋。例如，相对论、量子力学、黑洞等概念的提出和验证，使人类对宇宙的理解产生了巨大的飞跃。

⑥应用于技术和工程：物理学的美还在于其实际应用价值，许多物理学的原理和技术应用于科学研究、工程技术、医学诊断、通信等领域，为社会带来了巨大的进步。

⑦科学哲学的思考：物理学引发了许多深刻的科学哲学思考，如因果性、随机性、观察者效应等，这些思考不仅丰富了我们对自然界的认识，还挑战了传统的哲学观念，具有思辨性的美。

⑧科学团队的合作：物理学研究通常需要多学科的合作，科学家们在共同追求真理的过程中形成紧密的合作关系，这种团队合作的美表现在共同解决复杂问题的协同努力上。

总之，物理学科之美在于其对自然界的深刻理解、数学的美感、对称性和规律、科学方法的精髓、新的发现和应用、科学哲学的思考等多个方面。物理学为我们提供了一种深入探索宇宙奥秘的方式，展示了人类的智慧和好奇心。

（二）物理美育课程设计：实用物理学——科学与美学的交融

围绕实用物理学设计一个跨学科美育课程，我们可以将物理学的实用性、科学原理与美学原则结合起来，让学生在研究物理现象的同时，也能感受到科学的美感（见图3-31）。

图 3-31 科技之美 图片来源于网络

以下是课程设计的框架。

1. 目标群体

本课程的目标群体为高中学生。

2. 课程目标

①理解实用物理学的基本概念和原理。
②掌握应用物理学知识解决实际问题的技巧。
③学习如何在实用物理学中寻找和体验美感。
④培养学生的实验操作能力、创新思维和跨学科综合能力。

3. 课程内容与活动设计

(1) 引入阶段——实用物理学概览

活动：介绍物理学的定义、功能和历史演变，观看相关的纪录片或讲座视频。

讨论：物理学在不同文化中的作用及其如何体现不同民族的审美观和价值观。

(2) 历史探究——物理学与文明

活动：分组研究不同历史时期的代表性物理发现，并展示研究成果。

讨论：这些物理成就如何反映当时社会的价值观、宗教信仰和技术水平。

(3) 实践操作——物理学基础

活动：学生进行基本的物理实验，如测量重力加速度、光学折射实验等。

练习：通过解决实际问题来体验物理学的逻辑美和抽象美。

(4) 科学融合——技术与物理学

活动：探讨现代技术中的物理学应用，如智能手机、可再生能源技术等。

讨论：现代科技（如计算机模拟、传感器技术）如何帮助理解和应用物理学知识。

(5) 艺术交叉——艺术与物理学

活动：分析艺术作品中的物理元素，如利用光的折射和反射所创造的视觉效果。

项目：学生尝试创作一件以物理学原理为主题的艺术作品，如利用光影效果拍摄的摄影作品。

(6) 社会联系——物理学与社会参与

活动：探讨物理学在现代社会的应用，如环保、交通规划等，参观当地的科技活动或相关展览。

项目：策划一个以物理学为主题的社区活动，旨在推广科学文化。

(7) 展示与评价——成果分享

活动：组织物理学实验展示会或艺术创作展，邀请校内外观众参观并提供反馈。

反思：学生对自己作品的制作过程和最终效果进行评价和反思。

(8) 评估方式

采用同伴评价、自我评价和教师评价相结合的方式，通过学生的物理实验报告、艺术创作和项目报告来评估学生的学习成果。

(9) 延伸活动

邀请物理学家进校园进行讲座；组织学生参加社区物理学活动或艺术竞赛；策划科技物理节。通过这样的跨学科美育课程，学生不仅能够深入了解实用物理学，还能够将所学知识应用于实际创作中，同时培养综合素养和社会责任感。

(三) 物理美育案例解析：匀变速直线运动的探索之旅

在设计"匀变速直线运动的描述"跨学科美育教学案例时，我们可以将这一物理概念与数学、艺术、哲学等其他学科相结合，以增强学生的综合理解和审美体验。以下是课程设计的框架。

1. 目标群体

本课程的目标群体为高中学生。

2. 课程目标

①理解匀变速直线运动的基本概念和物理原理。

②掌握描述匀变速直线运动的数学方法，如公式和图像。

③体验科学实验中的美感和精确性。
④培养学生的观察力、分析能力和跨学科综合能力。

3. 课程内容与活动设计

（1）引入阶段——匀变速直线运动概览

活动：介绍匀变速直线运动的定义、特点和实际应用场景。

讨论：探讨匀变速直线运动在自然界和工程中的应用。

（2）历史探究——匀变速直线运动的历史背景

活动：研究历史上对于匀变速直线运动的重要研究和发现。

讨论：这些研究如何推动了物理学和相关领域的发展。

（3）实践操作——实验与观察

活动：学生进行实验，通过测量不同时间点的位置和速度来验证匀变速直线运动的规律。

练习：使用图表和数学表达式来描述实验数据。

（4）数学融合——描述匀变速直线运动的数学工具

活动：教授如何使用数学公式（如 $v = u + at$）和图表（如 $s-t$ 图和 $v-t$ 图）来描述匀变速直线运动。

讨论：数学在描述自然现象中的作用和美感。

（5）艺术交叉——科学与艺术的结合

活动：创作艺术作品来形象化匀变速直线运动的概念，如利用动态绘画或数字媒体。

项目：设计一件艺术品，用视觉元素表达匀变速直线运动的动态过程。

（6）社会联系——匀变速直线运动的社会意义

活动：探讨匀变速直线运动在现代社会中的应用，如交通工具的设计、运动比赛的分析等。

项目：策划一个以匀变速直线运动为主题的社区科普活动。

（7）展示与评价——成果分享

活动：组织匀变速直线运动的实验报告和艺术创作的展示会。

反思：学生对自己作品的制作过程和最终效果进行评价和反思。

（8）评估方式

采用同伴评价、自我评价和教师评价相结合的方式，通过学生的实验报告、艺术创作和项目报告来评估学生的学习成果。

（9）延伸活动

邀请物理学家或艺术家进校园进行讲座；组织学生参加社区科学活动或艺术

展览。通过这样的跨学科美育课程，学生不仅能够深入了解匀变速直线运动，还能够将所学知识应用于实际创作中，同时培养综合素养和社会责任感。

四、化学美育课程

（一）化学之美

①元素的多样性：化学研究表明，地球上存在丰富多样的化学元素，每个元素都有独特的性质和特点。元素周期表展示了这种多样性，它是一种美妙的分类工具，帮助我们理解元素之间的关系。

②分子结构的复杂性：化学揭示了分子结构的复杂性，许多生物有机分子的晶体结构都具有令人叹为观止的美感。分子模型和晶体结构图可以呈现这种美。

③反应与变化：化学是研究物质变化的学科，化学反应的多样性和复杂性体现了化学学科之美。从简单的酸碱中和到复杂的生物化学反应，化学揭示了物质如何互相作用和转化。

④周期性法则：元素周期表中的周期性法有一种美感，它描述了元素性质的周期性变化。这种周期性反映了自然界的有序性和规律性，体现了化学的美。

⑤化学平衡：化学平衡是一个重要的概念，描述了在化学反应中反应物和生成物的浓度或分压在一定范围内保持动态平衡的状态。这种平衡状态的美感在于它反映了自然的平衡性和稳定性。

⑥新物质的合成：化学家通过合成新物质来创造新材料、药物和化学品。发现新化合物和合成方法的过程本身就具有创造性和美感。

⑦分析和测量：化学分析和测量技术使我们能够精确地了解物质的性质和组成。分析仪器和实验方法的发展为化学研究提供了强大的工具，展示了科学仪器的美感。

⑧环境和健康关注：绿色化学和环境化学是化学学科中的重要分支，它们关注环境保护和健康。通过研究环境友好的化学方法，化学学科体现了对大自然的关爱和可持续发展的美。

⑨生命的化学基础：生物化学揭示了生命的化学基础，包括 DNA、蛋白质、酶等生物分子的结构和功能。这些发现不仅拓展了我们对生命的理解，还为生命科学的发展提供了基础。

总之，化学学科之美在于其揭示了物质世界的多样性、复杂性和规律性。化学不仅是一门科学，也是一门艺术，化学家通过实验、理论和创新，不断挖掘和表达化学之美。此外，化学的应用对人类社会和人体健康产生深远影响，体现了科学对人类福祉的贡献。

（二）化学美育课程设计：生活中的化学艺术——发现与创造

围绕生活中的化学艺术之美（见图3-32），我们可以设计一个跨学科美育课程，让学生通过化学的视角来发现和创造生活中的美。

图3-32　化学之美　图片来源于网络

以下是课程设计的框架。

1. 目标群体

本课程的目标群体为高中学生。

2. 课程目标

①理解化学在生活中的应用和美学价值。
②掌握化学艺术创作的基本技巧和方法。
③学习如何将化学知识与艺术创作相结合。
④培养学生的实验操作能力、创新思维和跨学科综合能力。

3. 课程内容与活动设计

（1）引入阶段——生活中的化学概览

活动：介绍化学在生活中的应用，如食品、化妆品、清洁剂等。
讨论：化学如何影响我们日常生活的方方面面。

（2）历史探究——化学与文明

活动：研究历史上重要的化学发现和发明，以及它们对社会的影响。

讨论：这些化学成就如何推动了人类文明的进步。

（3）实践操作——化学基础

活动：学生进行基本的化学实验，如制作肥皂、观察化学反应中物质颜色变化等。

练习：通过实验来体验化学的乐趣和美感。

（4）科学融合——技术与化学

活动：探讨现代技术中的化学应用，如纳米技术、生物工程等。

讨论：现代科技如何帮助理解和应用化学。

（5）艺术交叉——化学与艺术的结合

活动：创作化学艺术作品，如利用化学反应产生的沉淀物制作图画，或者利用不同化学物质的性质创作立体作品。

项目：设计一件以化学为主题的艺术品，展现化学的美丽和魅力。

（6）社会联系——化学与社会参与

活动：探讨化学在现代社会中的应用，如环保、健康等领域；参观当地的化学实验室或相关展览。

项目：策划一个以化学为主题的社区活动。

（7）展示与评价——成果分享

活动：组织化学艺术展示会，邀请校内外观众参观并提供反馈。

反思：学生对自己作品的制作过程和最终效果进行评价和反思。

（8）评估方式

采用同伴评价、自我评价和教师评价相结合的方式，通过学生的化学实验报告、艺术作品和项目报告来评估学生的学习成果。

（9）延伸活动

邀请化学家或艺术家进校园进行讲座；组织学生参加社区化学活动或艺术展览。通过这样的跨学科美育课程，学生不仅能够深入了解生活中的化学艺术，还能够将所学知识应用于实际创作中，同时培养综合素养和社会责任感。

五、生命科学美育课程

（一）生命科学之美

①生命的多样性和复杂性：生命科学揭示了地球上生命的多样性，从微生物到大型生物，每一种生命形式都有其独特之处。这种多样性本身就是一种美，生命科学通过分类学、进化学和生态学等学科展示了这种多样性。

②细胞结构和功能：细胞是生命的基本单位，细胞学研究揭示了细胞的结构和功能，这种复杂性和精密性体现了生命科学的美感。

③遗传和基因组：基因和遗传信息的传递是生命形成的核心。生命科学研究基因的结构和功能，以及遗传变异如何塑造生物多样性。基因学的发展使我们能够更好地理解生物体内的信息流和遗传机制。

④生命的进化：进化生物学展示了生命演化的美妙过程，包括物种的起源、适应性和多样性的发展。进化理论帮助我们理解生物体的共同祖先和亲缘关系。

⑤生物学与生态学的交汇：生态学研究生物体与环境之间的相互作用，生命科学通过生态学展示了生态系统的复杂性和生物之间的依赖性。生态学的美在于揭示了生命与环境的和谐关系。

⑥生命过程的机制：生命科学研究了生命过程，如生长、发育、代谢、免疫和神经传导等，这些过程的精密性和协调性体现了生命的美。

⑦生物图像学和可视化技术：生命科学常常使用显微镜和成像技术来观察细胞和组织的结构，这些图像和可视化技术呈现了生命科学的美感，帮助研究者和公众更好地理解生物构成。

⑧生命科学与健康：生命科学对健康和医学产生深远影响。分子生物学、生物医学研究和生物技术的进展改善了医疗效果。

⑨科学创新和探索：生命科学是不断创新和发展的领域，科学家们通过实验和研究不断突破界限，展示了科学对于探索生命之谜的不懈努力。

总之，生命科学艺术之美在于其揭示了自然界中的生命奥秘。生命科学通过研究和解释生命的各个层面，呈现了生命的美感和意义，同时启发了人们对于自然和生存的思考。

（二）生物美育课程设计：探索生命科学之美——生物学与人文的交融

围绕"生命科学之美"，我们可以设计一个高中跨学科美育课程，该课程将通过探索生命的奥秘、生物多样性以及生命科学在艺术和文化中的体现，来启发学生对生命科学之美的认识和欣赏。以下是课程设计的框架。

1. *目标群体*

本课程的目标群体为高中学生。

2. *课程目标*

①理解生命科学的基本概念和原理。
②学习如何欣赏生命科学中的美学元素。
③学习生命科学与艺术、文学、哲学等学科之间的联系。
④培养学生的批判性思维、创造力和跨学科综合能力。

3. *课程内容与活动设计*

（1）引入阶段——生命科学概览

活动：介绍生命科学的定义、研究领域和重要性，观看相关的纪录片或讲座视频。

讨论：生命科学如何揭示自然界和人类生活的奥秘。

（2）历史探究——生命科学的发展史

活动：研究生命科学历史上的里程碑事件和人物，如达尔文的进化论、DNA双螺旋结构的发现等。

讨论：这些科学成就如何影响了我们对生命和美的理解。

（3）实践操作——观察与实验

活动：进行基本的生物实验，如观察细胞结构、植物的光合作用等。

练习：通过显微镜观察和记录生物样本，体验生命的复杂性和美丽。

（4）科学融合——生命科学的现代应用

活动：探讨生命科学在医学、农业、环保等领域的应用。

讨论：现代科技（如基因编辑、生物信息学）如何帮助我们更深入地理解生命。

（5）艺术交叉——生命科学与艺术的结合

活动：分析艺术作品中的生命科学主题，如描绘动植物的绘画、以生物学为灵感的雕塑等。

项目：学生尝试创作一件以生命科学为主题的艺术作品，表达对生命的理解和感悟。

（6）社会联系——生命科学与社会参与

活动：探讨生命科学在现代社会中的应用，如生物技术的伦理问题、生态保护的重要性等，参观当地的科研机构或展览。

项目：策划一个以生命科学为主题的社区活动，旨在提高公众对生命科学的认识和尊重。

（7）展示与评价——成果分享

活动：组织生命科学艺术作品的展示会或科学实验的演示，邀请校内外观众参观并提供反馈。

反思：学生对自己作品的制作过程和最终效果进行评价和反思。

（8）评估方式

采用同伴评价、自我评价和教师评价相结合的方式，通过学生的实验报告、艺术作品和项目报告来评估学生的学习成果。

（9）延伸活动

邀请生物学家、艺术家或哲学家进校园进行讲座；组织学生参加社区生命科学活动或艺术展览。通过这样的跨学科美育课程，学生不仅能够深入了解生命科学,还能够将所学知识应用于实际创作中,同时培养综合素养和社会责任感。

参观《生命之美》画作(如图3-33),昙花,仙人掌科昙花属的一种附生肉质灌木植物,原产于墨西哥至巴西的热带沙漠地区。以其独特的魅力与短暂的生命,赢得了"月下美人"的美誉,寓意着美丽、优雅和神秘。自古以来,文人墨客便对昙花有着浓厚的兴趣,留下了诸多描绘昙花之美的诗篇。昙花植株达2至6米,老茎呈圆柱形,宛如一位历经风霜的老者,沉稳而内敛。昙花的花瓣洁白如玉,散发着浓郁的香气。昙花通常在夜晚绽放,这份美丽仅持续数小时便匆匆凋零,短暂而璀璨。昙花不仅有观赏价值,还具有一定的药用和食用价值。其叶和花均可入药,具有清热解毒、润肺止咳的功效。此外,昙花到了夜晚会释放负离子,能够净化空气,为人们的生活环境增添一份健康与清新。

图3-33 生命之美 作者陈默 中国画 纸本工笔 2021年

六、英语美育课程

(一)英语语言之美

①语音的音韵美:英语语音中的音韵含义丰富,不同的发音或重音模式可以营造出具有层次的音乐感。英语诗文、歌曲创作和朗诵中常常通过韵律和音调来

表现美感。

②词汇的多样性：英语拥有广泛的词汇，包括来自不同语言的借词和术语。这些具有多样性的词汇可以丰富表达方式，使英语更加生动和富有表现力。

③语法结构的灵活性：英语语法结构的灵活性使得作者可以变换不同的句子结构，以达到特殊的修辞目的。这种语法上的灵活性实现了句子结构的多样性，有助于创作精彩的文学作品。

④比喻修辞手法：比喻等修辞是英语语言中的常用手法，它们可以赋予文本更多的表现力和意义。作家常常使用比喻、排比、对仗等修辞手法来增强文学作品的美感。

⑤文学作品的结构：小说、诗歌、戏剧等文学作品的结构和布局对于其美感至关重要。作者构思和组织文段的能力能够影响作品的整体效果和感染力。

⑥情感表达：英语能够表达丰富的情感和状态。文学作品通过对情感的表达和描绘来触发读者的共鸣。

⑦历史和文化背景：语言反映了不同历史和文化阶段的发展状况。文学作品中包含着对相应历史和文化背景的探讨，这也是英语语言艺术之美的一部分。

⑧翻译和多语言交流：英语是世界上使用最广泛的第二语言之一，因此翻译和多语言交流也被纳入英语语言艺术之美的范畴。有效地翻译并传达外文作品的美感是一项艺术。

⑨文学传统的延续：英语文学拥有悠久的历史，代表作包括莎士比亚、狄更斯、奥斯卡·王尔德等文学巨匠的作品。这些经典作品代代传承，体现了英语文学的美。

总之，英语语言艺术之美涵盖其音韵、词汇、语法、修辞、结构、情感、文化和历史等多个方面。语言不仅是一种交流工具，还是文学创作和传递美感的媒介。作者通过语言的运用塑造文学作品，为读者创造出独特的艺术体验，使读者思考、感受作品的内涵并产生共鸣。

（二）英语美育课程设计：英语语言艺术之美——跨学科探索与体验

围绕"英语语言艺术之美"，我们可以设计一个高中跨学科美育课程，旨在通过分析英语语言的文学创作、修辞手法、历史和文化层面的意义，来提升学生对英语语言艺术的欣赏能力。以下是课程设计的框架。

1. 目标群体

本课程的目标群体为高中学生。

2. 课程目标

①理解英语语言的历史背景、文化意义和美学价值。

②掌握英语文学作品欣赏的基本技巧和审美原则。
③学习如何将英语与历史、艺术、哲学等学科相结合。
④培养学生的英语表达能力、批判性思维和跨学科综合能力。

3. **课程内容与活动设计**

（1）引入阶段——英语语言概览

活动：介绍英语的起源、发展以及在全球化中的作用，观看相关的纪录片或讲座视频。

讨论：英语如何成为国际交流的重要工具，并影响世界文化。

（2）历史探究——英语与文明

活动：研究英语语言的历史演变，以及它在不同文化和时代中的地位。

讨论：英语语言的发展如何影响了社会变迁和文化交流。

（3）实践操作——英语基础

活动：学生进行英语听、说、读、写的练习，强调语言的准确性和表达的美感。

练习：通过阅读和写作来体验英语语言的逻辑美和修辞美。

（4）文学融合——英语文学之美

活动：分析经典英语文学作品，如莎士比亚戏剧、狄更斯的小说等。

讨论：文学作品如何展现英语语言的魅力和深度。

（5）艺术交叉——英语与艺术的结合

活动：探索英语在诗、歌曲、电影等艺术形式中的运用。

项目：学生尝试创作英语艺术作品，如写一首英文诗或编写一段剧本。

（6）社会联系——英语与社会参与

活动：探讨英语在现代社会中的应用，如商业、媒体、科技等方面，参观当地的英语角或语言展览。

项目：策划一个以英语为主题的社区活动，旨在推广英语文化和促进英语交流。

（7）展示与评价——成果分享

活动：组织英语作品的朗诵会、戏剧表演或艺术展览，邀请校内外观众参观并提供反馈。

反思：学生对自己作品的制作过程和最终效果进行评价和反思。

（8）评估方式

采用同伴评价、自我评价和教师评价相结合的方式，通过学生的英语作文、艺术作品和项目报告来评估学生的学习成果。

(9) 延伸活动

邀请语言学家、作家或艺术家进校园进行讲座；组织学生参加社区英语活动或艺术展览。通过这样的跨学科美育课程，学生不仅能够深入了解英语语言艺术，还能够将所学知识应用于实际创作中，同时培养综合素养和社会责任感。

七、历史美育课程

（一）历史学之美

①故事的复杂性和多样性：历史是人类的故事，充满了复杂性和多样性。历史学家通过研究不同国家、不同文化和不同时期的历史事件，为人们呈现出丰富多彩的故事，每个故事都有其独特之处。

②人物的生命力和影响力：历史中的伟大人物和英雄领袖常常具有鲜明的个性和深刻的影响力。他们的决策及背后的故事对于历史进程产生了深远的影响，这种生命力和影响力也体现了历史学之美。

③时代背景和文化风貌：历史学研究了不同时代的政治、经济、文化和社会背景，这些元素反映了人类社会的发展进程及其多样性。历史学通过对时代背景的分析，展示了不同文化风貌的美感和独特性。

④历史事件的影响和教训：对历史事件的研究可以帮助我们理解人类社会的演变和发展。历史教导我们从过去的错误中吸取教训，避免重蹈覆辙。

⑤历史文献和档案：历史学家通过研究文献、档案和古代手稿，揭示历史信息并提出见解。这些历史信息的保存和研究本身就具有一种文化内涵和跨越时空的美。

⑥历史研究方法和技巧：历史学家使用各种研究方法和技巧来还原历史事件，如考古学、文献分析、口述历史、地理信息系统等。这些方法的运用是历史学浩瀚之美的一部分。

⑦历史学的多维性：历史学是一个系统庞大的领域，包括文化史、社会史、政治史、经济史、艺术史等各个分支。每个分支都为我们提供了不同层面的历史视角，展示了历史学的立体美感。

⑧历史同地理学的交叉：历史地理学探讨了地理环境如何影响历史事件及人类社会发展。地理因素对于理解历史进程具有重要意义，也为历史学之美增添了环境维度。

总之，历史学之美在于其复杂性、多样性、教育意义和文化价值。历史学家通过研究和解释历史事件，帮助我们更好地理解人类社会的演进，揭示社会的发展规律。历史学不仅有助于记录和保护文化遗产，还有助于启发人们对社会发展的思考和对人类行为的反思。

（二）历史美育课程设计：敦煌艺术之美——穿越时空的文化之旅

敦煌艺术是古代中国艺术的瑰宝，它融合了宗教、历史、文化和艺术等多个方面的精华。"敦煌"一词最早见于《史记·大宛列传》："始，月氏居敦煌、祁连间。"东汉学者应邵将其字面之意解释为："敦，大也；煌，盛也。"取盛大辉煌之意，寓繁荣昌盛之愿。敦煌莫高窟，人称"隐身在大漠里的美术馆"。一千多年来，40000余平方米的壁画在这里保留了下来，这是历代无名大师们为我们留下的艺术珍宝。敦煌研究院首任院长常书鸿的女儿常沙娜，这样描述："建于五代时期的窟檐斗拱上鲜艳的梁柱花纹；隋代窟顶的联珠飞马图案；顾恺之春蚕吐丝般的人物衣纹勾勒；吴道子般吴带当风的盛唐飞天；金碧辉煌如李思训般的用色……我在大漠荒烟中修行着自己艺术人生第一阶段没有学历的学业。"敦煌承载着凝固的历史，也散发着流动的神韵（如图3-34）。围绕"敦煌艺术之美"设计的高中跨学科美育课程可以让学生从多个角度理解和欣赏这一人类文化遗产。以下是课程设计的框架。

图3-34 敦煌莫高窟外景图　图片来源于网络

1. 目标群体

本课程的目标群体为高中学生。

2. 课程目标

①理解敦煌艺术的发展历史和文化意义。

②掌握敦煌壁画、雕塑等艺术形式的特点和美学价值。

③学习如何将敦煌艺术与历史、宗教、文学等学科相结合。

④培养学生的历史文化素养、艺术鉴赏能力和跨学科综合能力。

3. 课程内容与活动设计

（1）引入阶段——敦煌艺术概览

活动：介绍敦煌艺术的起源、发展和重要性，观看相关的纪录片或讲座视频。

讨论：敦煌艺术如何反映了古代丝绸之路的文化交流。

（2）历史探究——敦煌与文明

活动：研究敦煌艺术产生的历史背景，如佛教的传播、唐朝的繁荣等。

讨论：敦煌艺术的发展如何与当时的政治、经济、社会状况相互作用。

（3）实践操作——敦煌艺术基础

活动：学生进行敦煌壁画的临摹练习，学习敦煌艺术的造型、色彩和构图技巧。

练习：通过临摹和创作来体验敦煌艺术的美感和技艺。

（4）宗教融合——敦煌艺术与宗教

活动：探讨敦煌艺术中的宗教元素，如佛像、经文故事等。

讨论：宗教信仰如何影响敦煌艺术的主题和表现手法。

（5）文学交叉——敦煌艺术与文学的结合

活动：分析敦煌壁画中的文学作品及其传说，如《维摩诘经》。

项目：学生尝试结合文学作品创作以敦煌艺术为灵感的绘画或雕塑作品。

（6）社会联系——敦煌艺术与社会参与

活动：探讨敦煌艺术在现代社会中的应用，如文化旅游、艺术展览等，参观当地的敦煌艺术展览或复制洞窟展。

项目：策划一个以敦煌艺术为主题的社区活动，旨在推广文化遗产保护和教育。

（7）展示与评价——成果分享

活动：组织敦煌艺术作品的展示会或创作分享会，邀请校内外观众参观并提供反馈。

反思：学生对自己作品的制作过程和最终效果进行评价和反思。

（8）评估方式

采用同伴评价、自我评价和教师评价相结合的方式，通过学生的临摹作品、创作项目和展示活动来评估学生的学习成果。

（9）延伸活动

邀请敦煌艺术专家或艺术家进校园进行讲座；组织学生参加社区敦煌艺术活动或博物馆之旅。通过这样的跨学科美育课程，学生不仅能够深入了解敦煌艺术，还能够将所学知识应用于实际创作中，同时培养综合素养和社会责任感。

（三）历史美育案例解析：泰山之旅——自然与人文的和谐共鸣

泰山，作为中国五岳之首，不仅因其壮丽的自然景观而闻名，还因其深厚的文化内涵和历史价值而备受推崇。围绕"泰山之美"（见图3-35）设计的跨学科美育教学案例可以让学生从地理、历史、文学、艺术等多个角度去探索和体验这一自然与文化交融的综合体。以下是课程设计的框架。

图3-35　泰山之美　图片来源于网络　2023年

1. 目标群体

本课程的目标群体为高中学生。

2. 课程目标

①理解泰山的自然特征和地质构造。

②掌握泰山在中国文化和历史中的地位和意义。

③学习如何将自然景观与人文学科相结合。

④培养学生的自然科学素养、历史文化素养和跨学科综合能力。

3. 课程内容与活动设计

（1）引入阶段——泰山概览

活动：介绍泰山的地理位置、地质结构、自然生态系统和历史文化内涵，观看相关的纪录片或讲座视频。

讨论：泰山为何在中国文化中占据特殊地位，以及它的象征意义。

（2）地理探究——泰山的自然之美

活动：学习泰山地质构造的演变，包括岩石成因、山脉形成过程等。

练习：通过实地考察或虚拟模拟来体验泰山的自然景观。

（3）历史融合——泰山与文明

活动：研究泰山在中国历史上的重要意义，如帝王封禅、文人墨客的游记等。

讨论：关于泰山的历史事件如何影响了它的文化形象和社会价值。

（4）文学交叉——泰山与文学的结合

活动：阅读描写泰山的古典文学作品，如杜甫的《望岳》。

项目：学生尝试创作以泰山为主题的诗歌、散文或短篇小说。

（5）艺术交汇——泰山的艺术表现

活动：分析表现泰山的艺术作品，如山水画、摄影作品等。

项目：学生尝试创作以泰山为灵感的绘画、雕塑或其他艺术形式的作品。

（6）社会联系——泰山与社会参与

活动：探讨泰山文化在现代社会中的应用，如旅游业、文化保护等；参观当地的泰山博物馆或相关展览。

项目：策划一个以泰山为主题的社区活动，旨在推广自然保护和文化传承。

（7）展示与评价——成果分享

活动：组织泰山艺术作品的展示会或文学创作朗诵会，邀请校内外观众参观并提供反馈。

反思：学生对自己作品的制作过程和最终效果进行评价和反思。

（8）评估方式

采用同伴评价、自我评价和教师评价相结合的方式，通过学生的科学报告、文学创作、艺术作品和项目报告来评估学生的学习成果。

（9）延伸活动

邀请地质学家、历史学家或艺术家进校园进行讲座；组织学生参加社区泰山文化活动或自然考察之旅。通过这样的跨学科美育课程，学生不仅能够深入了解泰山的自然美和文化美，还能够将所学知识应用于实际创作中，同时培养综合素养和社会责任感。

八、地理美育课程

（一）地理学之美

①自然景观的壮丽：地理学研究了地球上的自然景观，包括山脉、河流、湖泊、森林、沙漠、海洋等。这些壮丽的景观展示了大自然的美丽和广阔。

②生物多样性的奇妙：地理学涵盖了生物多样性研究，揭示了地球上的生物种类及其分布情况。生物多样性是地球生态系统之美的一部分。

③人文地理的多元性：人文地理研究了人类社会的生产生活及其所形成的文化在地理空间中的分布和相互作用。这反映了不同地区、不同民族文化的多元美。

④地球系统内部的互动：地理学研究了地球系统的各个组成部分（如大气、水文、土壤等）之间的相互作用。这种相互作用是地球生态系统之美的一部分。

⑤地图和地理信息系统的普惠性：地理学使用地图和地理信息系统技术来分析地球上的数据。地图和空间数据的美在于帮助我们更好地理解地球特征。

⑥地理探索和发现：地理学家的远征和探险常常带来新的地理发现。这种探索的过程本身就需要勇气和力量，蕴含一种美感，同时帮助我们拓展对地球的认知。

⑦地球的动态性：地理学涵盖了地球的动态性研究，包括板块运动产生的地震、火山活动等。这些发现揭示了地球构造运动与变化的美。

⑧地理信息可视化艺术：地理学可以通过地理信息可视化和地图设计来传达信息，这本身就是一种艺术。地图、卫星图像、地理图表等形式采集的地理信息呈现了地球的美感。

⑨环境保护和可持续发展：地理学关注环境问题和可持续发展战略，探讨人类活动对地球的影响以及如何保护地球。这种关注地球生态平衡和促进可持续性发展的态度也是地理学之美的一部分。

总之，地理学之美在于其对地球自然和人文环境的深刻理解。地理学通过研究地球的各个方面，揭示了地球的壮丽、多样性、互联性和动态性，为我们更好地欣赏和保护地球创造了条件。学习地理学不仅是研究一门科学，还会获得探索和欣赏地球之美的艺术体验。

（二）地理美育课程设计：三山五园——人文与自然地理的交响诗

北京市的"三山五园"是指以香山、玉泉山和万寿山为"三山"，颐和园、静宜园、静明园、畅春园和圆明园为"五园"的风景名胜区。"三山五园"不仅自然风光秀丽，还蕴含着丰富的历史文化价值。围绕"三山五园"设计的跨学科美育课程可以让学生从地理、历史、文化、艺术、生态等多个角度去探索和体验这一地区的综合之美。以下是课程设计的框架。

1. 目标群体

本课程的目标群体为高中学生。

2. 课程目标

①理解"三山五园"的自然地理特征和历史文化背景。

②掌握"三山五园"在中国园林文化中的地位和美学价值。
③学习如何将自然景观与历史文化相结合。
④培养学生的历史文化素养、艺术鉴赏能力和跨学科综合能力。

3. 课程内容与活动设计

(1) 引入阶段——"三山五园"概览

活动：介绍"三山五园"的地理位置、自然生态和历史变迁，观看相关的纪录片或讲座视频。

讨论："三山五园"为何在中国文化中占据特殊地位，以及它们的象征意义。

(2) 历史探究——"三山五园"与文明

活动：学习"三山五园"的历史演变，包括园林建设、与其相关的历史事件等。

讨论："三山五园"的历史变迁如何影响其文化形象和社会价值。

(3) 实践操作——园林艺术基础

活动：学生进行园林设计的初步练习，学习中国古典园林的布局、植物配置和建筑风格。

练习：通过实地考察或虚拟模拟来体验"三山五园"的自然景观和园林艺术。

(4) 文化融合——"三山五园"与文学的结合

活动：阅读描写"三山五园"的古典文学作品，如诗歌、游记等。

项目：学生尝试创作以"三山五园"为主题的诗歌、散文或短篇小说。

(5) 艺术交汇——"三山五园"的艺术表现

活动：分析表现"三山五园"的艺术作品，如绘画、摄影作品等。

项目：学生尝试创作以"三山五园"为灵感的绘画、雕塑或其他艺术形式的作品。

(6) 社会联系——"三山五园"与社会参与

活动：探讨"三山五园"文化在现代社会中的应用，如旅游业、文化保护等，参观当地的园林博物馆或相关展览。

项目：策划一个以"三山五园"为主题的社区活动，旨在推广自然保护和文化传承。

(7) 展示与评价——成果分享

活动：组织"三山五园"艺术作品的展示会或文学创作朗诵会，邀请校内外观众参观并提供反馈。

反思：学生对自己作品的制作过程和最终效果进行评价和反思。

(8) 评估方式

采用同伴评价、自我评价和教师评价相结合的方式，通过学生的科学报告、文学创作、艺术作品和项目报告来评估学生的学习成果。

(9) 延伸活动

邀请园林专家、历史学家或艺术家进校园进行讲座；组织学生参加社区"三山五园"文化活动或自然考察之旅。通过这样的跨学科美育课程，学生不仅能够深入了解"三山五园"的自然美和文化美，还能够将所学知识应用于实际创作中，同时培养综合素养和社会责任感。

如图3-36《园林与美》，学生们在早春时节聚集学校的桃山，从松土、种植桃树，到看桃花，过桃花节，后面的施肥、疏果、养育，一个环节都不能少，直到摘下硕大的果实亲口品尝，整个过程下来，学生感受到果农们的辛苦不易，也亲眼见证了从芽孢到果实的成长过程，得到多方面的收获。

图3-36　园林与美　作者陈默　劳动课堂随拍　2024年

（三）地理美育案例解析：探寻园林之美——走进圆明园

圆明园，作为中国最著名的皇家园林之一，不仅以其宏伟的建筑群和精致的园林设计闻名，还因其丰富的历史和文化内涵而备受推崇。围绕"圆明园之美"设计的跨学科美育教学案例可以让学生从历史、文化、艺术、生态等多个角度去探索和体验这一自然与文化交融的综合体。以下是课程设计的框架。

1. 课程主题

本课程的主题为圆明园之旅——历史与自然的和谐共鸣。

2. 目标群体

本课程的目标群体为高中学生。

3. 课程目标

①理解圆明园的自然地理特征和历史文化背景。
②掌握圆明园在中国园林文化中的地位和美学价值。
③学习如何将自然景观与历史文化相结合。
④培养学生的历史文化素养、艺术鉴赏能力和跨学科综合能力。

4. 课程内容与活动设计

（1）引入阶段——圆明园概览

活动：介绍圆明园的地理位置、自然生态和历史背景，观看相关的纪录片或讲座视频。

讨论：圆明园为何在中国文化中占据特殊地位，以及它的象征意义。

（2）历史探究——圆明园与文明

活动：学习圆明园的历史演变，包括园林建设、与其相关的历史事件等。

讨论：圆明园的历史变迁如何影响其文化形象和社会价值。

（3）实践操作——园林艺术基础

活动：学生进行园林设计的初步练习，学习中国古典园林的布局、植物配置和建筑风格。

练习：通过实地考察或虚拟模拟来体验圆明园的自然景观和园林艺术。

（4）文化融合——圆明园与文学的结合

活动：阅读描写圆明园的古典文学作品，如诗歌、游记等。

项目：学生尝试创作以圆明园为主题的诗歌、散文或短篇小说。

（5）艺术交汇——圆明园的艺术表现

活动：分析表现圆明园的艺术作品，如绘画、摄影作品等。

项目：学生尝试创作以圆明园为灵感的绘画、雕塑或其他艺术形式的作品。

（6）社会联系——圆明园与社会参与

活动：探讨圆明园文化在现代社会中的应用，如旅游业、文化保护等，参观当地的圆明园博物馆或相关展览。

项目：策划一个以圆明园为主题的社区活动，旨在推广自然保护和文化传承。

（7）展示与评价——成果分享

活动：组织圆明园艺术作品的展示会或文学创作朗诵会，邀请校内外观众参观并提供反馈。

反思：学生对自己作品的制作过程和最终效果进行评价和反思。

(8) 评估方式

采用同伴评价、自我评价和教师评价相结合的方式，通过学生的科学报告、文学创作、艺术作品和项目报告来评估学生的学习成果。

(9) 延伸活动

邀请园林专家、历史学家或艺术家进校园进行讲座动；组织学生参加以圆明园文化为主题的社区活动或自然考察之旅。通过这样的跨学科美育课程，学生不仅能够深入了解圆明园的自然美和文化美，还能够将所学知识应用于实际创作中，同时培养综合素养和社会责任感。

教师在圆明园内上现场课，讲授《圆明园艺术之美》，与学生共同感受脚下这片大地曾经发生的故事，品赏圆明园流失的珍宝，教师和学生的内心都受到了震撼，有不少是学生都说，这堂课很特别，终身难忘（如图3-37）。

图3-37　圆明园艺术之美研究课现场　作者陈默　手机随拍

九、政治美育课程

（一）政治学之美

①权力与政治的复杂性：政治学研究政权组织、政治体制、行政管理等，揭示了权力运作和行政决策的复杂性。政治学之美在于解析政权组织形式和权力关系，帮助理解政治秩序性与危机并存的矛盾。

②政治思想的多样性：在社会发展过程中形成了不同的政治思想和理论，如自由主义、保守主义、社会主义、民主思想等。这些思想体系反映了价值观差异和政治信仰的多样性。

③政治活动的影响力：政治学研究政治行动、政治运动和政治冲突，这些行动和事件可以对社会和历史产生深远影响。政治活动给人以美感的原因在于它塑造了社会和历史的走向。

④国际关系的复杂性：国际政治和国际关系研究国家间的合作与冲突、外交政策和国际组织。全球政治错综复杂，使国际关系和谐与紧张并存。

⑤政治哲学的深度：政治哲学研究了政治权力的合法性、社会契约和正义等重要问题。这些哲学讨论展示了对道德和伦理问题的深刻思考。

⑥政治文化传统：政治学研究不同国家的政治文化传统，揭示了文化对政治制度和政策的影响。政治文化研究为促进多元文化社会中不同政治体制间的理解和和谐共存提供了参考。

⑦政治变革的进步性：政治学也研究政治变革带来的进步，如民主化运动、人权改革和社会变革。这些变革展示了促进政治改善和恢复社会正义的历史趋势。

⑧政治教育和公民参与：政治学关注政治教育和公民参与，提倡政治知识普及的重要性。公民的政治参与是民主社会美的体现。

⑨政治学的实用性：政治学不仅是一门学问，还具有实用性，政治学家可以参与政策制定、社会改革和国际外交活动，为社会和政治的进步贡献力量。

总之，政治学之美在于其对权力及其行使、政治思想、政治活动、国际关系、哲学思考、文化影响、政治变革和公民参与等多个方面的深刻研究。政治学帮助我们理解政治领域的复杂性和社会形态的多样性，同时也提供了改善政治生态和社会状况的思考方向。政治学不仅反映了政治的科学性和艺术性，还反映了其对社会正义和公共利益的关切。

（二）政治美育课程设计：人民代表大会制度——中国特色社会主义的民主实践

人民代表大会制度是中国特有的政治制度，它体现了中国特色社会主义的民主形式。如图3-38所示为人民代表大会制度是适合我国国情的根本政治制度，它直接体现我国人民民主专政的国家性质，是建立我国其他国家管理制度的基础。1. 它有利于保证国家权力体现人民的意志。人民不仅有权选择自己的代表，随时向代表反映自己的要求和意见，而且对代表有权监督，有权依法撤换或罢免那些不称职的代表。2. 有利于保证中央和地方的国家权力的统一。在国家事务中，凡属全国性的、需要在全国范围内做出统一决定的重大问题，都由中央决定；属于地方性问题，则由地方根据中央的方针因地制宜的处理。这既保证了中央集中统一的领导，又发挥了地方的积极性和创造性，使中央和地方形成坚强的统一整体。3. 有利于保证我国各民族的平等和团结。依照宪法和法律规定，在各级人民代表大会中，都有适当名额的少数民族代表；在少数民族聚集地区实行民族区域自治，设立自治机关，使少数民族能管理本地区、本民族的内部事务。总之，我国人民代表大会制度，能够确保国家权利掌握在人民手中，符合人民当家做主的宗旨，适合我国的国情。围绕人民代表大会制度设计的跨学科美育课程可以从政治、历史、法律、社会等多个角度去探索和体验这一制度的特点和价值。

图 3-38　海淀人大会议现场

如图 3-39 海淀人大代表陈默参会照片，陈默老师荣幸当选海淀区人大代表，为海淀的人民发声，协助并监督政府工作。

1. 课程主题

本课程的主题为人民代表大会制度——中国特色社会主义的民主实践。

2. 目标群体

本课程的目标群体为高中学生。

图 3-39　海淀人大代表陈默参会照片　2022 年

3. 课程目标

①理解人民代表大会制度的基本结构和运作机制。
②掌握人民代表大会制度在中国政治生活中的作用和意义。
③学习如何将政治制度与社会发展和法治建设相结合。
④培养学生的政治素养、法治意识和跨学科综合能力。

4. 课程内容与活动设计

（1）引入阶段——人民代表大会制度概览

活动：介绍人民代表大会制度的由来、组织结构和职能，观看相关的纪录片或讲座视频。

讨论：人民代表大会制度如何体现中国特色社会主义民主的特点。

（2）历史探究——人民代表大会制度的发展

活动：学习人民代表大会制度的历史演变，包括重要会议、法律法规的制定等。

讨论：人民代表大会制度的历史变迁如何影响了中国的政治发展。

（3）实践操作——政治参与基础

活动：学生模拟人民代表大会的议事过程，了解议案的提出、讨论和表决等程序。

练习：通过角色扮演或辩论会来体验人民代表大会制度的决策过程。

(4）法律交叉——人民代表大会制度与法治的结合

活动：分析人民代表大会在法律制定和监督执行中的作用，如在立法过程中的作用。

项目：学生尝试模拟起草一项与学校生活相关的法规或提案。

（5）社会联系——人民代表大会制度与社会参与

活动：探讨人民代表大会制度在现代社会中的应用，如代表选举、由代表反映民意等，参观当地的人大代表活动或相关展览。

项目：策划一个以人民代表大会制度为主题的社区活动，旨在推广公民参与民主建设和政治教育。

（6）展示与评价——成果分享

活动：组织模拟人民代表大会的成果展示会或辩论赛，邀请校内外观众参观并提供反馈。

反思：学生对自己的参与体验和学习成果进行评价和反思。

（7）评估方式

采用同伴评价、自我评价和教师评价相结合的方式，通过学生的模拟议事记录、法律草案、项目报告和参与感受来评估学生的学习成果。

（8）延伸活动

邀请政治学者、法律专家或人大代表进校园进行讲座；组织学生参加社区人大代表活动或政治实践活动。

还可以组织学生用绘画的形式表达对人民代表大会制度的理解。如图3-40所示，一枝柔美的昙花在生命的长河中独自绚烂是一种美；众星捧月、群星环绕，万紫千红百

图3-40　静物之美　作者陈默
中国画纸本工笔
35 cm×135 cm　2011年

花齐放也是社会生活的美。人民代表大会制度是按照民主集中制原则,由选民直接或间接选举代表组成人民代表大会作为国家权力机关,统一管理国家事务的政治制度。是中国人民翻身作主、掌握自己命运的必然选择。新征程上,人民代表大会制度砥砺前行,必将不断巩固和发展生动活泼、安定团结的政治局面,为人类政治文明进步作出充满中国智慧的贡献。

通过这样的跨学科美育课程,学生不仅能够深入了解人民代表大会制度的运作机制和价值,还能够将所学知识应用于实际参与过程中,同时培养公民意识和社会责任感。

第四章

校内实施

校园跨学科美育项目的创建与实施需要结合学生的日常生活,结合社会热点问题,选择有价值的研究方向、研究专题,要求学生在美术学科的基础上,探索主题的各个方面,借助多学科知识完成作业。例如,可以要求学生制作与城市生活主题相关的艺术作品,并写一份与作品有关的研究论文。研究城市生活,历史、地理、政治、经济、文化、艺术都是切入点,而如果要立体表现城市生活,就需要多学科知识的全面调动,这类综合实践项目的总目标,应指向对城市的爱,这是关乎心灵的、美育的终极目标。

■ 第一节 校园跨学科美育综合实践项目实施办法

一、活动目标

美育主题校园活动的目标是提高学生的审美素养,培养学生的审美能力,促进学生的全面发展。

①提高学生的美学知识水平,拓宽学生的视野。
②培养学生的审美情趣和创造力,提升学生的艺术素养。
③引导学生关注社会现实问题,培养学生的社会责任感。
④营造浓厚的校园文化氛围,丰富学生的课余生活。

二、活动内容

美育主题校园活动的内容应该多样化,可以包括以下内容。
①艺术展览:组织校内或校际的艺术展览,展示学生的艺术作品。
②文艺演出:举办音乐、舞蹈、戏剧等文艺演出,让学生欣赏高水平的艺术

表演。

③文化节庆：举办文化节庆活动，展示不同民族和地域的文化特色。

④社会实践：组织学生参与社会公益活动，如环保、扶贫活动等，培养学生的社会责任感。

三、活动形式

①讲座与演示：邀请艺术家、教师或学生进行艺术表演或作品展示，激发学生的兴趣。

②工作坊与创意坊：设立艺术创作工作室，提供材料和工具，让学生在实践中体验艺术创作的乐趣。

③比赛与评选：组织各类艺术比赛和评选活动，激发学生的竞争意识和创造力。

④参观与考察：组织学生参观博物馆、艺术馆等文化场所，让学生亲身体验艺术的魅力。

⑤线上与线下活动：结合线上和线下方式，利用网络平台进行宣传和互动，扩大活动的影响力。

四、活动实施

①确定目标与内容：根据学校实际情况和学生需求，确定活动的目标和内容。

②制定方案：根据活动目标和内容，制定具体的活动方案，包括活动形式、时间安排、人员分工等。

③宣传与推广：通过校内广播、海报、网络等方式进行宣传和推广，提高活动的知名度和参与度。

④组织与实施：按照活动方案进行活动的组织与实施，确保活动顺利进行。

⑤总结与反思：活动结束后，进行总结和反思，总结经验教训，为下次活动提供参考。

五、活动评估

①活动参与度：评估活动的参与人数和参与者的积极性。

②学生收获：了解学生在活动中获得的审美体验和艺术素养的提升情况。

③活动效果：评估活动是否达到预期目标，如是否提高了学生的美学知识水平、培养了学生的审美能力等。

④活动反馈：收集学生、教师和家长对活动的意见和建议，了解他们对活动

的满意度。

⑤活动创新性：评估活动在形式、内容等方面的创新程度，以及对学生创造力和想象力的激发程度。

第二节 校内跨学科美育综合实践项目实施案例

一、创意设计工作坊案例：创意之光校园艺术工作坊

（一）项目背景

校内艺术工作坊是一个跨学科的美育项目，旨在通过艺术创作和实践，促进学生的综合素养和创造力发展。通过跨学科的合作，学生可以在艺术创作中融入不同学科的知识和技能，拓展视野，培养创新思维和审美情趣。

（二）项目目标

①跨学科整合，促进学科之间的交叉学习和合作。

②培养学生的创造力、审美能力和表达能力。

③提升学生的团队合作意识和沟通能力。

④通过艺术实践，加深学生的情感体验，提高自我表达能力。

（三）项目内容和活动设计

1. 主题确定与策划

学生参与主题确定和工作坊策划，确定跨学科合作的方向和目标；确定工作坊的时间安排、参与学生和教师资源等。

2. 跨学科合作工作坊

设立不同的艺术工作坊，如绘画、音乐、舞蹈、戏剧等，每个工作坊涵盖多个学科内容，让学生有机会亲身参与艺术创作，培养审美能力和创新思维。

3. 作品展示与交流

组织学生进行作品展示和交流，分享工作坊成果；展示自己的艺术作品，讨论跨学科合作的体会和收获。

4. 反思与总结

学生进行项目反思和总结，分享在跨学科美育项目中的成长和体会；教师对项目进行评估和总结，为未来的跨学科美育项目提供经验。

5. 项目评估方式

作品评估：评估学生在艺术工作坊中的作品质量和创意程度。

团队合作评估：评估学生在跨学科合作中的团队合作能力。

个人表现评估：评估学生在艺术创作和实践中的个人表现和进步情况。

6. 项目成果展示

学生进行艺术作品展示；撰写跨学科美育项目的心得体会。

通过校内艺术工作坊项目式学习的案例，学生将在跨学科合作中体验艺术创作的乐趣，培养创造力和审美能力，同时提升团队合作意识和沟通能力，在艺术实践中体会跨学科美育的魅力。

学生未动，教师先行。如图4-1所示海淀区青年教师团队走进北京市翰沐书法文化体验馆，了解书法简史，体验制笔、造纸、制墨、拓印、甲骨文书写等传统文化项目，感受中国传统文化的艺术魅力。

图4-1 海淀区非物质文化遗产工作坊教师体验木板拓印 陈默 2020年

二、校内艺术展演项目案例：艺术之光——校园艺术节

（一）项目背景

校内艺术展览与表演是一个跨学科的美育项目，旨在通过展示艺术作品和表

演节目，提升学生的审美情趣，促进学生创造力和表达能力的发展。通过跨学科的合作，学生可以在艺术创作和表演中融入不同学科的知识和技能，拓展视野，培养综合素养。

（二）项目目标

①跨学科整合，促进学科之间的交叉学习和合作。

②培养学生的创造力、审美能力和表达能力。

③提升学生的团队合作意识和沟通能力。

④通过艺术展览与表演，展示学生的才华和成果。

（三）项目内容和活动设计

1. 主题确定与策划

学生参与主题确定和展览表演策划，确定跨学科合作的方向和目标；确定展览和表演的时间安排、参与学生和教师资源等。如图4-2所示，在校园综合美育活动中，学校民乐团古筝社团的同学们在学校最美的九曲桥进行高水平的古筝艺术展演，引起全校师生的广泛关注。这类学活需要提前确定。

图4-2 北京一零一中校园艺术展演 陈默 手机随拍 2024年

2. 艺术作品创作与准备

学生参与艺术作品的创作，包括绘画、手工艺制作、摄影等；准备展览所需的作品、展板、展示道具等。

3. 表演节目准备与排练

学生参与表演节目的策划和排练，包括音乐、舞蹈、戏剧等；准备表演所需的道具、服装、音响等。

4. 艺术展览与表演

组织学生进行艺术作品展览和表演，展示创作成果；与观众互动。

（四）项目评估方式

作品评估：评估学生的艺术作品质量和创意程度。

表演评估：评估学生表演节目的质量和表现能力。

团队合作评估：评估学生在展览与表演过程中的团队合作能力。

（五）项目成果展示

学生进行艺术作品展示；表演节目；撰写展览与表演项目的心得体会。

通过校内艺术展览与表演项目式学习的案例，学生将在跨学科合作中展示自己的才华和成果，培养创造力和表达能力，同时提升团队合作意识和沟通能力，体验到跨学科美育的魅力。定期举办校内艺术展览和演出，邀请学生展示自己的作品，还可以让全校师生欣赏到各种艺术形式的美。

三、文化艺术节案例：梦想舞台——中学生文化艺术节

（一）项目背景

中学生文化艺术节是一个综合实践项目，旨在使学生通过参与各种文化艺术活动，促进综合素养和创造力发展。该项目涵盖多个学科领域，通过跨学科的合作，让学生在文化艺术节中展示自己的才华和成果，培养综合素养和审美情趣。

（二）项目目标

①跨学科整合，促进学科之间的交叉学习和合作。

②培养学生的创造力、审美能力和表达能力。

③提升学生的团队合作意识和沟通能力。

④通过文化艺术节，展示学生的才华和成果，激发他们的潜能。

（三）项目内容和活动设计

1. 主题确定与策划

学生参与主题确定和文化艺术节策划，确定活动内容和形式；确定文化艺术

节的时间安排、参与学生和教师资源等。

2. 文化艺术活动准备

设立不同的活动项目,如音乐表演、舞蹈展示、戏剧表演、美术展览等;学生参与活动项目的准备和策划,包括节目编排、道具准备等。

3. 跨学科合作实践

学生在不同活动项目中展示自己的才华,融入各种学科知识和技能;参与团队合作,共同策划和实施文化艺术节活动。

4. 文化艺术节展示与交流

组织学生进行文化艺术节的展示和交流,展示他们的成果;与观众互动和交流。

如图4-3所示,在北京一零一中校园文化艺术节上,面对着校园盛放的百花,北京一零一中初中朗诵社团展示了他们的实践成果,现场的古文齐诵《桃花源记》赢得了师生的阵阵掌声。

图4-3 北京一零一中校园文化艺术节 诗朗诵表演 陈默 手机随拍 2024年

(四)项目评估方式

①活动评估:评估文化艺术节活动的质量和效果。

②团队合作评估:评估学生在活动策划和实施过程中的团队合作能力。

③个人表现评估：评估学生在文化艺术节中的个人表现和进步情况。

（五）项目成果展示

学生进行文化艺术作品展示；表演节目；撰写文化艺术节项目的心得体会。

通过中学生文化艺术节综合实践项目的案例，学生将在跨学科合作中展示自己的才华和成果，培养创造力和表达能力，同时提升团队合作意识和沟通能力，体验到跨学科美育的魅力。还可以组织多元文化的节庆活动，邀请外部艺术家和学生团体进行表演，展示不同民族和地域的艺术形式，让学生感受多元文化的魅力。

四、校园环境美育案例：美丽校园——校园环境美化项目

（一）项目背景

校园环境美化项目是一个跨学科的美育项目，旨在使学生通过参与校园环境美化活动，培养审美意识、创造力和团队合作精神。通过跨学科的合作，学生可以在美化项目中融入不同学科的知识和技能，提升校园环境的美观度，同时促进综合素养发展。

（二）项目目标

①跨学科整合，促进学科之间的交叉学习和合作。
②培养学生的审美意识、创造力和环保意识。
③提升学生的团队合作意识和社会责任感。
④通过校园环境美化项目，打造宜学宜居的校园环境。

（三）项目内容和活动设计

1. 主题确定与策划

学生参与主题确定和美化项目策划，确定美化方向和目标；确定美化项目的时间安排、参与学生和教师资源等。

2. 美化活动实施

设立不同的美化活动项目，如校园清洁、花草种植、壁画涂鸦等；学生参与实施美化活动。

3. 环境艺术创作

学生参与环境艺术创作，设计和制作校园美化装饰物；利用艺术创作提升校园环境的美感和艺术氛围。

4. 成果展示与评选

组织学生进行美化项目成果展示和评选，展示美化成果；展示自己的美化作品，教师评选优秀作品并给予奖励。

(四)项目评估方式

①美化成果评估：评估学生参与美化活动的成果和效果。
②团队合作评估：评估学生在美化项目中的团队合作能力。
③个人表现评估：评估学生在环境艺术创作中的个人表现和进步情况。

(五)项目成果展示

学生进行美化作品和环境艺术作品展示；撰写校园环境美化项目的心得体会。

如图4-4所示，北京一零一中学被称为最美中学，学校倡导生态智慧教育、可耻哦续发展理念。为了把学校简称最美百花园，校长陪学生一起为树林清理杂草，为幼苗浇水，整个过程，学生感受到荡涤心灵的教育力量。

图4-4 北京一零一中校园环境美化项目

通过校园环境美化项目式学习的案例，学生将在跨学科合作中参与校园美化活动，培养审美意识和创造力，同时提升团队合作意识和社会责任感，体验到跨学科美育的魅力。鼓励学生参与学校环境的装饰和美化，通过设计、布置、维护等方式，培养学生的审美能力和环保意识。

五、戏剧创编与表演美育案例：舞台之光戏剧创编表演项目

（一）项目背景

中学生戏剧创编与表演项目旨在使学生通过参与戏剧创作和表演，培养表达能力、团队合作精神和艺术素养。通过项目的设计与实践，学生可以发挥创造力，提升表演技巧，同时也促进综合素养的提高和个人成长。

（二）项目目标

①培养学生的表达能力、创造力和舞台表演技巧。
②提升学生的团队合作意识和沟通能力。
③培养学生的审美情趣和艺术素养。
④通过戏剧创编与表演，展示学生的才华和成果。

如图4-5所示，学校戏剧社团的学生在校园戏剧节上展演自己的原创剧目《桃花缘》，赢得了观众的阵阵掌声。

图4-5　北京一零一中戏剧表演项目　陈默　手机随拍　2024年

（三）项目内容和活动设计

1. 社团成立与招募

设立戏剧创编与表演社团，招募对戏剧感兴趣的学生；确定社团的目标和活动计划，包括创编剧本、排练和演出等。

2. 剧本创作与策划

学生参与剧本创作和策划，发挥创造力，探讨主题和情节；确定演出形式、舞台布景和服装等。

3. 角色分配与排练

分配角色给学生，进行角色扮演和表演技巧培训；定期进行排练，提升表演质量和团队合作能力。

4. 舞台表演与演出

组织学生进行舞台表演和演出，展示创作成果；学生表演自己创编的剧目，与观众互动和交流。

（四）项目评估方式

表演质量评估：评估学生的表演质量和表现能力。

团队合作评估：评估学生在社团活动中的团队合作能力。

个人进步评估：评估学生在戏剧创编与表演过程中的个人进步和成长。

（五）项目成果展示

社团进行戏剧表演展示；学生进行个人表演展示；撰写戏剧创编与表演项目的心得体会。

通过中学生戏剧创编与表演项目的案例，学生将在社团活动中展示自己的才华和成果，培养表达能力和舞台表演技巧，同时提升团队合作意识和沟通能力，体验到戏剧艺术的魅力。还可以组建戏剧社、朗诵团等社团，学生参与戏剧的排练、演出等活动，提升表演能力和团队合作意识。

六、手工艺美育案例：中学生手工艺俱乐部

（一）项目背景

中学生手工艺俱乐部是一个跨学科美育项目，旨在使学生通过参与手工艺制作和创意设计，培养创造力、审美能力和手工艺技能。通过手工艺俱乐部的设计与实施，学生可以在手工艺制作中融入不同学科的知识和技能，提升艺术素养和实践能力。

（二）项目目标

①培养学生的创造力、审美能力和手工艺技能。

②促进学生对传统手工艺的传承和创新。

③提升学生的团队合作意识和沟通能力。

④通过手工艺制作，展示学生的才华和成果。

（三）项目内容和活动设计

1. 手工艺品制作

设立不同的手工艺制作项目，如绘画、编织、陶艺等；学生参与手工艺品的制作，发挥创造力和想象力。

2. 传统与创新结合

结合传统手工艺和现代设计理念，进行手工艺品创作；学生探索传统手工艺的魅力，同时注入个人创新和想法。

3. 跨学科合作实践

学生在手工艺制作过程中融入不同学科知识，如艺术、设计、科学等；互相学习和交流，提升团队合作能力。

4. 作品展示与交流

组织学生进行手工艺作品展示和交流；学生展示手工艺品，与观众分享创作灵感和技艺。

（四）项目评估方式

作品质量评估：评估学生制作的手工艺品质量和创意程度。

团队合作评估：评估学生在手工艺制作过程中的团队合作能力。

个人进步评估：评估学生在手工艺制作中的个人进步和成长。

（五）项目成果展示

学生进行手工艺品和个人作品展示；撰写手工艺俱乐部项目的心得体会。

如图4-6所示，北京一零一中书法社团的同学们在校园艺术节上展示原创手工艺手写书法书签，并进向现场展卖，所得款项由团委捐赠到偏远山区，支持山区的教育，个人能力得到了全面的锻炼。

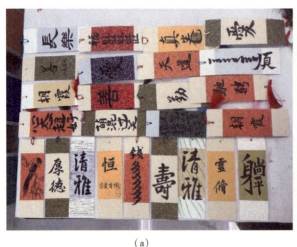
(a)

(b)

图4-6 北京一零一中手工艺制作项目　陈默　手机随拍　2023年

通过中学生手工艺俱乐部跨学科美育项目的案例，学生将在手工艺制作中展示自己的创意和技能，培养创造力和审美能力，同时提升团队合作意识和沟通能力，体验到跨学科美育的魅力。

七、数字艺术美育案例：创意编码——中学生数字艺术实验室

（一）项目背景

中学生数字艺术实验室是一个跨学科美育项目，旨在让学生通过参与数字艺术创作和编码实践，培养他们的创造力、科技素养和艺术表达能力。通过数字艺术实验室的设计与实施，学生可以结合艺术和科技知识，探索数字艺术的无限可能性，提升创新思维和技术能力。

（二）项目目标

①培养学生的创造力、科技素养和艺术表达能力。
②探索数字艺术与编码的结合，促进跨学科学习和创新思维。
③提升学生的团队合作意识和问题解决能力。
④通过数字艺术创作，展示学生的才华和成果。

（三）项目内容和活动设计

1. 艺术与编码结合

学生学习数字艺术基础知识和编码技能，探索艺术与科技的结合；创作数字艺术作品，如动画、互动艺术、虚拟现实等。

2. 跨学科合作实践

学生在数字艺术实验室中融入不同学科知识，如艺术、编程、数学等；互相学习和交流，提升团队合作能力。

3. 创意编码挑战

设立创意编码挑战项目，让学生应用编码技能创作数字艺术作品；学生探索创新的艺术表达方式，展示个性化的数字艺术作品。

4. 作品展示与分享

组织学生进行数字艺术作品展示和分享；学生展示个人数字艺术作品，与观众分享创作灵感和技艺。

（四）项目评估方式

作品质量评估：评估学生创作的数字艺术作品质量和创意程度。
团队合作评估：评估学生在数字艺术实验室中的团队合作能力。
个人进步评估：评估学生在数字艺术创作中的个人进步和成长。

(五) 项目成果展示

学生进行数字艺术作品和个人作品展示;撰写数字艺术实验室项目的心得体会。

通过中学生数字艺术实验室跨学科美育项目的案例,学生将在数字艺术创作中展示自己的创意和技能,培养创造力和科技素养,同时提升团队合作意识和问题解决能力,体验到跨学科美育的魅力。建立数字艺术实验室,利用数字技术进行绘画、音乐、影像等方面的创作,让学生掌握现代艺术创作工具的使用方法。

教育是不停的埋下希望的种子、浇水施肥。如图4-7所示,看似不起眼的植物,在精心的呵护照料下,往往能开出绚丽的花朵。

图4-7 凤尾花 作者陈默 中国画 纸本写意
60 cm×60 cm 2018年

第五章
校外拓展

"研学旅行课程"作为学校教育的一部分,是以学生为主体,根据学生意愿确定研学主题、制定课程目标,以集体旅行的方式,有计划、有组织地促进学生全面发展的教育教学活动。我国关于研学旅行课程的研究始于 2013 年,最初有学者将其视为一种教学活动,后来研学旅行被提到课程的高度,并成为学术界的共识,截至目前已积累了相当的学术沉淀,但同时也存在制约其发展的问题。2016 年教育部等 11 部门联合出台了《关于推进中小学生研学旅行的意见》,指出研学旅行是推动基础教育改革发展,加强学生社会主义核心价值观教育以及落实核心价值体系中立德树人基本要求的一个重要途径,通过对校内外资源的整合,将课程与实践相结合,带领学生走出校园、走进生活,以集体旅行的方式达到促进学生全面发展的目的,对学生实现知行合一、培养创新精神和实践能力具有重要作用。对区域内、区域外的资源进行梳理,形成具有多元特色的研究性学习美育课程群,打造精品研学课程,融合多学科优势,进行跨学科美育。研学课程是指通过实践活动和实地考察,让学生在现实环境中进行学习和探索的一种教学方法。它不仅仅是传统课堂教学的延伸,更是一种强调实践和体验的教育理念。研学课程的目的是通过亲身实践和观察,培养学生的创新能力、实践能力和综合素质。研学课程的特点在于强调"学以致用",即将所学知识与实际生活和社会实践相结合。通过实地考察和实践活动,学生可以将书本知识应用到实际生活中,加深对知识的理解和记忆。

■ 第一节 校外拓展课程结构及创意设计

一、课程目标

本课程旨在通过校外综合实践活动,培养学生的审美意识、观察美和创造美的能力，促进学生的全面发展。具体目标如下。

①拓宽学生的审美视野，使其了解自然美、社会美和艺术美等多种美的表现形式。

②培养学生的审美情趣，提高学生对美的敏感度和鉴赏力，引导学生发现美、欣赏美和创造美。

③增强学生的实践能力，通过参与校外综合实践活动，提高学生的动手能力和团队协作能力。

④激发学生的创新思维，培养学生的创造力和想象力，促进学生创新素质的发展。

⑤培养学生的社会责任感，引导学生关注社会现实问题，积极参与公益活动，为社会作出贡献。

二、课程内容

①自然景观欣赏：组织学生参观自然景观，如山水、花卉等，引导学生欣赏自然美，了解自然景观的形成和演变。

②艺术创作实践：开设绘画、雕塑、摄影等艺术创作课程，让学生亲手创作艺术品，提高艺术素养和实践能力。

③社会公益活动：组织学生参与社会公益活动，如环保、扶贫活动等，培养学生的社会责任感和公益心。

④文化考察与交流：组织学生参观博物馆、历史名胜古迹等文化场所，了解不同地域和民族的文化特色，促进文化交流与传承。

⑤科技创新活动：开展科技创新活动，引导学生进行科技制作和创新实验，激发创新思维和创造力。

三、课程形式

①实地考察：组织学生实地参观自然景观、文化场所等，让学生亲身体验和感受美的存在。

②创作实践：开设艺术创作课程，让学生亲手创作艺术品，提高艺术素养和实践能力。

③公益活动：组织学生参与社会公益活动，培养社会责任感和公益心。

④交流研讨：组织学生进行交流研讨，分享心得体会，促进相互学习与共同成长。

第二节 中学生校外跨学科美育综合实践

一、活动实施策略及项目设计

（一）活动背景

中学生校外跨学科美育综合实践活动旨在通过校外实践活动，结合不同学科知识和技能，培养学生的创造力、合作精神和综合素养。通过跨学科的实践活动，学生可以拓展视野，提升解决问题的能力，同时促进全面发展和个人成长。

（二）活动目标

①培养学生的创造力、合作精神和综合素养。
②探索跨学科学习和实践，促进学科知识的整合和应用。
③提升学生的社会责任感和实践能力。
④通过校外实践活动，展示学生的才华和成果。

（三）活动内容和设计

1. 主题确定

确定跨学科美育综合实践活动的主题和目标，如环境保护、社区服务、文化交流等。

2. 活动策划

设立活动策划小组，制定详细的活动方案和时间表；确定活动的具体内容、目标和实施步骤。

3. 实践活动

学生参与校外实践活动，如社区清洁、义工服务、文化交流等；结合不同学科知识和技能，探索问题的解决方案。

（四）反思与总结

活动结束后，组织学生进行反思和总结，分享经验和收获；学生撰写活动报告或心得体会，反思自己在活动中的成长和收获。

（五）活动评估方式

活动效果评估：评估活动的实施效果和学生参与度。
学生表现评估：评估学生在活动中的表现和贡献。
个人成长评估：评估学生在校外实践活动中的成长和进步。

（六）活动成果展示

学生进行活动成果展示；个人作品展示；分享校外跨学科美育实践活动的经验。

中学生校外跨学科美育综合实践活动的实施，能让学生在实践中结合不同学科知识和技能，培养创造力和合作精神，体验到美育的魅力。

二、社会实践美育案例：绿色未来——环保主题社会实践项目

（一）项目背景

"绿色未来"项目旨在使中学生通过参与环境保护主题的社会实践活动，提高环境保护意识，培养环保责任感和行动力，为构建绿色、可持续的未来贡献力量。

（二）项目目标

①提高学生对环境保护的认识。
②培养学生的环保责任感和行动力。
③促进学生参与社会实践，锻炼实践能力。
④通过实践活动，展示学生的环保行动和成果。

（三）项目内容和活动设计

1. 主题确定

确定"绿色未来"项目的主题为环境保护，包括资源回收利用、垃圾分类、植树造林等环保活动。

2. 活动策划

设立活动策划小组，制定详细的活动方案和时间表；确定活动的具体内容、目标和实施步骤。

3. 实践活动

学生参与环保实践活动，如垃圾分类宣传、环境清理、植树义工活动等；结合学科知识，探索环保问题的解决方案。

4. 宣传与倡导

学生开展环保宣传活动，提高社会对环保问题的认识；倡导身边人积极参与环保行动，传播环保理念。

5. 反思与总结

活动结束后，组织学生进行反思和总结，分享经验和收获；学生撰写活动报告或心得体会，反思自己在活动中的成长和收获。

6. 项目评估方式

活动效果评估：评估活动的实施效果和学生参与度。

学生表现评估：评估学生在活动中的表现和贡献。

个人成长评估：评估学生在环境保护实践活动中的个人成长和发展。

7. 活动成果展示

学生进行环保实践成果展示；个人作品展示，如环保海报、宣传视频等；分享环境保护主题社会实践项目的经验。

通过"绿色未来"项目的策划与实施，中学生将深入参与环境保护实践活动，培养环保责任感和行动力，增强环保意识，为构建绿色未来贡献自己的力量，同时锻炼实践能力和团队合作精神。

三、社区服务美育案例：共建社区——中学生社区服务

（一）项目背景

"共建社区"项目旨在使中学生通过参与社区服务主题的社会实践活动，关注社区发展、培养社会责任感和团队合作精神，同时提升实践能力和社会参与意识。

（二）项目目标

①提高学生对社区服务重要性的认识。

②培养学生的社会责任感和团队合作精神。

③促进学生参与社会实践，锻炼实践能力。

④通过实践活动，促进学生与社区居民的互动和交流。

（三）项目内容和活动设计

1. 主题确定

确定"共建社区"项目的主题为社区服务，包括老年人关爱、环境整治、文化活动等社区服务项目。

2. 活动策划

设立活动策划小组，制定详细的活动方案和时间表；确定活动的具体内容、目标和实施步骤。

3. 实践活动

学生参与社区服务实践活动，如为老年人提供帮助、组织环境整治活动、举办文化活动等；结合学科知识，探索社区服务问题的解决方案。

4. 社区互动与交流

学生与社区居民开展互动和交流活动，促进彼此之间的了解和合作；倡导社区居民积极参与社区建设和服务活动。

5. 反思与总结

活动结束后，组织学生进行反思和总结，分享经验和收获；撰写活动报告或心得体会，反思自己在活动中的成长和收获。

（四）项目评估方式

活动效果评估：评估活动的实施效果和学生参与度。

学生表现评估：评估学生在活动中的表现和贡献。

社区居民反馈评估：收集社区居民对学生服务活动的反馈和意见。

（五）活动成果展示

学生进行社区服务实践成果展示；个人作品展示，如服务心得、活动照片等；分享社区服务主题社会实践项目的经验。

通过"共建社区"项目的策划与实施，中学生将深入参与社区服务实践活动，培养社会责任感和团队合作精神，促进学生与社区居民的互动和交流，为社区发展和建设贡献自己的力量，同时锻炼实践能力和社会参与意识。组织学生参与社区美化、公益广告设计等社会实践活动，培养社会责任感和实际操作能力。这些跨学科美育综合教育项目，不仅可以提高学生的审美能力和文化素养，还能培养创新思维和社会责任感，促进全面发展。

四、民风美育案例：探寻乡愁——中学生民俗风情考察

（一）项目背景

"探寻乡愁"项目旨在使中学生通过参与民俗风情考察的社会实践活动，激发对传统文化的兴趣，了解和传承民俗，培养文化自信和历史意识，同时增强实践能力和团队合作精神。

（二）项目目标

①增进学生对民俗文化的了解和认识。

②促进学生对传统文化的传承和发展。

③培养学生的文化自信和历史意识。

④通过实践活动，增强学生的实践能力和团队合作精神。

（三）项目内容和活动设计

1. 主题确定

确定"探寻乡愁"项目的主题为民俗风情考察，包括传统节日、习俗、手

工艺制作等民俗文化项目。

2. 活动策划

设立活动策划小组,制定详细的活动方案和时间表;确定活动的具体内容、目标和实施步骤。

3. 实践活动

学生参与民俗风情考察活动,如走访民俗村落、体验传统手工艺、参与传统节日庆祝等;记录考察过程,拍摄照片、视频等资料。

如5-1图所示,陕北地区的民俗大场子也叫"大秧歌",古时也称转大套,它规模宏大,人员较多,是在过街及大广场等场合下进行的集体性歌舞表演活动,也是秧歌表演中最壮观,最热闹、最丰富、最有吸引力场面之一。大秧歌无论新旧都要突出一个"美"字,则技巧精湛,舞姿优美;发挥一个"活"字,则要动作流利,身子灵活;强调一个"快"字,精神饱满、情绪欢快;做到一个"齐"字,则步调一致,动作整齐。这样会使整个场面生动活泼,狂欢矫健,情绪快乐,热闹非凡,给观看者留下热烈欢快的印象。

图5-1 民俗与乡情——陕北(图片来源于网络)

4. 文化传承与展示

学生学习传统文化知识,了解民俗风情的背景和意义;通过展示活动或演讲分享考察经历和所见所闻。

5. 反思与总结

活动结束后，组织学生进行反思和总结，分享经验和收获；学生撰写活动报告或心得体会，反思自己在活动中的成长和收获。

（四）项目评估方式

①活动效果评估：评估活动的实施效果和学生参与度。
②学生表现评估：评估学生在活动中的表现和贡献。
③社会反馈评估：收集社会对学生民俗风情考察活动的反馈和意见。

（五）活动成果展示

学生进行民俗风情考察成果展示；个人作品展示，如考察报告、照片等；分享民俗风情考察项目的经验。

通过"探寻乡愁"项目的策划与实施，中学生将深入参与民俗风情考察活动，了解和传承传统文化，培养文化自信和历史意识，提升实践能力和团队合作精神，为传统文化的传承和发展贡献自己的力量。

五、科学地理调查美育案例：探索自然奥秘——科学地理调查社会实践

（一）项目背景

"探索自然奥秘"项目旨在使中学生通过参与环境调查的社会实践活动，激发对地理科学的兴趣，了解自然环境和地理现象，培养科学思维和实践能力，同时提升团队合作精神。

（二）项目目标

①增进学生对地理科学的了解和认识。
②培养学生的科学思维和实践能力。
③促进学生对自然环境的探索和地理现象的理解。
④通过实践活动，提升学生的团队合作能力和社会参与意识。

（三）项目内容和活动设计

1. 主题确定

确定"探索自然奥秘"项目的主题为科学地理调查，包括地形地貌、气候环境、生态系统等地理现象。

2. 活动策划

设立活动策划小组，制定详细的调查方案和时间表；确定调查的具体内容、目标和实施步骤。

3. 实践活动

学生参与科学地理调查活动,如实地考察地形地貌、气候环境、生态系统等;采集数据、制作调查报告和图表。

4. 数据分析与展示

学生分析调查数据,探讨地理现象背后的科学原理;通过展示活动或演讲分享调查结果和发现。

5. 反思与总结

活动结束后,组织学生进行反思和总结,分享经验和收获;学生撰写活动报告或心得体会,反思自己在活动中的成长和收获。

(四)项目评估方式

活动效果评估:评估活动的实施效果和学生参与度。

学生表现评估:评估学生在活动中的表现和贡献。

社会反馈评估:收集社会对学生科学地理调查活动的反馈和意见。

(五)活动成果展示

学生进行科学地理调查成果展示;对调查数据进行分析;分享科学地理调查项目的经验。

如图5-2所示,应用现代互联网高科技,无论探秘中国地理还是世界地理,都可以信手拈来。关键是要爱上地理,保持对地理的好奇。

图5-2 地理探秘(图片来源于网络)

通过"探索自然奥秘"项目的策划与实施,中学生将深入参与科学地理调查活动,了解和探索自然现象,培养科学思维和实践能力,提升团队合作能力,为地理科学的发展贡献自己的力量。在科学和地理学科中，引导学生进行相关的调查和实验，了解以科学和地理为主题的内容。例如，通过研究城市环境污染或自然生态系统等问题，达到热爱自然，愿意为人类社会的发展作出贡献的美育目标。定期组织跨学科讨论，让学生分享发现和作品，这有助于他们理解不同学科之间的关联，激活立体思维和创造力。

六、园林美育案例：中学生"醉美桃花节"跨学科美育项目

（一）项目背景

"醉美桃花节"项目旨在通过园林美育项目，结合文化艺术、生态环境知识和社会实践，激发学生对传统文化的热爱，培养审美情趣和创造力，促进全面发展和跨学科学习。

（二）项目目标

①增进学生对传统文化的了解和热爱。
②培养学生的审美情趣和创造力。
③促进学生跨学科学习能力和综合素养的提升。
④通过实践活动，建立学生的团队合作和社会参与意识。

（三）项目内容和活动设计

1. 主题确定

确定"醉美桃花节"项目的主题为桃花文化，内容涵盖文化艺术、生态环境知识和社会实践。

2. 活动策划

设立活动策划小组，制定详细的项目方案和时间表；确定活动的具体内容、目标和实施步骤。

3. 跨学科学习

学生参与跨学科学习活动，包括文化艺术表演、生态环境保护、社会实践等；学习桃花文化的发展历史、意义影响和传承情况。

4. 艺术创作与表演

学生参与桃花文化相关的艺术创作，如绘画、书法、舞蹈等；进行艺术表演和展示，展现创造力和审美情趣。

5. 社区互动与实践

学生参与社区桃花节活动，与社区居民互动；开展生态环境保护和社会实践活动，促进社区发展和文化传承。

（四）项目评估方式

活动效果评估：评估活动的实施效果和学生参与度。
学生表现评估：评估学生在活动中的表现和创造力。
社区反馈评估：收集社区居民对学生"醉美桃花节"项目的反馈和意见。

（五）活动成果展示

学生进行桃花文化展示；艺术创作作品展示；与社区居民共同参与互动活动。

通过"醉美桃花节"项目的设计与实施，中学生将深入参与桃花文化的学习和传承，培养审美情趣和创造力，促进跨学科学习能力和综合素养的提升，同时增强团队合作和社会参与意识，共同打造一个"醉美"的桃花节活动。通过综合实践活动，可以实施跨学科美育，将自然、艺术、生态、文化等多个学科融合在一起，丰富学生的学习体验。

如图 5-3 所示，北京一零一中学迎春系列活动之"醉美桃花节"，共设计了九大品牌活动。1. 百米绘春；2. 招凉飞花；3. 桃花绘扇；4. 古曲欣赏；5. 无砚挥毫；6. 经典诵读；7. 南山文创；8. 桃花美食；9. 泛舟赏春。这些活动由学生社团组织、学生社团编排、学生社团实施，丰富有趣，锻炼了学生全

图 5-3　北京一零一中醉美桃花节宣传海报

方位的能力。

七、花韵园林：中学生园林写生课主题跨学科美育活动

（一）项目背景
"花韵园林"项目旨在以园林写生为主题开展跨学科美育活动，结合自然景观欣赏、艺术创作和生态保护，激发学生对园林美学的感悟，培养审美能力和创造力，促进综合素养的提高和跨学科学习。

（二）项目目标
①增进学生对园林美学的理解和欣赏。
②培养学生的审美能力和创造力。
③促进学生跨学科学习能力和综合素养的提升。
④通过实践活动，培养学生的生态保护意识和社会责任感。

（三）项目内容和活动设计

1. 主题确定

以园林写生课为主题，结合自然景观欣赏、艺术创作和生态保护。

2. 活动策划

设立活动策划小组，制定详细的项目方案和时间表；确定活动的具体内容、目标和实施步骤。

3. 园林写生课

学生参与园林写生课，观察园林景观，学习绘画技巧；感悟园林美学，表达对自然的感悟和情感。

4. 艺术创作与展示

学生进行园林主题的艺术创作，如素描、水彩画等；展示作品，分享创作心得和感悟。

5. 生态保护实践

学生参与园林生态保护实践活动，如植树造林、环境清理等；了解生态环境保护的重要性，提升生态保护意识。

（四）项目评估方式
活动效果评估：评估活动的实施效果和学生参与度。
学生表现评估：评估学生在园林写生课和艺术创作中的表现和创造力。
生态保护实践评估：评估学生在生态保护实践活动中的参与和贡献。

（五）活动成果展示

学生进行园林写生作品展示；园林主题艺术创作展示；生态保护实践成果展示。

如图5-4所示，北京一零一中圆明园校区四季风景如画，带学生欣赏校园美景，用画笔去描绘，去表达，更加提升学生对风景的爱，对校园的感情。

（六）反思和评估

鼓励学生定期反思学习经验，并进行自我评估。教师可以提供反馈，帮助学生深入理解和分析。

通过"花韵园林"项目的设计与实施，中学生将深入感悟园林美学，培养审美能力和创造力，促进跨学科学习能力和综合素养的提升，同时增强

图5-4　园林写生课　陈默　手机随拍　2019年

生态保护意识和社会责任感。基于此，园林美育的关键是要选择一个园林主题，如公园、花园、自然保护区等，明确活动的学科目标和跨学科学习目标。

多学科团队合作：组建一个跨学科教育团队，包括自然科学老师、美术老师、文学老师、地理老师等。这个团队应协同规划和协调教育活动，确保各学科有机结合。

前期准备：在实际活动前，引导学生进行相关主题的准备，包括研究、文献阅读、调查等，以便他们在实地活动中更好地理解和应用知识。

现场考察和实地体验：安排学生进行园林现场考察和实地体验，让他们亲身感受与主题相关的自然、艺术和文化元素。引导学生进行自然科学探索，了解园林中的生态系统、植物种类、地理地貌等方面的知识。学生可以进行植物鉴赏、生态调查、地理地形测量等活动。

鼓励学生在园林中进行艺术创作，如绘画、摄影、雕塑等，以捕捉和表现他们在园林中的感受。同时，学生也可以观察园林中的各种装置、雕塑和景观设计。将文学与自然联系起来，鼓励学生分析与园林主题相关的文学作品、诗歌或

小说。学生可以撰写与园林相关的文学评论。

将地理和文化背景与园林联系起来，让学生了解园林的地理位置、历史和文化背景，这有助于学生更好地理解园林的发展历程和文化意义。

使用多媒体和数字资源，如图片、视频、在线地图等，以丰富学生的学习体验。鼓励学生将所学知识和技能应用到实际问题解决中，例如，提出改善园林环境的建议或参与社区生态保护项目。

通过这些教学手段，学生可以在园林活动中获得跨学科的学习体验，将自然、艺术、科学和文化融合在一起。这种综合性的学习有助于培养学生的综合性思维、创造力和问题解决能力。跨学科美育活动为学生提供了独特的学习机会，丰富了他们的学习经历。

八、"走进园林"跨学科实践策略

（一）课程设计与规划

①目标明确：设定清晰的学习目标，确保学生能够理解园林艺术的历史文化和设计、创造知识。

②内容丰富：涵盖历史、艺术、生态、文学等多个学科的知识，设计多元化的教学活动。

③结合实践：安排实地考察或互动体验，让学生亲身感受园林的美学意义和功能。

（二）实地考察与体验

①参观名园：组织学生参观著名的园林，如颐和园、苏州园林等，进行现场教学。

②互动体验：在园林中进行写生、摄影、园艺等实践活动，鼓励学生从不同角度探索园林。

③专题讲座：邀请园林专家或导游进行讲解，增进学生对园林艺术的深度理解。

（三）跨学科教学活动

①文学创作：鼓励学生阅读和创作与园林相关的诗歌、散文，培养文学素养。

②艺术创作：指导学生进行绘画、雕塑等艺术创作，以园林为灵感来源。

③历史研究：开展园林历史的研究项目，了解园林的发展变迁和文化意义。

（四）社区参与与交流

①社区活动：策划以园林为主题的社区活动，如展览、讲座、工作坊等，促进文化交流。

②公众参与：鼓励学生与社区居民互动，共同参与园林保护和美化工作。

③成果展示：举办学生作品的展览或表演，展示学生的学习成果，增强学生的成就感。

（五）反思与评价

①自我反思：鼓励学生对学习过程和作品进行反思，提升自我评价能力。

②同伴互评：通过同伴评价，促进学生之间的交流和合作，提高批判性思维能力。

③教师评估：教师对学生的作品和参与度进行评估，给予专业的反馈和建议。

如图 5-5 所示，多年以来，北京一零一中学教师团队积极落实美育精神，走进圆明园，探索园林美育路径，吸引了新浪、搜狐、北京日报等多家媒体报道，形成了广泛的社会影响。

图 5-5　走进圆明园跨学科美育活动教师团队合影

（六）资源整合与利用

①校内外资源：整合学校内外的资源，如图书馆、博物馆、公园等，为学生提供丰富的学习材料。

②技术支持：利用现代技术，如 VR、AR 等，增强学生的学习体验。

③专家网络：建立专家网络，定期邀请不同领域的专家进校园，丰富教学内容。

通过上述策略的实施，可以有效开展"走进园林"跨学科美育活动，帮助学生理解和欣赏园林艺术，同时培养综合素养和创新意识。

第三节　博物馆艺术课跨学科美育活动实施策略

"走进艺术博物馆"的跨学科美育活动是一种将学生引入艺术世界的教育方式，可以增强学生的审美能力、历史意识和跨文化理解。

如图 5-6 所示，艺术世界就如同无边无际的旷野，任何人沉浸其中，都有可能不知所云，陷入迷失。博物馆艺术课能够使人树立审美理想，看清脚下的路，勇敢的奔向远方。

图 5-6　远方　陈默作品　中国画　纸本工笔 90 cm×180 cm　2008 年

一、博物馆艺术课实施策略

（一）预备阶段

①目标设定：明确活动的学习目标，确保学生了解参观的目的。

②背景知识：在参观前提供相关艺术品和艺术家的背景资料，帮助学生更好地理解和欣赏展品。

③主题选择：根据学校课程和学生兴趣选择合适的展览主题，如文艺复兴时期艺术、现代艺术等。

（二）现场体验

①导览服务：利用博物馆提供的导览服务或自行准备讲解材料，确保学生能够获得专业的导览帮助。

②互动式学习：鼓励学生参与博物馆的互动式展览或教育活动，如工作坊、讲座等。

③观察记录：指导学生使用笔记本或移动设备记录观察到的作品细节和个人感受。

（三）跨学科教学

①艺术欣赏：教授学生如何欣赏艺术作品，包括作品的风格、技巧、色彩、构图等。

②历史联系：将艺术作品放在历史背景下分析，探讨其政治、历史、社会和文化意义。

③文学创作：鼓励学生基于所见艺术品进行创意写作，如撰写故事、诗歌或评论。

（四）后续活动

①课堂讨论：回到课堂后组织讨论，分享发现和体验，促进深入理解。

②艺术创作：引导学生以博物馆中的艺术品为灵感，进行艺术创作。

③项目研究：开展以特定艺术品或艺术家为主题的项目研究，深化学习内容。

（五）展示与交流

①成果展示：举办学生作品展览或表演，展示学习成果。

②社区参与：邀请家长和社区成员参与学生的展示活动，增强公众对艺术教育的支持。

③在线分享：利用学校网站或社交媒体平台分享学生的体验和作品，扩大影响力。

（六）反思与评价

①自我反思：鼓励学生对自己的学习过程和作品进行反思，提升自我评价能力。

②同伴互评：通过同伴评价，促进学生之间的交流和合作，提高批判性思维能力。

③教师评估：教师对学生的参与度和作品进行评估，给予专业的反馈和建议。

（七）资源整合

①校内外资源：整合学校内外的资源，如图书馆、博物馆、艺术机构等，为

学生提供丰富的学习材料。

②专家网络：建立与艺术家、历史学家、艺术教育者的联系，定期邀请他们进校园，丰富教学内容。

通过上述策略的实施，可以有效开展"走进艺术博物馆"跨学科美育活动，帮助学生理解和欣赏艺术作品，同时培养综合素养和创新意识。

二、走进中国美术馆："艺术之旅"——美术馆跨学科美育活动

（一）项目背景

"艺术之旅"项目旨在让中学生走进中国美术馆开展跨学科美育活动，结合艺术欣赏、历史文化和创意表达，激发学生对艺术的热爱和理解，培养审美能力和创造力，促进综合素养的提高和跨学科学习。

（二）项目目标

①增进学生对艺术的欣赏和理解。

②培养学生的审美能力和创造力。

③促进学生跨学科学习能力和综合素养的提升。

④通过实践活动，培养学生的文化传承意识和社会责任感。

（三）项目内容和活动设计

1. 主题确定

以中国美术馆为主题，结合艺术欣赏、历史文化知识和创意表达。

2. 活动策划

设立活动策划小组，制定详细的项目方案和时间表；确定活动的具体内容、目标和实施步骤。

3. 参观中国美术馆

学生走进中国美术馆，参观经典艺术作品，了解中国美术发展历程；进行艺术作品欣赏和解读，感悟艺术之美。

4. 艺术创作与表达

学生进行艺术创作，如绘画、雕塑、摄影等，表达对艺术的理解和感悟；展示作品，分享创作心得和创意表达。

5. 历史文化学习

学生学习中国美术史和文化传统，了解艺术与历史的关系；探讨艺术作品背后的文化内涵和时代精神。

（四）项目评估方式

参观效果评估：评估学生对参观中国美术馆的理解和感悟。

学生表现评估：评估学生在艺术创作和表达中的表现和创造力。

文化传承评估：评估学生对中国美术史和文化传统的学习和理解。

（五）活动成果展示

学生进行作品展示；对中国美术史和文化传统的学习成果进行展示。

如图 5-7 所示，北京一零一中学师生团队多次走进博物馆、艺术馆、展览馆，实施丰富多彩的跨学科博物馆艺术课，家校社会通力合作，让博物馆像家一样亲切，让展品像朋友一样熟悉，我们生活在历史终，我们也亲手书写历史、创造历史。

图 5-7　北京一零一中走进美术馆　陈默　随拍　2021 年

通过"艺术之旅"项目的设计与实施，中学生将深入感悟艺术之美，培养审美能力和创造力，促进跨学科学习能力和综合素养的提升，同时传承文化，感悟历史，共同探索艺术与生活的奥秘。围绕艺术博物馆开展的跨学科美育教学活动可以极大地丰富学生的学习经验，激发其对艺术和文化的兴趣。

三、博物馆艺术课：艺术之旅——走进清华大学艺术博物馆

"艺术之旅"项目旨在让中学生走进清华大学艺术博物馆开展跨学科美育活动，结合艺术欣赏、文化传承和创意表达，激发学生对艺术的热爱和理解，培养学生的审美能力和创造力，促进学生综合素养和跨学科学习能力的提升。

（一）项目目标

①提升学生对艺术的欣赏和理解能力。
②培养学生的审美能力和创造力。
③促进学生跨学科学习能力和综合素养的提升。
④通过实践活动，增强学生的文化传承意识和社会责任感。

（二）项目内容和活动设计

1. 主题确定

以"走进清华大学艺术博物馆"为主题，结合艺术欣赏、文化传承和创意表达。

2. 活动策划

设立活动策划小组，制定详细的项目方案和时间表；确定活动的具体内容、目标和实施步骤。

3. 参观清华大学艺术博物馆

学生走进清华大学艺术博物馆，参观展览，了解艺术作品背后的文化内涵；进行艺术作品欣赏和解读，感悟艺术之美。

4. 艺术创作与表达

学生进行艺术创作，如绘画、雕塑、手工制作等，表达对艺术的理解和感悟；展示艺术作品，分享创作心得和创意表达。

5. 文化传承与学习

学生学习中国传统文化和艺术历史，了解艺术与文化的关系；探讨艺术作品的文化内涵和时代背景。

（三）项目评估方式

参观效果评估：评估学生对参观清华大学艺术博物馆的理解和感悟。
学生表现评估：评估学生在艺术创作和表达中的表现和创造力。
文化传承评估：评估学生对中国传统文化和艺术历史的学习和理解。

（四）活动成果展示

学生进行作品展示；对中国传统文化和艺术历史的学习成果进行展示。

通过"艺术之旅"项目的设计与实施，中学生将深入感悟艺术之美，培养审美能力和创造力，促进跨学科学习能力和综合素养的提升，同时传承文化，感悟历史，共同探索艺术与生活的奥秘。

四、博物馆艺术课教学策略

①选择主题或艺术家：在访问博物馆前，确定一个特定的艺术主题、时期或艺术家，以便将学科内容与博物馆的藏品相关联。

②准备预研究：在访问博物馆前，引导学生进行相关主题的预研究，以了解相关历史、文化和艺术背景，这有助于学生更好地理解博物馆的藏品。

③跨学科教育团队：组建一个跨学科教育团队，包括美术老师、历史老师、文学老师等。这个团队应共同规划和协调教育活动，确保各学科有机结合。

④博物馆导览和讲解：安排专业的博物馆导览员或教育工作者为学生提供有关博物馆藏品的导览和讲解，解释艺术作品的历史、风格和意义。

⑤学术讲座和专家访谈：邀请专业艺术史学家、作家或艺术家进行讲座或专家访谈，为学生更深入地讲解学术知识和观点。

⑥艺术作品分析：引导学生分析博物馆中的艺术作品，包括审美、构图、主题和符号等方面，这有助于培养学生的艺术鉴赏能力。

⑦文学与艺术联系：将文学与艺术联系起来，鼓励学生分析与所选主题或艺术家相关的文学作品、诗歌或小说。学生可以撰写与艺术作品相关的文学评论。

⑧历史与艺术背景：将艺术与历史联系起来，让学生了解所选时期或艺术运动的历史和社会背景，这有助于学生更好地理解艺术作品背后的故事。

⑨创作和表现：鼓励学生创作与博物馆藏品相关的艺术作品，如绘画、雕塑、诗歌等。学生可以在博物馆内或课堂上展示他们的创作。

⑩学生导览和分享：让学生担任博物馆导览员，为其他同学提供有关博物馆藏品的导览，分享他们的观点和理解。

⑪多媒体和数字资源：使用多媒体和数字资源，如图片、视频、在线博物馆展览等，以丰富学生的学习体验。

通过跨学科美育教学活动，学生可以深入探讨艺术与其他学科之间的联系，培养跨学科思维和综合性的能力。同时，博物馆访问提供了实际的艺术体验，可以激发学生对艺术和文化的兴趣，启发创造力和批判性思维。这种综合性的学习体验有助于丰富学生的学习经历，促进全面发展。

中华大地民族众多，各民族都有独特的民族文化体系，各美其美、美美与共，为基础美育提供了丰富的教学素材和鲜活的实践案例（如图 5-8 所示）。

图 5-8　苗族盛装　陈默作品　中国画　纸本工笔 90 cm×180 cm　陈默　1999 年

第六章

课程反思

第一节 跨学科美育课程的评价策略

一、评价目标

跨学科美育课程效果评价的目的是全面了解课程实施情况,发现存在的问题和不足,为改进和完善课程提供依据。

①评价学生对美的认知水平是否提高。
②评价学生的审美能力是否得到提升。
③评价学生的创造力是否得到激发。
④评价学生是否能够运用所学知识解决实际问题。
⑤评价学生对社会文化、环境等方面的关注和参与程度。

二、评价内容

①学生对美的认知水平:通过测试、问卷等方式了解学生对美的认知水平,包括对美的定义、表现形式等方面的了解程度。

②学生的审美能力:通过作品评价、观察记录等方式了解学生的审美能力,包括对艺术作品的鉴赏、评价等方面的能力。

③学生的创造力:通过作品创作、创新实验等方式了解学生的创造力,包括创新思维、解决问题等方面的表现。

④学生运用所学知识解决实际问题的能力:通过案例分析、实际操作等方式了解学生是否能够运用所学知识解决实际问题。

⑤学生对社会文化、环境等方面的关注和参与程度:通过调查问卷、实地考察等方式了解学生对社会文化、环境等方面的关注和参与程度。

三、评价方法

①量化评价与质性评价相结合：采用测试、问卷、观察记录等多种方式进行量化评价，同时结合实际操作、作品评价等质性评价方式，全面了解学生的学习情况。

②过程性评价与终结性评价相结合：在课程实施过程中，进行阶段性测试和观察记录等过程性评价，同时结合课程结束后的总结性评价，全面了解学生的学习效果。

③学生自评与教师评价相结合：采用学生自评和教师评价相结合的方式，从不同角度全面了解学生的学习情况。

第二节 跨学科美育育人效果及实施策略

一、中学跨学科美育课程群打开学生视野

通过跨学科美育课程群，可以在中学阶段帮助学生打开视野，促进他们的综合性学习和思考。以下是一些实施跨学科美育课程群的建议。

①明确课程目标：首先，明确跨学科美育课程群的目标。确定希望学生在课程中获得的知识、技能和体验，包括艺术鉴赏能力、文化理解能力、创造性思维、跨学科思维等。

②多学科课程设计：设计涵盖多个学科领域的课程，包括视觉艺术、音乐、文学、历史、地理、科学等。每个课程都应与整个课程群的主题或主线相关联。

③主题和项目导向：选择一个跨学科主题或项目，如"自然与人文的交汇"，然后将各个课程围绕这个主题展开。例如，通过绘画、摄影、音乐、文学、地理等课程，探讨自然景观与文化的相互影响。

④整合艺术形式：在课程群中整合不同的艺术形式，包括视觉艺术、音乐、舞蹈、戏剧等，满足不同学生的兴趣。

⑤实地考察和文化活动：组织实地考察和文化活动，如参观艺术博物馆、参加音乐会、观看戏剧演出等，以让学生亲身体验与课程主题相关的文化和艺术。

⑥跨学科教育团队：建立跨学科教育团队，包括艺术老师、文学老师、历史老师等。这个团队应共同规划课程，确保各学科有机结合。

⑦学生创作和表现：鼓励学生参与创作和表现。他们可以制作艺术作品、创作音乐、编写文学作品、表演戏剧等，以展示才华和对艺术的理解。

⑧跨学科项目：设计跨学科项目，要求学生在不同学科领域中合作解决问题或完成任务。这可以培养学生的合作能力和跨学科思维。

⑨反思和评估：鼓励学生反思学习经验，并进行自我评估。教师可以提供反

馈，帮助学生深化理解和提升能力。

⑩社区和家长参与：鼓励社区和家长参与到跨学科美育课程群中。他们可以提供支持和资源，还可以参与学生的展示和表演活动。

⑪持续改进：定期评估和改进跨学科美育课程群。倾听学生和教师的反馈，不断完善课程设计和教学方法。

通过跨学科美育课程群，学生将有机会探索多个学科领域，培养综合性的能力，拓宽视野，深化对文化和艺术的理解。这种综合性的学习体验将有助于他们更全面地发展，并为未来的学术和职业生涯打下坚实的基础。

二、跨学科美育策略现用现查

实施中学跨学科美育需要综合运用课内和课外、线上和线下的资源和活动。以下是一些策略，可帮助实现这种跨学科美育。

①明确课程框架：明确跨学科美育课程的框架，包括学科目标、主题、教材和评估方法。确保课程具有清晰的结构和目标。

②整合线上资源：利用在线资源，如教育平台、数字图书馆、虚拟博物馆等，为课程提供更丰富的学习材料。学生可以在网上获取文献、图像、音频和视频资源。

③在线讨论和合作：创建在线讨论平台或社交媒体群组，鼓励学生在线交流和合作。这可以促进他们对学科之间关系的讨论和理解。

④线下实践和活动：组织学生参与线下实践和活动，如实地考察、文化活动参观、艺术创作等。这些活动可以增强学生的实际体验和感知。

⑤线上课堂：在线上课堂中进行教学，使用视频会议工具或在线学习平台。这可以为学生提供灵活的学习机会，同时也能促进跨学科讨论。

⑥跨学科项目：设计跨学科项目，要求学生在线合作解决问题或完成任务。他们可以使用在线工具共同编辑文档、制作多媒体作品等。

⑦线上资源分享：鼓励学生分享他们在线上发现的资源，如艺术作品、文献、视频等，以促进知识共享和交流。

⑧线上学习日志：要求学生在线上学习日志中记录他们的思考、观点和发现。这有助于深化学生对跨学科学习的理解。

⑨评估和反馈：使用在线评估工具，如在线测验、作业提交和讨论板，来评估学生的学习成果。同时，提供定期反馈，以帮助他们不断改进。

⑩家长和社区参与：鼓励家长和社区成员参与到线上学习和项目中，分享知识和资源。这可以丰富学生的学习体验。

⑪持续改进：定期评估课程的效果，听取学生和教师的反馈，不断改进线上和线下教学方法，以确保跨学科美育课程的质量和吸引力。

通过充分利用线上线下资源和交互式学习方式，中学跨学科美育课程可以更加生动和丰富，帮助学生更好地理解不同学科之间的联系，并培养综合性的学习能力。这种综合性的教学方法有助于学生更全面地发展，提高综合素质。

三、美育跨学科教学提升综合思维能力

"大美育"是当下的热门概念，要让学生为未来的职业发展做准备，美育必须作为育人的重要建材从塔基贯穿到塔尖，并超越学科的界限。多维度跨学科交流大大拓展了学生对单学科知识的理解深度。结合生活实际，从课程入手，围绕单元主题进行跨学科内容整合设计，尝试融合多学科的知识、技能、教育理念、教学方法达成美育目标，让学生觉得美就在身边，被容纳在所有学科里，美就在日常学习生活中，从而激发他们对学习、对知识的兴趣，获得学习的动力。跨学科美育拓展了学生思维的广度，利用学科间的关联，提升学生的审美认知度，厚积人文素养，培养学生多角度思考问题的习惯和创新思维。

四、美育跨学科教学能帮助教师终身学习

当下的学科教研还处于比较单一的分科阶段，不同学科教师之间连接的通道并不多，跨学科美育倡导以"全人"教育理念实施学校美育，可以带动各学科教师参与跨学科美育课程开发和教学实践研究。针对一个有价值的美育研究主题，多学科教师共同备课，联合授课，提炼有价值的学科融合点，明晰立体多维的教育目标，在备课交流中不断碰撞出智慧的火花。跨学科整合设计能够搭建教师交流的平台，成为学科之间联系的纽带，提升教师跨学科教学能力，引领教师跳出学科看教育，获得育人大视野。

美育跨学科整合设计能够串联包容并蓄的知识体系，更能为学生建立起立体多维的知识网络，基础美育的厚实铺垫能应对未来的知识更新，直面科技的发展，应对诸多不确定性挑战。

①跨学科教育与终身学习：随着社会的不断发展和变化，终身学习变得至关重要。跨学科教育策略有望成为促进终身学习的有效工具，因为它培养了学生的综合性技能，使他们更能适应不断变化的职业和社会环境。

②数字化和在线学习：数字技术的发展为跨学科教育提供了更多可能性。未来的研究可以关注如何有效地利用在线平台和数字资源来支持跨学科教育，以及如何处理数字化环境中的教学挑战。

③跨学科评估方法：研究跨学科评估方法的发展将是一个重要的领域。如何客观、全面地评估学生在多个学科领域的综合能力，是一个需要不断研究和改进的问题。

④教师培训和专业发展：教师在跨学科教育中扮演关键角色。研究可以关注

如何为教师提供有效的培训和专业发展，以更好地实施跨学科教育策略。

⑤社会问题解决：跨学科教育有望培养出更多具备解决复杂社会问题能力的学生。因此，研究可以探讨如何通过跨学科教育来培养学生的社会责任感和公民意识，以应对全球性挑战。

⑥文化多样性和包容性：跨学科教育也需要考虑文化多样性和包容性。未来的研究可以关注如何确保跨学科教育策略对各种文化背景的学生都具有包容性，并能够促进对文化多样性的理解和尊重。

⑦跨国合作和国际比较：跨学科教育的实施和效果可能因国家和地区而有所差异。因此，国际合作和国际比较研究可以揭示不同教育体系中跨学科教育的最佳实践和挑战。

⑧跨学科研究的影响：研究跨学科教育策略的影响将是一个重要方向。研究可以关注跨学科教育对学生学术成绩、创造力、问题解决能力和职业发展的影响。

总之，跨学科美育教学策略的研究前景非常广阔，这个领域的研究可以为教育改革和学生发展提供重要的意见和指导。随着教育需求的不断变化和社会挑战的不断出现，跨学科教育将受到更为广泛的关注。如图 6-1 所示，牡丹象征富

图 6-1　牡丹白鸽　陈默作品　中国画　纸本工笔
120 cm × 140 cm　2008 年

贵，白鸽象征和平，愿全球共同推进生态智慧教育，落实跨学科美育，培养出关注生态环保、倡导可持续发展理念，有社会责任感的一代英才。

第三节 跨学科美育实践展望

一、跨学科美育的背景分析及前景展望

（一）背景分析

①综合素养需求增加：现代社会要求个体具有较强的综合素养，跨学科美育能够培养学生的创造力、批判性思维和解决问题的能力，满足当今社会需求。

②教育改革倡导：教育界越来越重视跨学科美育，认为跨学科美育有助于打破学科之间的壁垒，促进综合性学习和创新思维的培养。

③发展科技与艺术融合：科技与艺术的结合越来越深入，跨学科美育促进了STEAM教育的发展。

④培养未来领袖所需素质：跨学科美育能够培养学生创新、沟通、协作和领导等未来领袖所需的综合素质，适应未来社会的挑战。

（二）前景展望

①促进教育创新：跨学科美育将促进教育创新和改革，打破传统学科之间的界限，提供更为丰富多彩的学习体验。

②培养综合素养：跨学科美育注重整合各学科知识，培养学生的综合素养和跨领域能力，使其更具竞争力和适应能力。

③引领未来教育发展：跨学科美育将成为未来教育发展的重要趋势，推动学校教育向跨学科整合和多元发展方向转变。

④促进文化传承与创新：跨学科美育将有助于促进文化传承与创新，激发学生的创造力和文化意识，培养具有国际视野和文化自信的人才。

⑤推动社会发展：跨学科美育将培养出更具综合素养和领导能力的人才，推动社会的可持续发展和创新发展。

综合来看，跨学科美育具有重要的教育意义和发展前景，将在未来教育中扮演越来越重要的角色。随着科技的迅猛发展和全球化的推进，跨学科教育逐渐成为教育领域的重要趋势。在此背景下，跨学科美育应运而生，旨在通过整合不同学科的知识和资源，提高学生的审美素养和综合素质。

二、跨学科美育实践的方法与途径

跨学科美育实践的方法与途径可以根据学生的年龄、教育背景和学科特点等

因素进行灵活选择和组合。

（一）项目式学习

设计跨学科项目，整合不同学科知识和技能，让学生通过项目实践探索和学习。

（二）探究式学习

引导学生从实际问题出发，跨学科探究和解决问题，培养学生的探索精神和综合思维能力。

（三）艺术整合

将艺术融入各学科中，如通过绘画、音乐等方式来表达数学或科学概念，促进学科之间的联系。

（四）实践体验

提供实践体验机会，如参观艺术展览、博物馆等，让学生通过亲身体验来感悟和理解跨学科知识。

（五）合作学习

鼓励学生之间合作学习，跨学科合作项目能够让学生在合作中学习不同学科的知识和技能。

（六）创意设计

鼓励学生进行创意设计活动，如艺术作品创作、手工制作等，通过创意表达来整合学科知识。

（七）文化研究

进行跨学科的文化研究活动，探索不同文化背景下的艺术表达和传统，促进学生对文化多样性的理解。

（八）数字化教育

结合数字化教育资源，利用数字平台或工具进行跨学科美育教学，提供更具互动性和创新性的学习方式。

（九）社区参与

将跨学科美育与社区服务结合，让学生参与社区活动或项目，培养学生的社会责任感和跨学科能力。

（十）教师培训

为教师提供跨学科美育的培训和支持，激发教师创新意识，促进跨学科教学实践的发展。通过以上方法与途径的灵活组合，可以有效促进跨学科美育的实施，培养学生的综合能力和创新思维，推动教育的发展与变革。

三、艺术与科学结合进行跨学科美育

跨学科美育寻求艺术与科学的结合点,旨在使学生通过将艺术的创造性表达和科学的理性思维相结合,培养综合素养和创新能力。

无论艺术还是科学,专注于一个领域探究,很容易走入单学科思维误区。如图6-2所示,女孩子陷入到诺大的荷叶之海,一叶障目不见泰山,荷塘外的世界她竟一无所知。天长日久,她的思维慢慢固化,形成的浅见便很难纠正。艺术的感性和科学的理性结合,会让人看见丰富多彩的世界。

(一) STEAM 教育

将艺术融入STEM教育中,提倡跨学科教学模式,促进艺术与科学的有机结合。

(二) 创意表达

鼓励学生通过艺术创作和表达来展现科学概念和原理,如绘画、雕塑、音乐、舞蹈等形式,让抽象的科学知识更具体化和生动化。

(三) 科学艺术展览

组织科学艺术展览,展示艺术和科学作品,让学生通过视觉和触觉体验来理解科学概念。

(四) 故事演绎

利用艺术表演、戏剧等形式,将科学知识融入故事中,通过情节和角色的演绎来传递

图6-2 荷叶 陈默作品 中国画 纸本工笔
90 cm×180 cm 1996年

科学思想和观念。

（五）艺术设计工程

实施艺术设计工程项目，如设计建筑、产品或环境，让学生将艺术美感同科学原理相结合来进行创意设计。

（六）数字艺术科技

利用数字艺术科技，如计算机编程、VR、AR等技术，让学生通过科技手段实现艺术创作和表达。

（七）自然美学

探讨自然界中的美学与科学规律，让学生通过欣赏自然景观、观察生物形态等来理解艺术和科学之间的联系。

（八）可持续发展

强调艺术与科学在可持续发展方面的结合，探讨环境保护、能源利用等议题，培养学生的环保意识和创新解决问题的能力。

通过以上方法和途径，艺术与科学可以在跨学科美育中找到结合点，促进学生综合素养的提升和创新思维的培养，帮助他们更全面地理解世界并提升综合能力。艺术与科学是人类文明的两个重要分支，二者在很多方面都具有相通之处。在跨学科美育中，应当注重寻找艺术与科学的结合点，将艺术的审美体验与科学的技术创新相结合，培养学生的创造力和想象力。例如，可以通过开展科技艺术节等活动，让学生在学习科学知识的同时，感受艺术的魅力。

四、多元文化融合与创新实施跨学科美育

跨学科美育寻求多元文化的融合与创新，旨在促进学生对不同文化背景和艺术表达形式的理解，促进跨文化交流和创新能力的提高。

（一）文化交流项目

设计跨学科文化交流项目，让学生了解和尊重不同文化间的差异和共通之处，促进文化交流和理解。

（二）民族艺术体验

组织学生体验不同民族的艺术形式，如民俗舞蹈、传统音乐、手工艺等，让学生感受多元文化的魅力。

（三）跨文化表演

组织跨文化表演活动，让学生通过舞蹈、音乐、戏剧等形式表达各自的文化特色及对其他文化的理解与尊重。

（四）文化艺术展览

组织文化艺术展览，展示不同文化背景下的艺术作品，促进学生对多元文化

的认知和欣赏。

(五) 跨文化研究

开展跨学科的文化研究项目，探讨不同文化间的联系和影响，促进学生对多元文化交流的思考和探索。

(六) 文化创意设计

鼓励学生结合不同文化元素进行创意设计活动，设计具有跨文化特色的艺术作品或产品，促进文化创新和融合。

(七) 数字化跨文化

结合数字技术和跨文化教育，利用虚拟平台、在线资源等形式进行跨文化交流和合作，拓宽学生的跨文化视野。

(八) 讨论和辩论

组织跨文化讨论和辩论活动，让学生就文化差异、文化冲突等议题展开交流，培养学生的跨文化沟通能力。

通过以上方法与途径，跨学科美育可以促进多元文化的融合与创新，培养学生的文化包容性、创造力和全球意识，为未来的跨文化交流和合作奠定基础。这样的教育方法有助于培养具有包容性和创新精神的全球化公民。在全球化背景下，文化的多元性成为当今世界的重要特征。跨学科美育应当注重多元文化的融合与创新，让学生了解不同文化背景下的艺术形式和审美观念。通过比较不同文化的特点，培养学生的文化包容性和国际视野。例如，开设世界文化鉴赏课程，让学生了解不同国家的艺术形式和审美标准。

五、跨学科美育拉动教育评价体系改革

跨学科美育在教育评价体系改革中可以发挥关键作用，通过综合性、跨学科的教育方式，促进学生综合素养的提升和多方面能力的发展。

(一) 综合素养评价

引入跨学科美育活动作为教育评价的重要指标之一，考查学生在艺术、科学、文化等领域的综合能力和创新潜力。

(二) 多维度评估

基于跨学科美育的教学实践，建立多维度评估体系，包括学生的学术成绩、创造性表现、团队合作能力等方面的评价指标。

(三) 项目式评估

引入项目式学习和跨学科项目评估，评价学生在项目中的综合能力和跨学科整合能力，鼓励学生在实践中展现多元素养。

（四）展示性评价

鼓励学生通过艺术作品、设计作品、研究报告等形式展示学习成果，综合评估学生的跨学科能力。

（五）个性化评价

基于跨学科美育的个性化发展需求，采用个性化评价方式，关注每个学生的兴趣、特长和发展方向，促进个体的全面发展。

（六）教师专业发展

支持教师在跨学科美育领域的专业发展，提供相关培训和支持，以提升教师的教学水平和跨学科教学能力。

（七）社会参与评价

引入社会参与和社区反馈作为评价的重要依据，考查学生在社会实践和文化交流中展现的能力和素养。

（八）数据分析与反馈

借助数据分析工具对跨学科美育实践和教育评价结果进行分析，及时调整评价体系，持续改进教育教学质量。

通过实施以上关键点，跨学科美育可以促进教育评价体系的改革，将学生的综合素养和跨学科能力纳入评价范畴，推动教育朝着更多元化、综合化的方向发展，为学生全面发展提供更有针对性和更加有效的评价体系支持。为了更好地推进跨学科美育的实施，需要对现有的教育评价体系进行改革。在评价过程中，除了关注学生的知识技能外，还要注重学生的审美体验和情感态度。评价方式可以多元化，如作品评价、观察记录、口头表达等，全面考查学生的综合素质。此外，应加强过程性评价和总结性评价的有机结合，以便更好地了解学生的学习情况。

六、跨学科美育促进教师角色转变与专业发展

跨学科美育可以促进教师角色的转变和专业发展，为教师提供更开阔的教育视野和更全面的教学方法，帮助他们适应不断变化的教育环境，满足培养学生综合素养的需求。

（一）跨学科培训与资源分享

提供跨学科美育的专业培训和资源分享平台，帮助教师了解跨学科教学方法和跨领域知识，促进其专业发展。

（二）教师团队合作

鼓励教师跨学科合作，共同设计跨学科美育项目，分享教学资源和经验，促进教师团队的发展和成员间的合作。

（三）实践导向教学

支持教师开展跨学科美育实践，通过实践探索和创新教学方法，提升教师的实践能力和教学水平。

（四）专业发展计划

制定个性化的专业发展计划，根据教师的兴趣和需求，提供跨学科美育的专业培训和发展机会，支持其专业成长。

（五）跨学科评估与反馈

引入跨学科教学评估机制，评价教师在跨学科美育中的表现，及时反馈评估结果，促进教师在跨学科教学中的成长与进步。

（六）艺术科学交叉研究

鼓励教师进行艺术与科学交叉领域的研究，促进学科间的融合，拓宽教师的学术视野和专业发展空间。

（七）教师角色转变

培养教师的角色转变意识，让其成为跨学科美育的引领者和实践者，激发教师的创造力和教学热情。

如图6-3所示，教师要深度思考自身学科与跨学科学习之间的关系，在日常教学中尝试融入并思考多学科知识和技能，为培养"完全之人"助力，经历"衣带渐宽终不悔、为伊消得人憔悴"的艰难阶段，最终达到"蓦然回首那人正在灯火阑珊处"的喜悦。

图6-3　人比花瘦　陈默作品　中国画　纸本工笔
90 cm×180 cm　1996年

通过实践以上关键点，跨学科美育可以有效促进教师角色的转变与专业发展，激发教师的创新意识和教学热情，提升其跨学科教学能力和综合素养，为学生成长和发展提供更有效的支持和指导。教师在跨学科美育中扮演着重要角色。教师需要具备广博的知识和较高的审美素养，以满足教学的需要。此外，教师还需要不断更新自己的教育观念和教学方法，提高教学质量。为了实现教师的专业发展，学校可以组织教师培训和学术交流等活动，促进教师之间的合作与共同进步。

七、跨学科美育促进学生综合素质的提升

跨学科美育对学生综合素质的提升具有积极影响，通过融合不同学科知识和艺术表现形式，激发学生的创造力，培养批判性思维和团队合作能力，为其全面发展和综合素质的提升提供支持。

（一）跨学科整合

将不同学科知识和艺术领域结合起来，促进学生跨学科思维和综合素质的培养，提升其知识整合和应用能力。

（二）创造力培养

通过跨学科美育项目激发学生的创造力和想象力，鼓励他们尝试新的艺术表现形式和解决问题的方法，培养创新精神。

（三）批判性思维

培养学生的批判性思维能力，让他们学会审视和分析艺术作品、文化现象等。

（四）团队合作技能

通过跨学科美育项目，培养学生的团队合作能力和沟通技巧，让其学会与他人合作、分享资源，促进团队共同成长。

（五）文化包容性

培养学生的文化包容性和多元文化意识，使学生能够尊重和欣赏不同文化背景下的艺术表达形式，提升其跨文化交流能力。

（六）自我表达与情感管理

通过艺术表达和跨学科项目，培养学生的自我表达能力和情感管理技能，让其学会用艺术语言表达内心感受和情绪体验。

（七）终身学习意识

培养学生的终身学习意识和自主学习能力，使其持续探索和学习跨学科知识，不断提升综合素质和能力。

通过实践以上关键点，跨学科美育可以有效促进学生综合素质的提升，培养他们的创造力、批判性思维、团队合作能力和文化包容性，为其未来的发展和成功打下坚实基础。这样的教育方法有助于培养具有综合素质和创新能力的学生，

使其在未来的职业和生活中更具竞争力和适应能力。通过跨学科美育的实践，学生不仅能够掌握相关的知识和技能，还能获得良好的审美情趣和创新思维。此外，通过参与各种艺术活动和社会实践，学生能够增强团队协作能力和社会责任感。

八、社会文化环境的支持与推进

跨学科美育可以拉动社会对美育的支持与推进，通过促进跨学科合作、跨文化交流和艺术创新，推动社会文化环境向多元化发展。

（一）促进跨学科合作

跨学科美育鼓励不同学科之间的合作，促进知识的跨领域整合，推进社会对跨学科合作的重视和认可。

（二）跨文化交流

通过艺术和文化项目促进跨文化交流，增进不同文化间的理解和尊重，推动社会文化环境变得更具有包容性，更加多元化。

（三）艺术创新与产出

跨学科美育培养学生的创造力和艺术表达能力，推动艺术创新的发展，丰富社会文化，激发人们的创新意识。

（四）社区参与与共享

通过跨学科美育项目，鼓励社区参与和共享，促进社会各界对于艺术教育的认可与支持，推动社会文化的共建与发展。

（五）教育政策支持

跨学科美育的实施促进了教育体制的变革与创新，引导教育政策支持跨学科教育和美育发展，推动社会文化环境的优化与提升。

（六）文化创意产业

培养跨学科美育人才，促进文化创意产业的发展，推动社会文化的繁荣与创新，为经济增长和社会发展注入新动力。

（七）社会参与与反馈

鼓励社会各界参与跨学科美育项目，提供反馈和支持，增强社会文化的开放性和互动性，促进文化创新与发展。

（八）公众意识提升

通过跨学科美育项目展示和公共活动，提升公众对于艺术教育的认知和重视，推进社会对跨学科美育的理解与关注。

通过实践以上关键点，跨学科美育可以在社会文化环境中起到引领、促进和推动的作用，为社会文化的多元化、包容性和创新性作出贡献，推动社会向着更加繁荣、开放和进步的方向发展。跨学科美育的实施需要社会文化环境的支持与推进。政府、学校和社会各界应当共同努力，营造良好的文化氛围和教育环境。例如，政府可以出台相关政策支持美育的发展；学校可以加强与文化机构、艺术团体的合作；社会各界可以提供丰富的艺术资源和志愿服务等。只有在多方面的支持下，跨学科美育才能取得更加显著的效果。

九、跨学科美育未来发展趋势与挑战

跨学科美育作为一种新兴的教育理念和实践方式，呈现了某些发展趋势，并面临许多挑战。

（一）发展趋势

①技术整合：利用数字技术和 VR 技术等工具整合跨学科美育资源，促进更深入、更创新的跨学科合作。

②全球化视野：强调跨文化交流和跨国合作，促进全球化视野下的跨学科美育实践，培养学生的国际视野和跨文化能力。

③可持续发展：关注可持续发展教育，将可持续发展理念融入跨学科美育实践，培养学生的可持续发展意识和行动能力。

④多元化表达：鼓励多元化的艺术表达方式和创新形式，促进学生多元发展，引领跨学科美育向更加开放和多元化的方向发展。

⑤终身学习：推动终身学习理念在跨学科美育中的应用，促进学生和教师持续学习与专业发展，以适应不断变化的教育环境。

（二）未来挑战

①资源不均衡：资源分配不均，导致一些学校或地区无法充分开展跨学科美育实践，需要解决资源不均衡的问题。

②教师专业发展：需要提升教师的跨学科教育能力和专业发展，促进教师在跨学科美育领域的专业成长与创新。

③评估体系建设：缺乏完善的跨学科美育评估体系，难以客观评价跨学科美育项目的效果，需要建立科学的评估体系。

④教育体制改革：教育体制改革与政策支持不足，制约了跨学科美育的全面发展，需要加强政策支持和体制创新。

⑤社会认知和支持：社会对跨学科美育的认知和支持度不够，需要加强宣传推广，提高社会对跨学科美育的认可和支持。

⑥跨学科整合难度：跨学科整合的难度较大，需要解决不同学科之间的协作障碍和沟通困难，促进跨学科合作与整合。

面对未来的发展趋势和挑战，跨学科美育需要不断创新，适应变化，加强教

师培训，建立评估体系，推动政策支持，以促进跨学科美育的发展，为学生的全面发展和社会文化的繁荣做出更大的贡献。随着时代的发展和社会的进步，跨学科美育将呈现新的发展趋势，面临新的挑战。在未来，跨学科美育将更加注重创新能力的培养和学生个体差异的满足。为了应对这些挑战，我们需要不断探索新的教育模式和方法，加强国际交流与合作，共同推动跨学科美育的发展与进步。

如图 6-4 所示，在生态智慧教育背景下，跨学科美育能促进教育森林的植物蓬勃向上，古木参天、松柏长青，草木繁盛，万物荣光。

图 6-4 古树参天 作者陈默 中国画 纸本水墨 35 cm×70 cm 2000 年

附　录

附录一　跨学科美育校园书法综合实践活动新闻报道

活动主题：感恩教育，书写再出发

北京一零一中教育集团学生书法大会（见附图1-1）是学校的传统文化活动，已经有十多年的历史。每年集团都会在参与年度书画大赛的学生中选拔最优秀的"小书家"到北京一零一中高中办公楼大厅现场书写，展示书法才华，学校也会邀请各级书法"大咖"助阵活动并现场指导。

附图1-1　北京一零一中书画艺术大会现场随拍

大会的第一个环节是感恩教育,纪念刚刚离世的著名书法教育家欧阳中石先生。作为当代书法学科建设重要的开拓者,欧阳先生曾主持建立了从大专、本科到硕士、博士、博士后的完整的中国书法教育学科体系,为我国书法事业培养了诸多后备人才,为基础书法教育作出了卓越的贡献。

十多年来,北京一零一中各个校区的书画老师们一直精心耕耘着书画这一方沃土。用丰富而又经典的活动,感染和调动着更多学生关注中国书画。今天的书写大会,既是一场集团校区的学生雅集,同时也是北京一零一中圆明园校区一堂丰富生动的跨学科活动课。

通过毛笔书写,同学们能触摸到古人思想的脉搏,去理解古人的精神生活。跨学科美育的核心理念就是要探讨多学科联动,以美育为核心支点,多维度教学,培养学生针对活动主题的立体思维能力,激发个人创意创新。跨学科美育是当代教育的热点问题,具有重要的研究价值。

——北京一零一中书画项目负责人陈默

所谓中国特色,就是让我们不能忘记中华民族的优秀传统,教育的目的不仅是传授知识,培养能力,更重要的是延续一个民族的文化。我们一直秉承"活动育人"的教育理念,让教育回归生命,让学习自然发生,有自己的小追求,懂得生活的品位,让学生参与丰富多彩的校园活动,在这个过程中去感受,去体会,健康快乐地成长。

——北京一零一中校长陆云泉

书法学习引领我走入一个神奇的通向内在修为的精神世界,收获如此巨大。朴素的坚持让我找到终身学术研究的对象,不敢说书法具体能带给现场的孩子什么,但是,只有真正走进书法,你才能体会其中的高妙。

——中央美术学院教授邱振中

邱振中教授在讲述书法训练基础时,层层深入地阐释了从事书法活动的人在训练时需要经过的五个层次:业余基础训练、专业基础训练、借助已有书风进行创作、形成自己的书风、做出独创性的历史贡献。邱振中教授还认为如果要做一个书法创作者,必须对书法形式精通,从拿笔的那一刻起,做到心、手、眼的无间配合,这就是技艺提高的最终途径。

很多人说书法是抽象的艺术,我认为书法连象都没有,根本无象可寻。写字的过程是一种自然的展开与发挥,它不能重复,因而需要更高的技法锤炼。书法于今天有点像西方的古典音乐,创作过程更像是演奏。隶、篆、楷、行、草都早已定型,我们只能在经典的基础上进行变化,融入自我。孩子们如此严谨地对待书写,中华优秀的传统文化就是这样一代一代传承的。

——中国书协理事、西泠印社理事、《中国书法》杂志社社长兼总编辑、

《中国书法报》社社长兼总编辑朱培尔

趁年轻时，多用心学养，多读书。一定要读好书，而且，不仅读中国的，还要读西方的。眼界宽，才能看得准。多看古代原迹。原作是有生命的。原作可以"借气"。多接触高人。与高人交往，你也不会低的。

——中国书协理事、中国国家画院研究员张公者

北京一零一中这个传统是让我们惊讶的，我想这与老师们是分不开的，与其说文化信念的传承，不如说是书法老师在尽守一份大大的责任！这份责任是为避免这一代青少年"文化未病"的发生。

——山东省书法家协会王羲之书法院副院长杨雯

临摹，应当强调书写性，要学会书写的方法，而不是描摹它的样子，描摹再像也不是书写出来，会没了气韵和神采。

——重庆市青联常委、重庆市青年书法家协会主席王军岭

在古代，中国书画是文人士大夫的雅好。在活动的现场，为培养出中国的"新文人"，一群书法界的大咖们忙前忙后。中央美院书法研究所所长况尉博士，《中国书画》杂志社编辑部副主任刘光博士，中国文联书画家研究会秘书长、教育委员会主任陈拓升先生都纷纷表示了对孩子们坚持日常书写的期待，对北京一零一中的书法教育寄予厚望。

开幕式结束后，到访嘉宾与北京一零一中的书法带队及任课教师们共同指导学生现场书写。前来参会的观众不由得感叹，"现在的孩子们太幸福了！"

这次书写大会活动涵盖了书画、茶艺、民乐、摄影、摄像五门选修课，指导老师们提前针对自己的学科进行了布置和准备，孩子们是这场文化雅集活动的主人，他们在一场场书画笔绘中寻找自己的角色定位，无论是书写还是服务，他们都乐在其中。

美育是审美教育、情操教育、心灵教育，也是培养丰富的想象力和创新意识的教育。孩子们在这样肥沃的美育土壤中快乐而自由地生长，未来会成为有中华文化底蕴的人，这就是传承的力量。

附录二　走进园林跨学科美育项目实施案例

（一）活动背景分析

学校美育课程主要由"国家美育课程校本化实施""校本美育课程""校外美育综合实践课程"三大类构成，"园校合作"跨学科美育项目属于第三类，能拉动学校和社会单位资源共享、课程共建，其中精心策划的"亲子课堂"校外美育课还可以拉动家校合作共育，为基础美育助力。校外美育综合实践课围绕活

动展开系列设计，如何深度整合园林的自然与人文资源建立系统课程并直指美育目标是课题研究的关键。

以北京一零一中走进圆明园教育项目为例，教师团队从圆明园自然和人文环境中提炼有价值的教育资源，深度整合，形成以美术、音乐、体育、劳动、科学教育为主要实践方向的园林五育综合实践课，构建跨学科美育课程体系。美术综合实践方向包括四时写生课程，文创设计课程，园林摄影课程，美术鉴赏课程四大类；音乐综合实践方向包括民乐实践课程，西乐团排练与演出课程，合唱快闪，民族舞蹈秀课程；体育类活动课包括定向越野、景点打卡；劳动课包括四时农耕；科学课包括生态科学、考古发掘等。学校借助园校合作平台，丰富课程结构，创新课程实施策略，利用节假日为中小学生提供校外美育课程服务，实施以"研学旅行"实践为主的跨学科美育课程，满足"双减"后美育及家庭文化建设的需求。

走进蜚声中外的"万园之园"圆明园，充满伤痛的历史使人不由扼腕叹息。这里曾经有辉煌的传统宫廷建筑群，有中西合璧的西洋楼景观，有美丽的江南风格园林，有辽阔的水系，有丰富的文物珍宝。这里是追寻历史记忆的地方，虽然经过那场劫难后一切都不复存在，但站在这片废墟上，内心感慨良多。圆明园是当之无愧的爱国主义教育基地，北京一零一中是圆明园的一部分。背靠这得天独厚的园林遗址，走进圆明园跨学科美育也在这里悄悄生根发芽、开花结果。

（二）具体实施策略

2022年9月29日下午，"园校合作"美育大会正式启动。在公园天心水面景区的"传习所"展厅，"中学美育课程体系建构研究"课题研究大会拉开序幕，"走进圆明园"研学旅行系列课程研究项目正式开启。大会推出美术鉴赏与实践方向的"跨学科美育系列现场研究课"，来自北京一零一中的美术教师向广大青少年讲述圆明园流失的珍宝及古代文人的书画艺术之美等主题内容。大会倡导园校合作，持续开发圆明园美育研学旅行课程。同期，"走进圆明园"师生书画精品展也在圆明园天心水面开展，本次展览提前半年在全集团"书画项目教师办公微信群"发布作品征集通知，后从征集上来的近千件作品中精选出101件进行装裱，并根据圆明园"传习坊"场地进行设计布展，作品形式多样、内容丰富，现场展示环境清雅，艺术色彩浓厚。北京一零一中书画艺术节有14年的历史，今年的创新就是与圆明园深度合作。近101幅书画作品对外展出，展期一个月。利用圆明园的地理和文化优势开展活动，是对校园美育的拓展和延伸，是对家庭美育的社会补充。

（三）跨学科美育拓展课程

例如，针对"汇芳书院""碧桐书院""四宜书屋"研究后形成的《中国古代书斋文化》课程，能引导学生认识古人读书的理想追求，从而反观自身，自省自查，提升学习动力，追寻生命价值；针对"正大光明""勤政亲贤""九州清晏""坦坦荡荡""茹古涵今"等遗址进行研究，探寻中国古代君王的政治追求、人生理想等，并以此对学生进行政治思想及人生理想教育；针对"北远山村""武陵春色""多稼如云"等遗址进行研究，并以此对学生实施劳动教育；通过针对"鱼跃鸢飞""西峰秀色""上下天光""坐石临流"等的研究对学生进行自然审美教育；采用多学科融合、跨学科学习的方式，实施丰富多彩的美育课程实践活动。

"我们学校针对校园美育体系的课程建设、跨学科美育课程的研究，包括未来的研究性学习，还有研学旅行课程的探索，都跟圆明园有一个相重合的点，对于园校合作未来的美育项目，我们很希望能够做出一些成果，在海淀乃至北京、甚至全国进行推广。"陈默老师说。在"双减"背景下，园校合作将多维助力美育，推动师生们不断进行跨学科美育的深入实践探索，让同学们从书本知识走向感知历史的现实场景，亲身体验、深入思考，传承优秀文化基因、提高艺术修养，增强中华民族伟大复兴的精神力量。

如附图2-1所示，愿跨学科美育如春雨甘霖，浇灌生命之花，让每一个孩子的青春都绽放出不一样的精彩。如附图2-2所示，中国传统绘画的意蕴之美所呈现出的静雅之气，是治疗当代普遍教育焦虑的一记良方。

附图2-1　梨花春雨　作者陈默　中国画　纸本工笔60 cm×80 cm　2006年

附图2-2　仿宋画小品　作者陈默 38 cm×38 cm　2012 年

■ 附录三　中国书画跨学科美育单元教学设计示例

道器之间——中国书画与生活空间

（一）单元教学概述

中国书画传统上是基于中国文化底蕴的绘画艺术，它不仅仅涉及技法和材料，如画在绢、宣纸上的卷轴画，分为人物、山水、花鸟等题材，有工笔和写意等技法。但更深入地，它体现了民族精神、审美和趣味。现代定义倾向于扩大范畴，认为凡是展现中华民族特质的，无论技法和材料，都可视为中国书画。这意味着无论使用什么样的技法和风格，只要是传达中国人的审美意向和精神世界，算是中国书画。"中国书画"模块的学习内容由中国书画材料工具及形式特点、中国画基础知识与技法、书法和篆刻基础知识与技法、中国传统书论和画论基础知识、当代中国书画的发展概况等组成，主要通过具体的练习活动获得对中国书画艺术魅力的体验和感悟。

本单元是"中国书画"的开篇第一单元,通过中国书画的形式、内容、形制装裱、应用环境等具体与生活发生关联的方式展开教学。从中国古代文人的生活入手思考中国书画与文人生活的关系,使学生理解中国书画与文化传统、建筑空间和生活方式的关系,理解中国书画作为中华文化的重要载体,伴随着人类文明的步步推进而不断演变发展,认识中国书画艺术的综合性,激发学习兴趣,感受中国书画艺术的独特魅力,增强民族文化自信。单元主题是"道器之间",正所谓"形而上者谓之道,形而下者谓之器",艺术的精神为"道",艺术的载体为"器",走进古代文人的生活空间,去理解和感受园林环境、生活器物、文房四宝、书画作品与文人生活的关系,了解中国书画的装裱方式,体会中国书画"诗书画印"相结合的艺术特点。

单元课程内容在提升美术核心素养的同时偏重于文化理解,每课内容均有丰富的延展空间,是中国书画学习的重要基础,对后续的书画学习起着开篇定位的重要作用。走进古人的生活空间,体味古代文人的生活方式,漫步园林,走进书斋,了解中国书画在生活空间中的位置,感受古代文人生活的"无处不美、无物不美",进一步学习中国书画的样式、内容与情感表达,进而思考传承中国书画文化的意义与价值。"书为心画、画为心声",中国书画作品是心灵的寄托、时代的映射,也是历史的见证。中国书画艺术的独特性源于中国文人被"儒道释"三家教化的个人思想和生命追求。因此,漫步园林,只有理解古人追求"天人合一"的思想,才能明了"移步异景"的园林布局;只有理解汉字题咏,是中国园林的魂,才能明了居室的匾额楹联是建筑的眼睛和灵魂。欣赏和品位文人生活空间的美既需要文学知识,也需要历史文化支撑。例如,网师园殿春簃书斋承载着历代文人的读书理想、生活追求,这是中国万千文人书斋的代表。古代书画是文人生活的必需,是在书山墨海中寄托心灵的独特方式。因此,本单元是美术、语文、历史、道德学科的深度融合,也是中国传统书画艺术学习的导入单元,只有理解中国书画的特点,才能运用所学的知识和技能,美化生活与环境,提升学科素养,充实精神世界。

如附图 3-1 所示,中国古代文人的生活空间少不了植物的陪伴和滋养,无论四季轮转,植物枯荣,文人总保留一份不俗的生命底色,这也是古代文人一生永不言败的内在力量。

20 世纪美国著名的实用主义教育家杜威从教育与社会生活的关系角度提出教育的本质即是生活。本单元教学依据实用主义教育观,从文人生活引入书画学习,以真实的生活需要创设情境展开教学,强调书画学习的实用价值。以问题为导向,将学生置于学习的中心,强调书画学习与生活实践的联系,培养学生应对与解决实际生活问题的能力,激发创新精神。实用主义教育观倡导多样化的教学

附图3-1　紫云　作者陈默　中国画　纸本工笔60 cm×80 cm　1996年

方法和资源，本单元运用真实案例分析、小组讨论、实践活动等方式来促进学生的学习和发展。结合社会文化中的功能主义理论、建构主义理论和文化相对主义理论，阐释书画文化对个体认知行为塑造的作用，引领学生关注社会书画文化因素对学习和个人思想的影响。通过步入中国古代文人生活的外空间和内空间，学生可以理解中国古代的书画文化传统，对比当代的多元文化，学习尊重和理解不同文化的价值观和规范，培养跨文化交流能力。

（二）学生情况分析

高二年级书画学习水平参差不齐，书画知识储备各不相同。多数同学对书画发展史一知半解，对书画领域的核心问题认识片面。例如，对书法的笔法、结构、章法认识不系统，笔墨技法能力弱，对中国书画认识不深，工笔了解一点，写意则知之甚少，能完整欣赏中国书画的同学仅有三分之一。能写书法并能画国画者更是凤毛麟角。个别学生虽在小学时经过系统地专业训练，却已经三年不动笔，所以，以真实任务带动同学们进入书画情境，了解中国古代书画与文人生活的关系，通过阅读以及跨学科拓展思考读书的意义，思考书画继承的价值就显得尤为重要。

（三）单元教学目标

图像识读：了解中国书画与古代文人生活的关系，思考书画融入生活的方式，能初步品赏中国书画。

美术表现：思考如何根据居室装修风格选择书画作品进行装饰。

审美判断：品赏古代文人书房实用与审美的双重功能，学习中国书画的形制、创作与情感表达的关系，领略文人"诗书画印"相结合的艺术美感，理解中国文人精神。

创意实践：能为书房起名，创作对联，并尝试用毛笔书写匾额，培养创造意识。

文化理解：理解中国书画以器物为载体，传承中华传统文化精神的核心价值内涵。

（四）单元学习重难点分析

单元重点：中国书画与生活的关联。

单元难点：理解中国书画以器物为载体，传承中华传统文化精神的核心价值内涵。

（五）单元教学框架

1. 单元教学流程图

单元教学流程图如附图3-2所示。

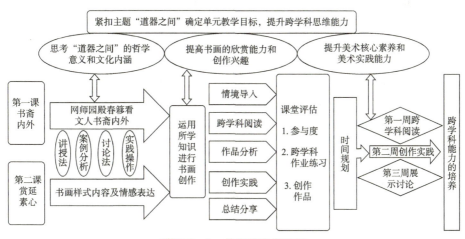

附图3-2 单元教学流程图

2. 单元教学内容设计

单元教学内容设计见附表3-1。

附表3-1　单元教学内容

单 元	第一单元　道器之间——中国书画与生活空间	
主 题	书斋内外——中国书画的自然与人文空间	赏延素心——中国书画的样式、内容与情感表达
课 题	中国书画的自然与人文空间	中国书画的样式、内容与情感表达
内 涵	以网师园殿春簃为例，感受古代中国文人生活空间所承载的文人理想和人生追求	通过欣赏中国书画的样式、内容探究书画的情感表达，尝试创作
核心素养	素养1. 图像识读；2. 美术表现；3. 审美判断；5. 文化理解	素养1. 图像识读；3. 审美判断；4. 创意实践；5. 文化理解
课 时	1课时	1课时

（六）课时教学设计

1. 课时教学概述

本单元主要由中国书画与生活生产的关联、关联方式及对其文化的理解构成，体现跨学科特点，强调艺术与历史、雕塑与建筑、书画与生活的密切关系。本节"书斋内外——中国书画的自然与人文空间"课通过带学生走进园林，欣赏湖泊、假山、树石、花草、亭台楼阁、楹联匾额，体会中国书画内涵，感受文人生活方式和中国书画在古代文人生活中不可或缺的重要地位，并通过为自己的书斋题写匾额，思考读书的价值和意义。教材设计三个学习任务，通过任务线"网师园殿春簃空间（图像阅读）——书斋内用具与陈设（绘画阅读）——书画艺术的意义与价值（文本阅读）"，引导学生思考书画如何融入现代生活，如何打造当代人的书房，层层深入探讨书画与文人生活的关系。

需要知道：中国书画如何融入日常生活，书房内外环境的特点，文人书房内的陈设与审美，古代文人如何受到书山墨海的陶冶。

需要做到：为书房命名，并尝试用毛笔书法的形式书写出来。

需要理解：古代文人的书房名承载着文人理想和精神追求。

2. 课时教学目标

①图像识读：了解古代文人的居住、生活、学习空间的布局、营造方式，体验古代的书斋文化，品赏书斋的命名以及含义。

②美术表现：初步掌握书房命名和作者读书理想的关系，完成书斋命名并运用中国书画的工具材料进行匾额的创作。

③审美判断:从中国书画艺术融入生活的形式、书斋内的用具和陈设的实用功能和审美功能、中国传统书房的内外景致,分析中国传统人文空间的共通性,以及艺术对中国传统人文环境的作用与意义。

④创意实践:思考中国书画艺术融入当代生活的方式。

⑤文化理解:理解传统的书画在古人生活中的地位,理解中国书画以器物为载体,传承中华传统文化精神的核心价值内涵。

3. **课时重点难点分析**

课时重点:理解中国书画的自然与人文空间,感受书画融入文人生活的方式,体会书画映射出的中国传统文人对自身命运和人生价值的感悟,以及"身在其中、乐在其中"的思想。理解中国书画艺术在古代文人群体中的重要性,探究中国书画作品蕴含的自然与人文的意义与价值。

课时难点:使学生带着温情去审视中国的文化与传统,将中国传统文人思想和中国书画作品联系起来,理解中国艺术精神,形成文化自信。结合当代生活,为书斋命名并用毛笔撰写匾额。

4. **学习评价设计**

根据学习情况进行自我评价、同伴评价和教师评价,完成附表3-2~附表3-4的填写。

附表3-2 自评表

内　容	在已完成的项目后画√或简述
你感受到中国传统书房文化的意蕴了吗?	
一间文人书房中都有哪些陈设?它们的用途是什么?	
你能够从生活情境中理解学习中国书画的意义和价值吗?	

附表3-3 互评表

单元名称	第一单元　道器之间——中国书画与生活空间				
班　级:	姓名:		组长:		日期:
课时	主题	自评维度			
		A-合格	B-基本合格		C-不合格

续表

单元名称		第一单元　道器之间——中国书画与生活空间		
共1课时	认识中国古代书画艺术	达成至少一项： □ 深刻体悟生活，感悟书画与生活之间的关系。 □ 能够清晰地归纳书斋理想与书画艺术之间的关系。 □ 能够运用书画技法表达读书理想。 □ 识读美术作品，能够感知书画艺术家在作品中倾注的情感和艺术语言。 □ 能够体会三种书画表现形式的特点。 □ 理解书画作品体现了艺术家在特定的社会文化背景之下对自然、生活、社会的感知、理解和表达	满足其中两项： □ 在课堂讨论中清晰表达自己的观点。 □ 能够找到书画艺术进入现代生活的方式。 □ 能够基本完成本节课的书画艺术创作。 □ 能够对书画艺术作品进行深度探究和分析，并提炼中国书画"诗书画印"结合的艺术特征。 □ 能够体会书画艺术在古代文人生活范围中的广泛性，体会书画艺术在不同领域的运用形式。 □ 能够区分中国画艺术和书法艺术之间的区别	达成一项： □ 不愿意交流与分享，不能表达自己对"中国书画与生活的关系"的看法。 □ 对于书画艺术与西方油画乃至其他艺术形式不能够进行区分。 □ 不能体会一件作品背后的情感，读书没有理想也没有目标
教师评价等级：		教师评语： 教师签名：　　　　　　　　　　　年　月　日		

附表3-4　师评表

姓　名	维度 初、中、高	书房命名 对联质量 等级 10/15/20	基础知识 和创意 等级 10/15/20	学习态度 评价 等级 10/15/20	匾额实践 方法评价 等级 20/15/10	继承发扬 水平 等级 20/15/10
张三						
李四						
王五						

5. 课时教学过程

（1）课前准备

欣赏《狮子林图》，了解画家倪瓒和他生活的时代以及画作的创作背景，熟悉对于清朝重修狮子林，这件作品所发挥的作用。探讨书画与历史的关系。

（2）问题探究

现代许多人喜欢中式风格家居，书房要挂字画。房间取名、居室挂画在中国由来已久，古代文人的生活空间是什么样子？古代文人居室布置有什么特点？书斋都取什么名字，有什么寓意？我的书房取个什么名字？我为什么而读书呢？

（3）情境创设

走进古代文人的书房，感受文人骨子里的风雅。

教师活动：借助《美国大都会博物馆明轩》这个素材，导入主题（视频素材选择英语解说，体现跨学科学习的特点）。

出示研究主题，"中国书画如何融入文人生活（文字阅读）""了解书斋陈设、感受文房用具的功能与审美（图像阅读）"，解读主题，围绕书斋内外展开学习（布置阅读任务）。将学生按班级自然分组，每组负责一个阅读主题，读后交流共享。

结合教材设定的前两个研究任务"中国书画与环境和生活的关系""书斋的陈设、文房用品的功能与审美"进行教学，安排分享学习成果。

学生活动：围绕任务设计展开学习与分享活动，了解书画与生活的关系；参观古代文人书房，研究书房承载的人生理想；思考书画在古代文人生活中的意义与价值。小组合作完成研究并讨论分享，师生互动。

（A组）通过阅读教材、图像、绘画作品了解中国书画与环境和生活的关系，讨论、分享阅读成果：漫步殿春簃（见附图3-3）内外空间，感受园林与书斋的环境特点，书房、假山、花坛、清泉、半亭，加上匾额、楹联等书画作品装点其间，表达主人的人生理想，映射主人的精神追求。中国书画以居室命名、楹联匾额、书信往来、吟诗作文、居室装饰等方式融入日常生活，深刻反映出古代文人所追求的自然与人文空间相互融合的中国特色。如附图3-3《殿春簃一景》所示，古代文人的生活空间离不开文化艺术，如附图3-4《是一是二图轴》绘画所示，弘历的书房内处处是宝，青铜器、陶瓷玉器、书画卷轴、文房四宝、盆景琴书一应俱全。

（B组）阅读学案，走进古代文人书斋，参观古代书房陈设。通过欣赏宋元留下的描写书房的绘画作品，分享书房如何体现古代读书人"修身、齐家、治国、平天下"的人生理想。感受文人书房所蕴含的思想和表达的情感，讨论交

附图3-3　摄影　现代　中国　殿春簃一景

附图3-4　绘画　清代　弘历《是一是二图》轴

流。中国书画用具作为物质载体，承载了古代中国文人的艺术理想和生活方式。欣赏文房四宝和案头清供，感受古人"无处不美、无物不美"的雅兴，结合书斋外部环境的布局营造，进一步品赏古人书山册海的日常生活。

教师小结：书房能体现主人的深厚学养和宽厚气度，书斋对联更是主人一生理想的写照。

活动意图：根据"书房挂画、书房命名"的实际任务，围绕古代文人书房内外环境展开学习。书斋环境和古代文人生活紧密相关。通过欣赏古代描绘文人生活的画卷，体会到中国书画是艺术与生活的交融。书画是古代文人生活和思想表达的方式，是文人生活情态和理想追求的映照。细致观察画面，体察文人书斋生活的细节，包括文人对文房四宝和案头清供的赏玩，感受文人生活的雅致，培养学生的观察能力、阅读能力和感受力，体会中国书画工具材料的实用功能和文化特征。制定活动计划，分组完成学习，分享学习成果。这一环节有利于培养学生合作学习的习惯，体验分享的快乐。

（4）追根溯源

以"项脊轩""三希堂"为例，品赏文人书斋名，思考读书理想。

教师活动：归有光的"项脊轩"给你怎样的启发？请结合语文学习中的《项脊轩志》，思考文人的生活理想与中国书画的关系。乾隆皇帝"三希堂"（见附图3-5、附图3-6）的"三希"为"士希贤、贤希圣、圣希天"。在当代社会环境中，你会以什么样的方式让传统书画艺术融入个人的学习生活？你能谈谈中国书画的意义与价值吗？你能通过为书房起名来表达自己的读书理想吗？

附图3-5　三希堂匾额

附图3-6　三希堂内景

学生活动：针对任务单，思考讨论个人生活与书房环境的关系，现代书画与个人生活的关系，书房名如何为文人理想及精神追求画龙点睛，提炼书斋文化内涵，体会文人理想，为课后练习作铺垫。书写感受、分享心得。

活动意图：抓住时机进行课堂练习，是对阅读知识的回顾和考察，检验学生对于前面所学内容的理解和掌握程度，以古贯今，引出中国哲学思想与中国书画艺术的关系，进而深度挖掘书斋在现代人生活中的位置，引出中国艺术精神在现代生活中的延伸。

(5) 情感体悟

欣赏名人书房名，体悟文人的读书理想。

师生互动：学生阅读，分享自己最喜欢的书房名，并谈谈原因，进一步解读书房名与古人的读书理想之间的联系。例如，纪晓岚"阅微草堂"：阅尽天下图书的细微之处。

(6) 艺术创作

完成学案，为自己的书房取名，创作对联或匾额，完成书写（见附图3-7）。

(a)   (b)

附图3-7 学生课堂练习选

6. 板书设计

板书设计如附图3-8所示。

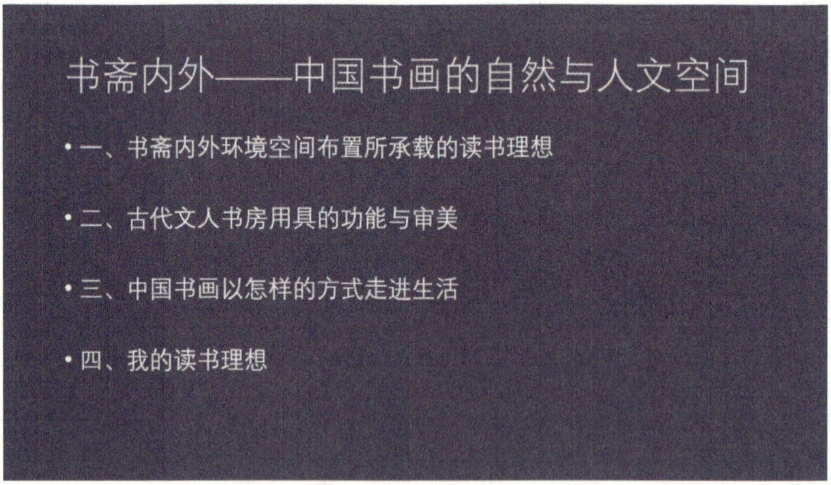

附图3-8 板书设计

7. 作业与扩展学习设计

(1) 课上作业摘选

①中国书画通过哪些形式进入中国古代文人的生活？

②中国书画的工具材料是怎样与文人的艺术、生活相融合的？
③传承中国书画具有哪些意义与价值？
④为自己的书房命名，表达自己的读书理想和人生追求。

浸香斋	三尺窗前无旁骛	一心浸润圣贤书	高二3班	马×
无思居	静寥没息人声寂	乾坤荡荡安然眠	高二3班	陈××
木子书屋	清风四季万籁静	月影幽窗灯火明	高二3班	李××
静心阁	天光月影照群山	檐下屋内画镜心	高二3班	张××
书雅居	清香阵阵雅自得	经书卷卷满书阁	高二3班	杨××
听雨阁	晓看天色半云卷	暮闻芭蕉夜雨寒	高二3班	郑××
春月斋	满町春景溢花甸	一席明月照花林	高二3班	张×
涵佳轩	涵虚书香蕴	佳气混太清	高二3班	朱××
竹烟斋	墨砚茶芳春月静	幽窗烟撩竹影摇	高二3班	张×
竹央斋	央月流连照书卷	求竹入我卷轴香	高二4班	竹××
驻京阁	深阁常有经书驻	隐秘中藏书香魂	高二3班	于××
停云轩	一杯浊醪听夜雨	半卷诗书傍晚云	高二4班	韩××
明月轩	我访故人明月下	灯花人面相映红	高二16班	陈××
晚宁轩	何以堪不破	何以辜负卿	高二16班	罗×
清心斋	静心不知天在水	一夜清梦照星河	高二6班	刘××
博逸阁	千古书香致博远	万朝墨色怡逸情	高二6班	王××
何妨一下楼	不妨近日卧危楼	我未能先天下忧	高二15班	杨××
琴书阁	墨韵香雅弦音缓	天阔云散月华凉	高二6班	腰××
书晓轩	静观风云变幻	动晓世间百态	高二10班	汤××
景行阁	风细柳斜春未老	诗酒年华长风梢	高二10班	张××
怡景轩	探窗美景入眼	翻书怡情淌意	高二9班	张××
雅清斋	闲情雅致不知愁	一袖清风拂还来	高二5班	贾××
清心阁	气定心静无旁骛	提笔潜读圣贤书	高二9班	韩××
迎绿阁	春雨惊蛰夏蝉嚷	秋风推窗冬霜寒	高二10班	孙××
考室	夜阑卧听风吹雨	作业考试入梦来	高二10班	巴××
怡乐斋	草木识今页怡乐	书斋观古更性情	高二9班	苏×
明语阁	坐看云过天未晚	隔窗常能闻鸟鸣	高二9班	汤××
静安斋	皓首穷经一生志	梧桐落叶半日花	高二10班	吴××
春在堂	一庭花木攒春雨	几卷诗经读古窗	高二5班	邓××
茗经阁	捡茶为款同心友	筑室因藏善本书	高二5班	刘××
束心阁	玉碎凰鸣心波定	春澜潮生意马平	高二4班	王××

悟道堂	格物致知需诚意	正心修身方悟道	高二12班	赵××
束心阁	玉碎凤鸣心波定	春澜潮生意马平	高二4班	王××
流云斋	看云即是仙	住山不记年	高二4班	胡××
烨金阁	鳞江灼日复华烨	玉竹潇湘冷耀金	高二4班	吴×
墨香阁	日斜诗梦瘦	月散墨花香	高二4班	马××
哑舍	几缕墨香绕指畔	一总幽思映残灯	高二4班	王××
耕读轩	勤耕以筑厦	厚积而薄发	高二4班	梁××
梦墨堂	芥子纳须弥	须弥藏芥子	高二4班	张××
品古阁	鄙睨世间负古士	独怜幽阁伤今怀	高二6班	董××
清心斋	充耳不闻身外事	静心愿得生后名	高二6班	李××
兰芝轩	茂林修竹平心气	清流激湍掩书声	高二6班	王××
小山阁	束发修身揽书卷	对镜菱花描小山	高二5班	潘××
听竹书屋	修竹怀虚谷	枝影映墨魂	高二5班	张××
摘雨阁	雨打檐花香益清	风过廊桥心自宁	高二5班	李××
揽江阁	揽世间奇书古籍得于心海			
	归天下江河湖海尽入胸怀		高二6班	何××
梅芳阁	窗边冷雨萧萧落	阁中梅芳缕缕飘	高二5班	郑××
清月阁	云线日淡	风静天舒	高二8班	姚××
四季草堂	立志不随流俗转	留心学到古人难	高二8班	谷××
笔趣阁	笔墨纵横生雅趣	胸怀坦荡自逍遥	高二7班	王××
朝霞居	晚星环绕明月间	茶香蝉鸣伴我眠	高二7班	王××
清欢阁	晨光融暖照千古	夜雨微凉泼茶香	高二7班	陈××
鸣书轩	迎霞依山闻鸟鸣	冰帘半卷颂诗书	高二7班	张××
思拙斋	芍药灼灼承春露	斑竹簌簌载凉雨	高二7班	陈×
璞真斋	一日更叫一日静	悄落棋子		
	半日更比半日闲	夜观梧桐	高二7班	胡××
索慧斋	入斋索书中智慧	出阁长路上见识	高二6班	朱××
碧桐书院	闲窗锁昼	小阁藏春	高二6班	赵××
心莹草堂	沉浮俗世需莫染	内心荥净绽风华	高二6班	王××
观道草堂	有幸桌边观大道	无忧床前望落花	高二12班	胡××
听雨轩	春雨悄然润万物	大弦沥沥更落窗	高二12班	王××
浩然居	文采斐然需长久	风正才能行四方	高二11班	刘××
淡墨轩	朵朵花开淡墨痕	吾家洗砚池头树	高二12班	杨××

数云阁	雨霁卧数云	木落闲听雨	高二12班	段××
静斋	人坐静心提笔作	出起修身阅卷读	高二11班	孙××
墨痕居	玄迹氤氲推水纹	雅香暗转溢满室	高二11班	魏××
文曲斋	笔下山河千秋梦	心向燕园待我归	高二11班	宁××
书香阁	一笔一墨纸上写	几日几年灯下学	高二11班	申××
静心斋	瑟瑟古茗氤氲香	鸣鸟静林簌簌叠	高二11班	魏××
寻独堂	喧嚣世中寻一己	僻静屋里觅万金	高二12班	赵×
冷暖斋	冷冷戚戚使人静	暖暖温温使人安	高二12班	张××
味闲斋	味尽书香气韵来	琴瑟合弦闲云志	高二12班	赵××
青竹斋	坐饮放歌竹林间	露珠沾湿旧琴弦	高二12班	张××
万景斋	书声晓月环屋室	风雨长虹入笔中	高二12班	贾×
格物斋	敢同恶鬼争高下	不向霸王让分寸	高二12班	赵××
观雨阁	诗花墨雨书林	笔架砚池辞海	高二11班	谢××
沉香阁	落落无情墨香氤	恬恬有心书味浓	高二11班	任××
澹云居	电闪未出澹云过	静坐细听雷雨声	高二11班	张××
温莲居	迎轻微过耳风声	弃喧嚣满眼繁华	高二11班	高××
如梦阁	坐于此阁近能及	鸿鹄之志遥若梦	高二11班	陈×
听雨轩	天行健成功需自强不息			
	地势坤为人必厚德载物			
			高二11班	李××
花深处	水晶帘动微风起	满架蔷薇一院香	高二1班	张×
风雅阁	素履芒鞋行万路	风书雅卷觅知音	高二2班	戴××
继晷阁	灯火人定灿	书声夜半清	高二1班	江××

(2) 课后作业摘选（选做）

①为书房原创一副对联，注意内容积极向上，表达读书理想，平仄对仗，并用毛笔选择合适的字体书写出来。

②以"我的书房"为主题书写一段小散文或诗歌。

③拍摄一段小视频，"晒晒"自己的读书空间，谈谈如何在自家的"陋室"追求人生理想。

④为装饰自家书房的墙面，选择并设计挂画作品，谈谈选择挂画的理由，并画出设计草图（见附图3-9）。

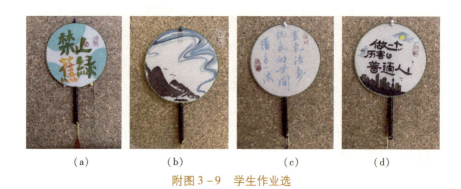

(a) (b) (c) (d)

附图3-9 学生作业选

8. 特色学习资源、技术手段应用说明

①"双师课堂""项脊轩"视频简介;《美国大都会博物馆明轩》英文素材。
②跨学科学习;语文阅读手段的运用;课堂学案阅读结合教材阅读突破教学难点。

9. 教学反思

本单元教学围绕"中国书画与生活空间",走进古代文人生活的室外空间和室内空间,体会文人生活与中国书画的密切关系。"书为心画、画为心声。"古代文人对社会自然的巧思与感悟落纸成为书画,学生通过这层关系,再从居室生活需要的角度进入中国书画的学习,更能理解古代书画的现代价值和意义。本单元是整学期教学的重中之重,围绕美术核心素养,从书画艺术与其在生活中的应用和审美关系出发,通过"书斋内外"走进中国书画的自然与人文空间,跨越美术、语文、历史学科,品赏书画与文人生活的关系;通过"赏延素心"体会中国书画的情感表达。回顾起来,收获如下。

(1) 运用美术学科阅读手段,培养跨学科思维

人文精神的建立,需要大量的阅读思考作支撑。课堂时间有限,引导学生读教材的同时,还应针对提升美术核心素养精选课外阅读材料做补充。这样既提升了教学效率,也激发了学生的思维活性。本节课选择"中国古代文人的书房"主题阅读材料,精编整理成一千多字的文章《书斋名,中国文人骨子里的风雅》,通过分小组阅读分享,对比文人书斋命名,让学生反思自身的读书理想,思考人生目标,体会学习的意义与价值,感受书画与现代生活的关系,推进学生对读书理想的思考,达到"书画养德"的教学目的。

(2) 巧妙选用短视频素材,"双师课堂"造境育心

中国书画艺术受到自然和生活因素的影响和制约,传统的生活智慧是书画创作的源泉。古代文人的生活空间无处不美、无物不美。英文视频《美国大都会博

物馆明轩》，从西方思维看中国传统，既提升了教学效率，提高了英文听力，也能跟随镜头步入情境化教学环境，师生共同探讨，理解古人以审美眼光看待日常生活的方式。"室雅何须大，花香不在多"，层层递进的问题链，试图让中国书画回归到它的实用场域，对其创作目的、幅式、内容、装裱进行了解，以此方式让中国书画融入当代生活，与生活建立起密切的关联。正因为有广泛的群众基础，中国画创作才能拥有更加广阔的舞台。

（3）语文和美术深度跨界融合，归有光"项脊轩"模糊学科边界

本节课采取分组合作学习的方式推进"阅读分享"，提升单位时间内学习的获得感。归有光的文章是高二语文必修的重点篇目，从"项脊轩"入手探讨中国古代书房的历史与文化，命名的文学与艺术内涵，结合文字阅读、图片阅读、视频解读等学习方式，鼓励个人为书房命名，教学效果令人惊喜。

一点思考：中国书画只有无目的创作才能达到情感抒发的高峰，如附图3-10所示，宋代院体画家用生命经营画面，一丝不苟，严谨细致，甚至大到精细入微的地步，基于此，书画品赏从实用出发就比较下乘了，应使学生明了，书画不是为实用目的而作，完全是精神追求的需要，书画创作更不能从实用出发，这一点不可忽视，也是值得深度思考和探究的艺术教学点。

作者介绍：陈默　北京一零一中

附图3-10　宋画临摹　作者陈默　中国画
绢本38 cm×38 cm　2002年

附录四　书法主题跨学科美育案例

翰墨情谊——书法的审美与应用

（一）单元教学概述

1. 单元内容解析

"翰墨情谊——书法的审美与应用"通过对书法、篆刻经典作品的赏析，让学生了解书法、篆刻作为中华传统文化象征的意义，认识书法、篆刻的种类和不同艺术风格，以及中国书法、篆刻艺术独特的学习和创作方式。了解不同书体（如篆书、隶书、草书、行书和楷书等）、篆刻的基本技法和创作方式，通过书法、篆刻的临摹与创作练习，体悟中国书法、篆刻的艺术特征和审美趣味。本单元共分为五课，围绕书法文化、隶书匾额、楷书对联、行书手札、篆刻印章等主题展开学习探究。

第一课围绕中国书法文化展开教学。依托教材，精心编辑学案，指导学生通过小组合作学习的方式概览书法简史，讨论书法在中国古代文人生活中的位置和实用价值，领略书法史上经典碑帖的艺术魅力，关注书法在古代生活中的应用。

第二课围绕书斋匾额专题展开隶书教学。以书写一件隶书匾额为实际任务，通过对经典碑帖的导赏让学生感受汉代隶书代表碑帖《乙瑛碑》的用笔和造型特点，了解汉代隶书的独特艺术魅力。通过小组合作学习，梳理在"隶变"前后，篆书向隶书演变时丰富的样式风格，了解汉代"举孝廉"社会风尚对汉代隶书碑刻振兴发展的作用。通过临摹学习隶书的基本笔法进行实践练习，运用隶书进行创作实践，围绕匾额专题展开，了解古代文人用书斋匾额寄托的理想信念和人生追求，探讨当代书法学习的目的、意义，以及对于当下学生生活的价值。

第三课围绕对联专题展开楷书教学。以书写一副楷书对联为实际任务，结合教材内容，精心编辑楷书学案，通过小组合作学习，了解中国唐代楷书的辉煌成就，欣赏从东晋到明清时期代表性书法家的楷书经典作品，感受不同楷书的艺术魅力。教师引导欣赏，运用实物投影进行笔法演示，带领学生完成临摹学习。围绕匾额文化开展专题研究，通过解析古代文人书房匾额的文字内容，体会古代文人士大夫的人生理想和追求，尝试为自己的书房创作匾额，并书写完成。

第四课围绕手札专题展开教学。以书写一件手札作品为实际任务。书法是古代、中国文人士大夫传递情感、表达思想的媒介方式，通过欣赏古代名家的手札作品，穿越回古代时空，感受文人士大夫的精神理想，走进其内心世界，学习用手札的方式表达自己。

第五课围绕篆刻艺术展开教学。以制作姓名印为实际任务。篆刻艺术有其独特的发展历程，先秦时期，人们把篆书刻到玉器、黄金、白银、青铜印面上制成古玺，作为凭信，到后期印章逐渐发展演变。教师精心制作学案，以问题为导向展开探究，分小组学习印章的价值及制作方法，为自己设计印章。

2. 教学理论依据

以《中小学书法教育指导纲要》（见附图4-1）为指导，落实《2022版艺术教育课程标准》的要求，在高中书法教学中带领学生全面掌握书体基本特点，理解书法名家风格，培养书法鉴赏能力，提升书写规范水平，强化书法实践技能，弘扬传统文化精神，培养审美创新意识。

2017年出版、2020年修订的《普通高中美术课程标准》（见附图4-2）对书法教学提出了以下几个方面要求：在知识和技能的掌握方面，要求学生掌握基本的书写技法、了解不同的字体风格，并对每种风格的特点进行探究和实践，同时还要学习书法常识，了解书法发展的历史和脉络，认识著名书法家及代表作品等；在审美能力的培养方面，要求学生通过学习传统书法技法，尝试欣赏和鉴别不同风格、不同历史时期的书法作品，提高审美情趣，提升艺术修养，形成审美观念；在实践能力的提升方面，强调通过课堂学习、书法比赛、书法展览等，提升实践能力和创新精神；在文化素养的提升方面，提出书法作为中华民族传统文化的重要组成部分，其教学应有助于培养学生的文化素养。

附图4-1 《中小学书法教育指导纲要》

附图4-2 《普通高中美术课程标准》

本单元教学依据实用主义教育观创设真实情境展开设计。强调书法学习的实用价值，以问题为导向展开教学，将学生置于学习的中心，围绕生活现实的需要创设情境，强调书法教育与生活实践的联系，强调书写实践操作，引导学生将所学的书法知识应用于实践需要中，培养学生解决实际问题的能力，激发创新精神。实用主义教育观倡导多样化的教学方法和资源，运用真实案例分析、小组讨论、实践活动等多种方式来促进学生的学习和发展。

结合社会文化中的功能主义理论、建构主义理论和文化相对主义理论，理解书法文化对个体认知行为的塑造作用。引领学生关注社会文化因素对学习和个人思想的影响。在匾额临摹与创作实践中调研并品鉴历代优秀匾额，让学生理解中国古代文化传统，尊重不同文化的不同价值观和规范，培养学生的跨文化交流能力。

（二）学生情况分析

高二年级书画学习水平参差不齐，书画知识储备各不相同。多数同学对书法发展史一知半解，对书法领域的核心问题认识片面，对书法的笔法、结构、章法实践不系统，笔墨技法能力弱。少有同学能写隶书，个别学生有深厚的书法功底，三分之一的学生有过各种书体的临摹经历。以真实任务带动同学们进入学习情境，了解隶书的基本发展脉络，学习隶书的基本笔法、结构布局以及章法特点，体验隶书的基本书写规律。指导学生为书房创作匾额，用隶书完成书写。任务导向，分层教学，多元评价，因材施教。

（三）单元教学目标

图像识读：了解中国书法的发展历史，书体演变，形式特征及书写媒介；鉴赏古代优秀书法遗存。

美术表现：通过临摹体验篆隶楷行草的笔法、结构、章法特点，激发兴趣。

审美判断：学会结合汉字内容欣赏书法，从用笔、结构、章法等方面感受书法艺术之美。

创意实践：学习运用楷书、隶书、行书进行简单的创作以表达思想和抒发情感。

文化理解：理解中国书法文化的博大精深，树立民族自信。

（四）单元重难点分析

单元重点：篆隶楷行草的书写技法以及笔法、结构、章法特点。

单元难点：中国书法经典欣赏。

（五）单元教学框架

单元教学内容设计见附表4-1。

附表4-1　单元教学内容

单元	主题	课题	内涵	核心素养	课时
翰墨情谊——书法的审美与应用	笔墨千秋	书法文化与创作基础知识	从中国古代文人生活的外空间和内空间入手，研究中国书画和文人生活的关系，思考中国书画进入现代生活的方式	素养1. 国家识读；2. 美术表现；3. 审美判断；4. 创意实践；5. 文化理解	1课时
	方正雄浑	隶书匾额式横幅练习与创作	了解隶书的发展简史，学习隶书的用笔、结构和章法特点，尝试运用隶书集字进行匾额式横幅的练习与创作	素养1. 国家识读；2. 美术表现；3. 审美判断；4. 创意实践；5. 文化理解	1课时
	中正朴雅	楷书对联练习与创作	了解楷书发展简史，欣赏楷书经典名碑，学习楷书"永字八法"，了解楷书结构特点，练习楷书对联集字创作	素养1. 国家识读；2. 美术表现；3. 审美判断；4. 创意实践；5. 文化理解	1课时
	顾盼生辉	行书手札练习与创作	了解并欣赏书法史上的行书经典作品，学习行书的基本笔法，尝试用行书练习手札的书写	素养1. 国家识读；2. 美术表现；3. 审美判断；4. 创意实践；5. 文化理解	1课时
	方寸之间	篆刻闲章与姓名印	了解印章艺术特征，学习欣赏优秀印章，尝试练习基本的篆刻刀法，学习临刻闲章，创作姓名印	素养1. 国家识读；2. 美术表现；3. 审美判断；4. 创意实践；5. 文化理解	1课时

（六）课时教学设计

1. 课时教学概述

本课时围绕实际任务展开活动，为书房命名并用隶书书写匾额式横幅作品。了解隶书发展的历史，欣赏隶书的经典名碑，学习隶书的基本笔法，并尝试用隶书书写匾额式横幅。隶书书写技法相对简单，为后面楷书、行书的学习作了铺垫。通过隶书的发展历史了解汉代"举孝廉"政策，了解东汉末年文人学"草"的社会风尚，品赏隶书名碑名帖，领略名家隶书风采，学习隶书的笔法、结构、章法特征，体验隶书书写，感受中国书法文化魅力。

需要知道：简牍、帛书、碑刻隶书各有特色，"举孝廉"使隶书碑刻风行、名碑辈出。

需要做到：隶书特点"蚕头燕尾，一波三折"，字形扁方，横平竖直，横长竖短。

需要理解：隶书因笔法、结构、章法不同而风格各异，或秀逸灵动，或端严朴厚，或骨力通达，匾额式横幅多方正雄浑。

2. 课时教学目标

①图像识读：了解隶书发展简史，临摹识别不同风格的隶书碑帖。

②美术表现：体验隶书的书写技法，临摹隶书作品，并用隶书完成简单创作。

③审美判断：学习书法欣赏的方法，体会不同风格的隶书作品不同的美感。

④创意实践：设计书房作品的格式，能用隶书书写完成。

⑤文化理解：了解汉代"举孝廉"政策，"君子无故，玉不去身"，士大夫"学草"风气，了解中国书法的博大精深，感受汉代书法文化的繁荣，增强民族文化自信。

3. 课时重难点分析

课时重点：隶书的用笔、结构、章法规律特点及书写实践。

课时难点：经典隶书的赏析。

4. 学习评价设计

根据学习情况进行自我评价、同伴评价和教师评价，完成附表4-2～附表4-4的填写。

附表4-2 自评表

内容	在已完成的项目后画√或简述
你能够区分不同隶书碑帖的风格特点吗？	
通过练习，你掌握了隶书书写的基本特征吗？	
你能为生活需要设计书写隶书并完成作品吗？	

附表4-3 互评表

单元名称		翰墨情谊——书法的审美与应用		
班级：		姓名：	组长：	日期：
课时	主题	自评维度		
		A-合格	B-基本合格	C-不合格

续表

单元名称		翰墨情谊——书法的审美与应用		
共1课时	隶书匾额式横幅练习与创作	达成至少一项： □ 了解隶书的发展历史及书体特点，能够欣赏不同风格的隶书作品。 □ 能够以汉代隶书为范本进行临摹并学会集字创作。 □ 能够运用"以观书法"APP进行简单的集字创作。 □ 能够运用"装裱大师"小程序对作品进行简单地装裱。 □ 能够体会三种不同隶书的表现形式和特点。 □ 能够理解书法作品体现了艺术家在特定的社会文化背景之下对社会人生的思考和表达	满足其中两项： □ 能对比欣赏隶书风格的不同。 □ 能临摹自己喜欢的隶书作品。 □ 能够基本完成本节课的匾额式隶书横幅创作。 □ 能够对隶书书法艺术进行深度探究和分析，并了解典型隶书碑帖的艺术特征。 □ 能够体会东汉隶书碑刻的广泛性，体会书法和社会文化生活的关系。 □ 能够区分隶书和楷书、篆书	达成一项： □ 不愿意交流与分享，不能表达自己对"隶书书法艺术之美"的观点。 □ 不能区分隶书书法与楷书、篆书。 □ 不能体会隶书碑刻作品的艺术美感。 □ 不能按要求完成匾额式横幅的集字创作
教师评价等级		教师评语 教师签名：　　年　月　日		

附表 4-4　师评表

姓名	维度 初/中/高	书房命名 对联质量 等级 10/15/20	基础知识和 创意 等级 10/15/20	学习态度 评价等级 10/15/20	匾额实践 方法评价 等级 20/15/10	继承发扬 水平 等级 20/15/10
张三						
李四						
王五						

5. 课时教学过程

（1）课前准备

了解中国古代读书人的生活空间的命名方式，欣赏书房匾额（见附图 4-3、附图 4-4）。

附图4-3 网师园"看松读书轩"

附图4-4 伊秉绶"静观"

书房名是文人挂在墙上的人生理想。走进网师园殿春簃小院,步入"看松读书轩"欣赏匾额,回想自己或朋友的学习空间,尝试为居室设计一件匾额式隶书横幅作品。

活动意图:引领学生关注传统书房环境,体味主人贴近自然、徜徉书海的书香生活,感受隶书匾额方正雄浑的艺术美感。

(2)问题探究

探究隶书的发展历史和风格特点。

教师活动:将学生分成两组,下发学案,让其自主学习。A组:隶书经典名碑孔庙三碑《乙瑛碑》《史晨碑》《礼器碑》(见附图4-5)赏析;B组:自主阅读,探究隶书《礼器碑》笔法、结构特点,进行分析与总结,如蚕头燕尾、一波三折等,并进行书写体验。学习后分享。

汉隶《乙瑛碑》拓片

汉隶《史晨碑》拓片

汉隶《礼器碑》拓片

附图4-5 孔庙三碑 拓片 图片来源于网络

学生活动：课堂阅读，自主探究。A组：阅读课本，浏览隶书发展的历史和多变的样态。竹简和木牍展示了由篆变隶的过程中，隶书呈现的多变、自由、灵动的风格。"举孝廉"之风导致汉代碑刻流行，产生了诸多经典碑刻。进行隶书名碑赏析，孔庙三碑《乙瑛碑》《史晨碑》《礼器碑》风格一致且个性鲜明，隶书历史悠久，风格多样，隶书书法总体呈现方正、遒劲的艺术之美。B组：阅读学案，对比赏析，感受《礼器碑》时而细如丝，时而粗如刷，韵格灵动、不显呆板的笔法特征。《礼器碑》布局疏朗，重心稳固，全篇骨力通达，神完气足，有一种超然肃穆的神采。

（3）情境创设

教师活动：问题导学，讨论互动，小组分享与共同学习。

活动意图：根据"隶书匾额创作"的实际任务，围绕隶书学习主题，结合教材内容设计学习活动，合理运用教材，实施学案阅读（高清隶书拓片、名人书斋匾额资料、隶书《礼器碑》基本笔法图片资料）。引导学生合作学习、讨论，有目的地解决三个主要问题：隶书发展有怎样的历史过程？孔庙三碑有怎样的艺术特色？这一环节有利于培养学生合作学习、自主探究的习惯，并让学生体验分享的快乐。

（4）实践体验

针对"匾额创作"任务，体验隶书的基本笔法、结构特点，书写练习。

教师活动：如何写好隶书？以《礼器碑》为例，结合视频演示讲解以及学案例字进行实践体验。

学生活动：结合课本30页"隶书点画形态表"开始临摹实践，通过练习例字，感受隶书"蚕头燕尾、一波三折"的特点；隶书横向取势，多为扁长方形，横平竖直、横长竖短，通过临摹，深入体会这一特点。学生以《礼器碑》为例，观察隶书基本笔画的特征，总结隶书结构的特点，参考学案，通过实物投影演示不同点画形态的隶书书写技巧，结合示范字讲解演示，学生临摹后分享心得。

教师小结：要先写好笔画，然后掌握隶书的结构特点，布白均匀、横平竖直、蚕头雁尾、雁不双飞、点画呼应、字形扁方、重心平稳、穿插避让，创作时还要排布章法进行格式设计。鼓励同学们临摹例字，感受隶书的结构美，夯实书写基本功。书法有法，无论什么书体，都要按笔法完成书写。

活动意图：强化对隶书用笔、结构和章法特点的理解，使学生认识到隶书与楷书的笔法区别，教师可以通过演示讲解，更清晰地呈现笔法特征，学生跟写实践以夯实书写的基本功。

(5) 实践体验

欣赏伊秉绶隶书匾额式横幅作品（见附图4-6），运用所学隶书笔法写书斋名，创作匾额式横幅作品。

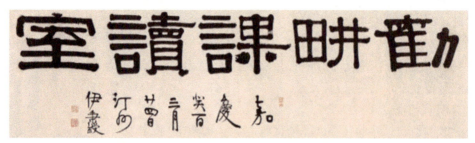

附图4-6　伊秉绶匾额作品赏析　图片来源于网络

教师活动：隶书历史悠久，遗存丰富，端庄秀美，方正雄浑。用隶书书写书房名，更能体现主人的深厚学养和宽厚气度。出示课堂任务（选做）。

检测类：复习隶书笔法，临摹例字，按要求完成临摹任务。

探究类：课堂阅读，筛选中国古代的匾额进行临摹，总结匾额中所承载的文人士大夫的人生理想和书房文化精神。

实践类：根据学案欣赏伊秉绶匾额式横幅作品，为自己的书房设计匾额，用隶书书写出来，感受隶书"方正雄浑"的艺术魅力（见附图4-7）。

学生活动：课堂作业练习选做，教师巡视指导。

附图4-7　高二13班王梓铭课堂练习

活动意图：书写技术是长时间训练的结果，课堂体验虽短，但能让学生立刻将练习用于生活创作，会提高学生的笔墨兴趣（见附图4-8~附图4-12）。跨学科作业设计的目的是拓宽学生的视野，培养跨学科思维能力。在课后拓展作业中，可以增加视频、散文、诗歌创作等作业，使美术与历史、语文学科深度融合。

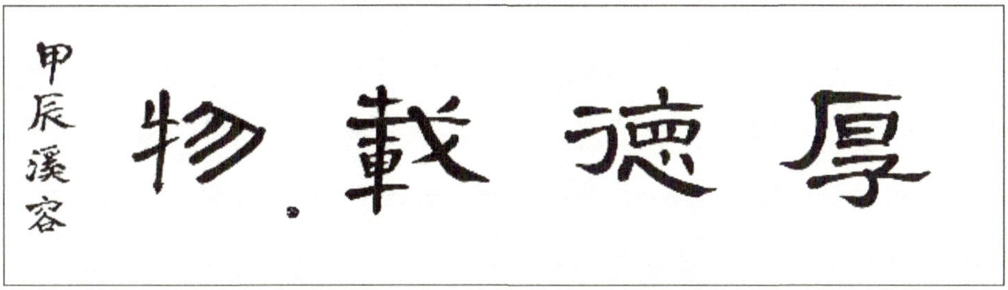

附图4-8　高二9班张溪容课堂练习

附图4-9　学生课堂练习

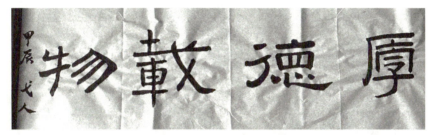

(a)　　　　　　　　　　　　(b)

附图4-10　学生作业Ⅰ

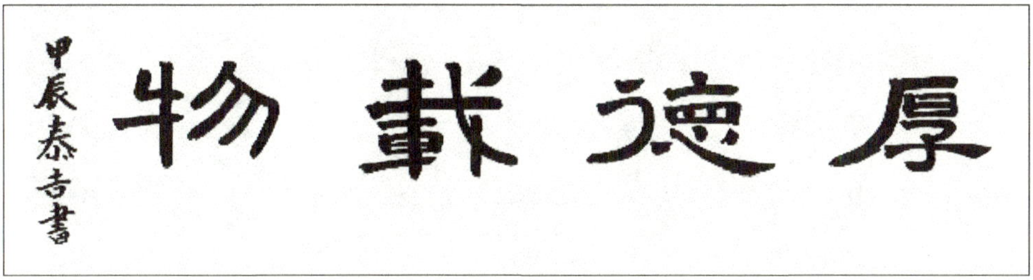

附图4-11　学生作业Ⅱ

附图4-12 学生作业Ⅲ

（6）艺术创作

展示课堂任务单，让学生学有所用，像艺术家一样思考，临创实践。

6.板书设计

板书设计如附图4-13所示。

附图4-13 板书设计

7. 作业与扩展学习设计

①请临摹学习隶书的笔法，用隶书为书房创作一个匾额和一副对联。

②请模仿隶书的笔法，用毛笔书写的形式给朋友制作一件扇面，或设计一枚书签送给他（她）。

8. 特色学习资源、技术手段应用说明

投影运用于现场演示；图片资源用于隶书欣赏；短视频资源用于笔法解析；"以观书法"APP用于创作资料查阅；"装裱大师"小程序用于作品后期设计。

①吸纳语文阅读教学法，制作优质学案，分小组课堂阅读，培养学生的自主学习能力。

②隶书技法采用"双师课堂"模式，将中国美术学院书法教授请进课堂，进行隶书关键技法的解读和演示。

③提升学生互联网学习意识，推荐使用"以观书法"APP集字，推荐使用"装裱大师"小程序对作品进行装裱设计。

9. 教学反思

本堂课围绕实际任务"隶书横幅匾额书写"展开学习和研究，运用小组合作的学习方式，了解隶书发展的历史，欣赏隶书经典碑帖，通过教师的演示以及视频讲解学习隶书的基本笔法，通过阅读学案了解文人书房的命名承载的人生理想和生活追求，尝试为自己的书房命名并用隶书书写完成。教学过程中，通过自主阅读展开学习，以真实目的带动创作。

本节课的优点如下。

①以生活实际问题激发学习热情，探讨隶书匾额式横幅的生活应用。

②"双师课堂"助力教学，巧妙利用视频的优势解决隶书笔法和结构的难点。

③关注信息技术助力书画学习，引导学生运用手机小程序"以观书法"APP辅助"书法集字"学习，运用"装裱大师"小程序进行书法作品样式设计，提升同学互联网学习意识。

④节奏紧凑、获得感强。学生在了解了隶书书法的发展历史及艺术特点后对隶书的基本笔法进行训练，并完成隶书匾额的集字创作，环环相扣，由浅入深，做到知其然、亦知其所以然。

⑤演示讲解相结合，突破教学难点。古代撰写楹联匾额是一种生活时尚，通过匾额内容走进古代文人士大夫的精神生活，以此了解文人理想和人生追求，非常具有现实意义。

⑥为后续学习做铺垫。为书房设计楹联匾额并用隶书书写，可以提升学生的

创造力,后续通过进一步学习,学生可以运用多种书体完成匾额的设计与书写,也可以与楹联结合起来,进一步深入学习。

本节课的不足:时间安排仓促,明显感觉练习不到位,准备不到位,阅读不到位。如附图4-14所示,每一位教师都如花丛中的一株独特的植物,只要积极实践,勤于反思,都能够开放出属于自己的独特美丽。

附图4-14　静妍　作者陈默　中国画　纸本工笔　2002年

附录五　历史与美术跨学科美育案例

活动主题:在美术世界遇见马克思——马克思主义的诞生与国际共产主义运动的兴起

(一)教学流程

本课的主题是"马克思主义的诞生与国际共产主义运动的兴起",教学重点是马克思主义诞生的时代背景、《共产党宣言》与科学社会主义的诞生、马克思主义诞生的历史意义。本课内容理论性强，是高中学生比较难理解的内容，也不易激发学生的学习兴趣。所以，选择与美术学科相融合，选取2018年国家博物馆等单位举办的《真理的力量——纪念马克思诞辰200周年主题展览》中的当代马克思主义经典画作作为历史教学辅助材料。用一个PPT呈现画作，一个PPT呈现史实与史料。

教学内容以时间为线索，分为五个部分："学生时代""早期革命实践""革命事业新起点""伟大的革命导师"和总结。

第一部分，选取《中学时代》（中国画作者金瑞）、《博士俱乐部里的年轻人》（水粉画作者杨克山）2幅画，通过阅读课文，为画作写介绍词，了解马克思出生的家庭和历史背景、青年马克思远大理想的树立过程。通过教师讲述，了解大学时期马克思为实现理想付出的努力。

第二部分，结合24岁的马克思在《莱茵报》就任主笔职务经历，选择作者赵绪成所描绘的《马克思像》、《在曼彻斯特与纺织女工交谈》（油画作者高虹）2幅画，补充画作相关的内容，通过信息提取和内容分析，了解马克思早期进行的抨击封建专制政府的革命实践，以及马恩通过社会实践对工业革命以来工人生活和阶级矛盾进行的调查。通过阅读材料，知道空想社会主义理论及其失败的原因，知道欧洲三大工人运动及其失败的原因，认识到当时工人阶级需要科学理论的指导，进而归纳马克思主义诞生的背景。

第三部分，通过对《共产党宣言》内容的阅读分析，对比空想社会主义理论，了解科学社会主义的诞生及其特点，认识《共产党宣言》发表的历史意义。

第四部分，选取《满腔热情支持巴黎公社》（油画作者骆根兴）、《马克思遥望东方》（油画作者郑艺），通过画面内容提取信息，了解画作背后的历史事实，了解马克思指导第一国际的相关史实、马克思主义的重大实践——巴黎公社、马克思主义在东方的实践与成功，通过阅读材料、归纳概括认识马克思主义的历史意义和时代意义。

第五部分，将本课所选画作按照主题"马克思主义的诞生""马克思主义的实践"分类，以"马克思主义的历史意义与时代意义"为主题创作一幅画作，思考选择哪些素材和采用什么表现形式。呈现清华大学曾成钢雕塑作品《大觉者》，总结历史与美术的关系。美术与思想交融，艺术才会深刻，思想才有情境。历史与现实相遇，历史才会生动，未来才会可期。

（二）教学反思

①本课中美术画作多被用作历史情境展现，缺少对美术作品本身的艺术分析。

②可以引导学生思考当代重要历史题材画作创作的选题、必要历史信息采集和时代意义。

③可以布置马克思主义主题画展,让学生进行画作创作和展览策划。

附图5-1所示,学生可以运用中国画工笔、写意,也可以运用西方绘画等工具材料完成创作,描绘植物、动物、人物,歌颂生命之美。

附图5-1 夏 作者陈默 中国画 纸本工笔

附录六 历史与语文跨学科美育案例

活动主题:时空视域下的《望岳》美育教学设计

(一)诵其诗(主讲:语文老师)

齐声诵读此诗,要求读出节奏和韵律美。

提示:这是一首五言律诗。

(二)望其景(主讲:语文老师+地理老师)

从地理角度让学生感受泰山神秀巍峨的特点。

①首联：岱宗夫如何，齐鲁青未了。（泰山到底怎么样呢？它横跨齐鲁大地，青色的峰峦连绵不断。）

这是诗人的远望，诗人看到了泰山绵延不绝、树木葱郁的景象。

②颔联：造化钟神秀，阴阳割昏晓。（大自然将神奇和秀丽的景色集中于泰山，山的南北两面，一面明亮，一面昏暗，截然不同。）

这是诗人的近望，看到了泰山既神奇秀丽又高大巍峨的景象。

③颈联：荡胸生层云，决眦入归鸟。（层云生起，使心胸震荡，睁大眼睛远望飞鸟归林。）

这是诗人近处的凝望，看到了泰山中云翻云涌的壮阔景象和鸟儿归林的黄昏美景。

④尾联：会当凌绝顶，一览众山小。（有朝一日，我一定要登上泰山的顶峰，把周围矮小的群山们，尽收眼底。）

这是诗人的想象和愿望。诗人想象登上泰山顶峰，将四周群山看遍。

总结：泰山的特点——神秀巍峨。

（三）识其人（主讲：历史老师）

背景介绍。

1. 个人与时代

杜甫出生在一个世代"奉儒守官"的传统官僚世家，家庭塑造了杜甫正统的儒家文化教养和在仕途上有所成就的政治理想。此时的唐朝正值唐玄宗统治中期，开元盛世，天下大治，万邦来朝。杜甫虽然赴洛阳科考失败，但仍然意气风发，积极进取，期待为盛唐建功立业。

2. 泰山历史文化

泰山所在的齐鲁大地，自古就是中华文明的发源地之一。中国古代天子无不以巡守、封禅泰山以告成功于天，祈国运之昌、百姓之安。

（四）感其情（主讲：地理老师＋历史老师＋语文老师）

1. 提问

有诗评，读《望岳》可见"杜子心胸气魄"。请你结合对《望岳》的理解，解读杜甫的"心胸气魄"。

2. 总结

①抒发了杜甫对泰山的赞美之情。

②抒发了杜甫勇于攀登，傲视一切的雄心壮志，洋溢着蓬勃的朝气。

这正是杜甫能够成为一个伟大诗人的关键所在，也是一切有所作为的人所不可缺少的。正因为泰山的壮美不仅是自然的也是人文的,所以登上极顶的想望本身,当然也具备了双重的美学内涵。

泰山不仅以其自然的雄奇磅礴之美触动了杜甫的心灵,也鼓舞了杜甫不怕困难、敢攀顶峰、俯视一切的雄心和气概。

作为"五岳之首",的象征,泰山"国泰民安""和合共生"的历史文化内涵深深影响着杜甫,也塑造着中华民族海纳百川、有容乃大的气魄,自强不息的精神,爱国爱民的美德。

附图6-1 《守静系列之寂静无声》局部 作者陈默

附录七 "美育小花聚圆明"活动纪实

项目名称：校园美育大会

校园美育大会是跳出课堂教学，利用校园空间举办的美育综合实践活动，旨在提升学生的美术核心素养，培养立体多元的跨学科思维，拉近传统与当代的距离，思考美术与生活的关系，挖掘个人的创造潜能。北京一零一中于2021年5月29日，成功策划并实施了教育集团美育大会，尊重个人意愿，从集团校上万名学生中选拔近三百名"美育小花"，依据他们的特长进行分组，如中国绘画组、西方绘画组、毛笔书法组、设计创意组、化妆造型组、小学综合组等。活动为学生搭建展示才华的舞台，并利用地域和教育资源优势，拉动社会力量参与，如清华大学美术学院、徐悲鸿美术学院、中央美术学院、首都师范大学美术学院、中国国家画院、中国书画杂志社等，把专家教授请进校园，近距离指导学生的现场创作，提高全社会对中学美育的关注。学生尽情展示才华，也在艺术活动中锻炼了自己，感受到创作的乐趣。这次活动在京城教育圈产生很大影响，回顾成文，与各位分享。

（一）北京一零一中美育背景简述

十几年来，学校在日常的美术、音乐、书法课之外，开设了多门艺术选修课、活动课并创办了艺术社团作为美育补充，如戏剧选修课及戏剧社团、舞蹈选修课及舞蹈社团、书画选修课及书法社团、声乐选修课及合唱社团、古筝选修课及民乐社团、建筑选修课及古建研究社团等；活动包括一年一度的英语节、诗歌朗诵会、施光南合唱音乐节、梦想剧场民乐音乐会、齐白石杯校园书画大会等，校园美育活动层出不穷。2021年，我们成功策划了校园首届围绕书画艺术展开的综合美育大会，在集团领导教师的通力合作、学生和家长的热情参与、多方社会力量的大力支持下，取得了极好的美育效果。

（二）校园美育大会的策划与实施

1. *提前预热，积极部署，充分筹备*

自2021年3月开学发布活动公告开始，到4月15日，全体艺术教师在一个半月时间里利用互联网和艺术课堂，结合线上线下的宣传以及任务布置，全面征集学生原创美术作品，并选出创意优秀且积极参与线下艺术活动的同学。征集过程中，30多位艺术任课教师将学生作品分组，推送到7位负责教师手里，进行初步遴选。负责教师一边搜集学生信息，一边根据学生所擅长的艺术创作方向，将他们分成书法组、西方绘画组、摄影组、中国画组、设计组、化妆造型组、小学组 7 个活动大组，并通过微信建立群组，策划在周末举行一场别开生面的艺术创作现场秀，由于活动场地有限，每组录取人数上限 40 人，并在 4 月底发出活动具体要求，鼓励同学们利用业余时间积极准备。主管教师针对活动内容与学生密切互动，进行专门指导和创作任务布置。为保障活动的顺利实施，主办方从翔宇学苑精心选拔了 10 名高中志愿者，为活动提供点对点的贴心服务。校园美育从来都不只是一堂艺术课，它需要跨学科综合实践，只有教师之间通力合作，才能实现更加立体多维的教育效果，美育渗透在校园艺术活动之中，也考验着艺术教师团队的核心力量。

2. 各司其职，通力合作，有条不紊

5 月 29 日上午风和日丽，北京一零一中鸟语花香。早上 7:30，经过周密筹备的校园美育大会缓缓拉开帷幕。翔宇学院的 10 名志愿者准时到达艺术中心，取到各活动组标识牌（见附图 7-1），到英才学院门口迎接来自北京一零一中怀柔、温泉、双榆树、石油、上地分校的中、小学生参加美育大会。

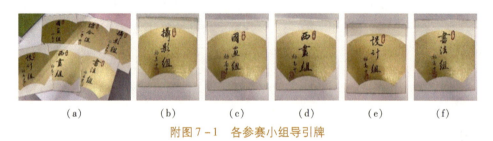

附图 7-1　各参赛小组导引牌

化妆造型组的老师和同学们早上 7:30 就到学校国际部传统文化教室换服装、化妆，整理服饰和造型。8:00 在学校二道门到喷泉广场的路上进行一场有趣的室外造型舞蹈秀，配合美丽的校园春光，成为一道亮丽的风景（见附图 7-2）。

附图 7-2　化妆造型组校园秀 I

当摄影组同学 8:00 在图书馆计算机专用教室整理好拍摄设备，准备用镜头记录美丽的校园时，化妆造型组正在校园内有代表性的景观处演出。20 多位同学化身中国历史上的传奇人物,对头饰、发饰等首饰和衣着,在查阅文献和图片资料的基础上精心设计、高度还原,在这个过程中,同学们既要学习历史知识、阅读人物传记,也要研究时代变迁过程和人物服饰造型特点,受益匪浅。同学们慢绕九曲桥,缓缓走过招凉榭,登小山坡,漫步风筝草坪,回到喷泉广场,曼妙身姿与这所既古典又现代的校园交相辉映,上演了一场青春古装秀(见附图7-3)。

(a)　　(b)　　(c)　　(d)　　(e)　　(f)

附图7-3　化妆造型组校园秀Ⅱ

与此同时,各小组同学在志愿者的带领下,到达指定活动室。8:30 中国画、书法、西方绘画、创意设计、小学综合组教室负责教师分别在活动现场将创作题目拆封,校园美育大会正式开始。为提升学生的创作水平,除教室内的负责教师以外,根据不同的创作方向,每个活动教室都配备了高校和社会艺术团体专家老师,他们受邀到现场与同学们一起感受艺术,辅导同学们的创意表达,助力现场创作,这一场师生共同品味的艺术盛宴里,每个人都是主角(见附图7-4)。

(a)　　　　　　　　　　　　(b)

附图7-4　专家组和领导巡视中国画组创作现场

巡视过程中,学生的艺术才华让教师和指导专家们无比骄傲。设计组的学生以"大美一零一"为主题进行一整套徽章设计,同学们纷纷选择具有学校特色符号的素材,如羊驼、孔雀、校园建筑、九曲桥、风筝草坪、喷泉广场等典型景观进行现场创作,作品生动,意趣盎然(见附图7-5)。

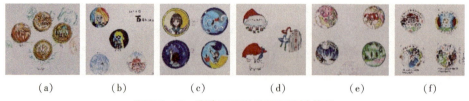

附图7-5　设计组同学的现场设计作品

摄影组的同学有的留在室内,有的走进自然,随拍风景,绘画组的同学借笔抒怀,绘制理想,表达愿望。美丽的校园尽收于镜头下,呈现在画作中。篇幅有限,只能"晒"出同学们的部分作品(见附图7-6、附图7-7)。

附图7-6　绘画组同学用不同的表现方式完成"大美一零一"主题创作

附图7-7　摄影组同学随拍创作现场,记录美好瞬间

书法组的同学们书写中国近现代诗词,让我们看到,近年来的基础书法教育取得了丰硕的成果(见附图7-8、附图7-9)。书法组的竞赛采用现场命题的方式进行,我们对书写题目进行了精心地设计:请从下面的内容中任意选择一个,进行四尺竖对开尺幅集字创作准备,需要落款并加盖印章,创作现场可以带字帖及辅助书写的作品,书体不限,原则上不写草书。

①岂曰无衣?与子同袍。王于兴师,修我戈矛,与子同仇!(《诗经·无衣》)
②路漫漫其修远兮,吾将上下而求索。(屈原《离骚》)
③山不厌高,海不厌深,周公吐哺,天下归心。(曹操《短歌行》)
④采菊东篱下,悠然见南山。(陶渊明《饮酒》)
⑤白日依山尽,黄河入海流。欲穷千里目,更上一层楼。(王之涣《登鹳雀楼》)
⑥春眠不觉晓,处处闻啼鸟。夜来风雨声,花落知多少。(孟浩然《春晓》)

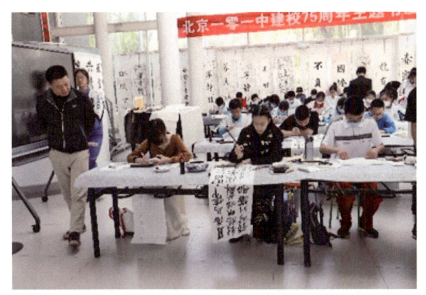

附图7-8 专家组巡视书法组创作现场

附图7-9 书法组同学获奖瞬间

⑦渭城朝雨浥轻尘,客舍青青柳色新。劝君更尽一杯酒,西出阳关无故人。(王维《送元二使安西》)

⑧床前明月光,疑是地上霜。举头望明月,低头思故乡。(李白《静夜思》)

⑨日照香炉生紫烟,遥看瀑布挂前川。飞流直下三千尺,疑是银河落九天。

（李白《望庐山瀑布》）

⑩岱宗夫如何？齐鲁青未了。造化钟神秀，阴阳割昏晓。荡胸生层云，决眦入归鸟。会当凌绝顶，一览众山小。（杜甫《望岳》）

⑪国破山河在，城春草木深。感时花溅泪，恨别鸟惊心。烽火连三月，家书抵万金。白头搔更短，浑欲不胜簪。（杜甫《春望》）

⑫月落乌啼霜满天，江枫渔火对愁眠。姑苏城外寒山寺，夜半钟声到客船。（张继《枫桥夜泊》）

⑬千山鸟飞绝，万径人踪灭。孤舟蓑笠翁，独钓寒江雪。（柳宗元《江雪》）

⑭松下问童子，言师采药去。只在此山中，云深不知处。（贾岛《寻隐者不遇》）

⑮远上寒山石径斜，白云深处有人家。停车坐爱枫林晚，霜叶红于二月花。（杜牧《山行》）

⑯大江东去，浪淘尽，千古风流人物。故垒西边，人道是，三国周郎赤壁。乱石穿空，惊涛拍岸，卷起千堆雪。江山如画，一时多少豪杰。遥想公瑾当年，小乔初嫁了，雄姿英发。羽扇纶巾，谈笑间，樯橹灰飞烟灭。故国神游，多情应笑我，早生华发。人生如梦，一尊还酹江月（苏轼《念奴娇·赤壁怀古》）

⑰怒发冲冠，凭栏处、潇潇雨歇。抬望眼，仰天长啸，壮怀激烈。三十功名尘与土，八千里路云和月。莫等闲、白了少年头，空悲切。靖康耻，犹未雪。臣子恨，何时灭。驾长车，踏破贺兰山缺。壮志饥餐胡虏肉，笑谈渴饮匈奴血。待从头、收拾旧山河，朝天阙。（岳飞《满江红》）

⑱驿外断桥边，寂寞开无主。已是黄昏独自愁，更著风和雨。无意苦争春，一任群芳妒。零落成泥碾作尘，只有香如故。（陆游《卜算子·咏梅》）

⑲风雨送春归，飞雪迎春到。已是悬崖百丈冰，犹有花枝俏。俏也不争春，只把春来报。待到山花烂漫时，她在丛中笑。（毛泽东《卜算子·咏梅》）

⑳繁霜尽是心头血，洒向千峰秋叶丹。（戚继光《望阙台》，2018年5月28日习近平总书记在院士大会上引用了这两句诗）

同学们任选其中一段话，用楷书、行书、隶书或篆书进行现场创作，展示个人的书法能力。

参加小学组艺术活动的同学们更加用心，他们运用综合艺术创作表达对学校的热爱。校园美育大会是一个展示平台，是一个体验空间，专家、领导、老师、学生，都能感受到艺术愉悦人心的价值和意义。

3. 进行活动颁奖

这次校园美育大会学生活动组设五个平行奖项：传承创新奖，传统再现奖，想象超奇奖，探索先锋奖，优秀选手奖。旨在告诉所有的学生：艺术源于热爱，可以愉悦内心；艺术创作不分高低上下，只要参与；专注沉浸，就是价值。教师主持的化妆造型也经过精心设计，由其宣布现场评奖结果。

　　颁奖过程中，学校民乐团的老师和同学们也献上了民乐大拼盘、现场民乐秀，一曲《九歌》把我们拉到遥远的古代，穿越的瞬间，同学们感受到了传统文化的魅力（见附图 7-10）。在大会的活动间歇，我们还有幸邀请到专家讲座《艺术是什么》，全体师生在教授深入浅出的解读中，感受艺术的非功利性、治愈性、愉悦性乃至对生命的价值（见附图 7-11）。

附图 7-10　民乐组表演《九歌》

附图 7-11　领导发言

(三)校园美育大会的收获

①教师团队的通力合作,彰显集团艺术教育的综合能力。这次活动从策划到实施历时两个月,集团分校区美术书法教师近四十人线上线下通力合作,征集了集团上千件学生艺术作品,评选、装裱并进行现场布展。建立起集团教师工作群,集团学生书画微信群,学生可以跨校区进行互动交流,教师可以跨学科教研学习,共同进步。

②活动的影响力辐射到所有分校区,带动集团全员美育。活动结束后,各分校区也纷纷主办艺术大会活动,影响力大,涉及面广,受益学生多,无论组织者、参会者都收获了发现美、感受美、创造美的愉悦。

③活动的后续宣传在京城教育圈掀起美育浪潮。这次活动分别被中国青年报、中国书画报等多家纸媒和网络融媒体报道,传播远、影响力大,达到了倡导校园综合美育的目标。

(四)未来校园美育活动的畅想

回顾这次活动,我们更加深刻地意识到,校园艺术活动有巨大的创新空间,校园不仅仅是学习知识的地方,更是关注"生命、生活、生长"的场域,"生态、智慧"教育一直是北京一零一中秉持的办学理念。美育不仅仅在课堂,学校、生活处处皆美育。丰富多彩的校园活动能让每个学生都拥有自己的小追求,沉浸于艺术之美,懂得生活的品位,在多彩的校园活动中提高审美能力、陶冶情操、充盈心灵、放飞想象力、提升创造力,成为有文化底蕴的时代新人。

图说明:专家组和领导以及化妆造型组合影瞬间(见附图7-12)。

附图7-12 书画艺术大会合影

附录八 博物馆艺术课活动纪实

活动主题：把课堂搬进博物馆，深度感受艺术之美

在国家倡导美育的若干文件的助推下，教育集团领导积极拓展教育空间，借助社会力量落实基础美育，在书画艺术大会活动的基础上，尝试推进"北京一零一中博物馆艺术课"美育项目，与社会上多家美术馆、博物馆联合落实美育，相信该项目会得到更多社会单位的回应与支持。青少年美育，我们在路上。

7月10日，北京一零一中书画社团师生近四十人走进清华大学艺术博物馆（见附图8-1）。

附图8-1 "走进清华艺术博物馆"课程合影

7月31日，书画社团师生近四十人走进中国美术馆（见附图8-2）。

附图8-2 "走进中国美术馆"课程合影

"博物馆艺术课"为学生的暑假生活增添了缤纷的色彩。透过一把椅子,可以领略西方近代一百年来的艺术设计史;偶遇泥人张作品进京展,可以得到大师传人现场精彩的演示和细心导赏,欣赏大师捏制的经典造型。此课程倡导青少年利用节假日走进博物馆、美术馆,感受艺术精神,净化心灵,领略艺术之美。

艺术学博士的高水平导赏为学生张开想象的翅膀。团队入馆后安排专业博士讲授博物馆现场课。博士带学生看懂艺术作品,教导欣赏视觉艺术品的方法。通过这些活动可以拓宽学生的视野,跨越多学科界限理解艺术,拥抱人类灿烂的文明,激发创造意识,让思想在艺术天地里尽情驰骋。孩子们大呼"原来艺术馆要这样看"(见附图8-3)。

抓住学生兴奋点趁热打铁,让学生的创造性思维快速燃烧起来。在一小时专家导赏后,带队教师依据设计好的课程框架对学生进行现场艺术课教学,以下面的这些问题为主线导学。

你最喜欢的作品是哪一件?

作品的哪一方面打动了你?

附图8-3 中国美术馆专家为老师同学们导赏（b）

你最喜欢的艺术家是谁？

如果由你来创作，你会怎么做？

你能运用速写的手段描绘一件你喜欢的作品吗？

你能与同学们分享你的收获吗？

你能从画面的题材内容、构图方法、色彩与线条、明暗与空间等艺术手段所呈现的效果来感受和品赏一件视觉艺术作品吗？

你能尝试推断艺术家的创作思想吗？

你能为某件作品写一小段评述吗？

学生针对品赏内容及练习（见附图8-4）及时总结，发挥博物馆艺术课的跨学科特点和多重教育价值，在教师的引导和组织下，学生们进行一小时的现场速写和鉴赏活动（见附图8-5），收获满满。

附图 8-4　学生在馆内放松地完成现场练习

附图 8-5　学生认真研究与临摹经典画作

刘桐沅同学说，天津的抗疫英雄张伯礼的事迹让他很感动，今天偶遇的这件泥人张大师雕塑的《张伯礼像》栩栩如生，让他感慨良多，所以他用有限的时间画了这幅速写。

杨碧筠同学说，《八女投江》的抗日故事令她非常震撼，画家王盛烈这件写实中国画作品画得太好了！就像一部大电影，有特别真实的现场感。所以，她用速写再现了一位年轻的女党员，一边退向漫漫江水，一边打枪瞄准，面对生命的结束毫不屈服、信仰坚定的英雄姿态。

孙熙和同学说，苏武牧羊的故事他略知一二，他画的是正在牧羊的苏武，之后有时间会好好了解并学习一下。

小贴士:"苏武牧羊"讲的是苏武在天汉元年(公元前100年)奉命以中郎将身份持节出使匈奴被扣留的故事。匈奴贵族多次威逼利诱,欲使其投降;后将他迁到北海(今贝加尔湖)边牧羊,扬言要公羊生子方可释放他回国。苏武历尽艰辛,留居匈奴十九年持节不屈。至始元六年(公元前81年),方获释回汉。苏武去世后,汉宣帝将其列为麒麟阁十一功臣之一,彰显其节操。《苏武牧羊》赞扬了苏武不畏强权,忠贞不屈,忠诚于国且不向挫折低头的精神。

有同学问我,老师,这里的作品都是真的吗?会不会有假的呢?我跟他讲,博物馆是征集、典藏、陈列和研究自然和人类文化遗产实物的场所,以及对那些有科学性、历史性或者艺术价值的物品进行分类,供公众参观、传递知识的文化教育机构。这里是人类文化艺术殿堂,是最适合学习的地方,没有假的东西。还有同学说,他来过许多次,转一圈就走了,今天,就是觉得看的时间、画的时间、想的时间太少,不够用。

"博物馆艺术课"不同于一般意义上的旅游参观,教师现场组织教学不能省略。有过任教经验的人都清楚,教师掌握着教育法宝,他们了解学生的最近发展区,知道把知识和目标设定在学生们跳一跳就够得到的地方。教师的循循善诱能将学生带入最好的学习状态(见附图8-6)。

附图8-6 教师现场组织教学

北京一零一中教育集团"博物馆艺术课"采用专业教师或相关专家现场讲解的方式,带动学生发散思维、领悟艺术对心灵的冲击,通过速写、体验等活动参与教学，教师全程跟随，随时答疑解惑，活动后总结。

学生刘品地说，今天，他们了解了中国画的特点，以及近代中西方绘画技艺的交融；与泥人张传人现场交流，体会了一项非物质文化遗产的革新之路；还进行了自由观赏，通过任务单学习知识，对自己中意的作品静心临摹。这次的活动令他记忆深刻，是一次美好的回忆（见附图8-7）。

(a)
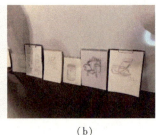
(b)

(c)

附图8-7 "博物馆艺术课"回顾

学生李继恩说，因为时间原因，他们只参观了任伯年和王盛列画展、泥人张作品展。他对泥人张的作品非常感兴趣，觉得其形象逼真。制作泥人的材料不仅有泥还有金属，甚至最新的3D打印技术也已用于泥人制作。每件作品都惟妙惟肖，要花费艺术家大量时间。后来他们又参观了画泥人的步骤，他觉得挺有意思的。

刘子行家长说，谢谢老师们，老师们辛苦了！暑假参加这么有意义的艺术课，孩子特别喜欢，期待下一次活动。

宫子卿家长说，感恩陈老师组织的博物馆活动，感谢各单位领导给予的协助，让孩子们愿意走出去，度过有价值的一天。

来自北京一零一中国际部的带队教师刘和灵老师说，学生们的观展理解和再创造速写，让他体会到孩子们艺术潜力无限。有的作品初展画家天赋，有的重点突出，几笔勾勒出形神，有的十分憨萌，活泼有趣。学生们喜欢的作品也各有千秋，百花齐放。陈老师引导他们参观了最精华的三个展览，使他受益良多，感觉自己亲眼见证了明末以来的中国画史，那么的真切、厚重又市井。他感慨绘画艺术真是历史、经济史、人民生活史的综合，是一面镜子并表示愿意多参加活动，多学习体验，教学相长。

颇具现场感的艺术教育既能提升师生感受美、表现美、鉴赏美、创造美的能力，也能促使青少年更多地走进博物馆、艺术馆，与艺术原作相遇，拓宽视野，激发对历史、文化、艺术的感受力，思考人生的价值。还可以帮助学生认识自己，形成正确的人生观、价值观，懂得珍惜美好的事物，懂得爱祖国山河、爱天地万物的人文情怀。

附录九 "走进圆明园"美育大课堂新闻报道

活动主题：走进圆明园跨学科美育

9月29日下午，"喜迎二十大，红心献给党"——北京一零一中教育集团书画精品展"走进圆明园"美育活动，在圆明园天心水面拉开帷幕。

本次展览汇聚了北京一零一教育集团师生近50幅优秀书画艺术作品，作品内容丰富、形式多样（见附图9-1）。同学们用翰墨丹青弘扬中华传统文化，以纸为媒歌颂新时代盛世华章，抒怀于笔墨，热烈迎接党的二十大召开。

(a)

(b)

附图9-1 优秀书画艺术作品

除书画展览外，北京一零一中还打破课堂边界，在圆明园建立"跨学科美育"实践基地，依托"园校合作教育项目"，将美育课堂延伸到了圆明园中。毛亦婷、陈佳欣两位老师分别带来了跨学科美育现场研究课——"圆明园艺术之美"（见附图9-2）及"圆明园石刻写生"。

"圆明园艺术之美"课程，是北京一零一中校本课程"圆明园流失的珍宝"单元教学的导入课，毛亦婷老师从圆明园海晏堂十二兽首现状引入，带领同学们从书法、绘画、工艺美术角度，深度赏析了《十二兽首》《铜胎掐丝珐琅麒麟》《圆明园四十景图咏》《捣练图》等圆明园艺术珍宝。

以唐代张萱绘制的《捣练图》为例，毛老师为同学们详细讲解了中国工笔画的绘画流程，并通过现场描绘，让同学们更直观地感受唐代仕女画对人物的刻

附图9-2 "圆明园艺术之美"选修课

画。从鉴赏到实践体验,其课程让同学们更深入地了解圆明园艺术珍品,了解中国传统文化(见附图9-3)。

(a)

(b)

附图9-3 唐代仕女画讲解

"圆明园石刻写生"课程,是"走进圆明园"写生系列课程中的专题研究课,以石刻文物为专题。在陈佳欣老师的讲解下,同学们细心观察雕刻精美的西洋石构件,纹饰华丽的雕花石墩、石桌等石质文物,以素描、水彩等多种形式进行写生,用画笔描绘历史,近距离感受古代能工巧匠们的高超技艺,感受石刻艺术的独特魅力（见附图9-4）。

(a)　　　　　　　　　　(b)　　　　　　　　　(c)

附图9-4　"石刻写生"艺术选修课

研究课后，师生根据兴趣分别参与写生、书法、摄影、扇面绘画等主题活动。曹媛源等钧天书院国乐团的老师带来民乐演奏，国际部传统文化项目负责人刘菲老师带来茶艺展示，乐声悠悠，茶香袅袅，荷叶亭亭，师生在天心水面感受圆明园秋日的微风，在这别样雅致的环境里，共享艺术盛宴，共品圆明园之美。

作为本次活动的重要环节，北京一零一中"中学美育体系建构与实施的行动研究"课题现场研讨会在传习所召开。

课题执行人陈默老师介绍了下一步课程计划："园校合作美育课程体系"将分为五个类别开展，分别是"走进圆明园"跨学科美育系列现场课，国家课程校本化研究专题课，中国传统经典诵读与讲解系列课程，"三山五园"研学教育中的美育课程，北京一零一中民金帆管弦乐团、民乐团走进圆明园艺术实践课程。本套课程的开发，让同学们更好地了解中华优秀传统文化，了解圆明园丰富的历史文化内涵，在"双减"背景下，多维助力美育，进行跨学科美育的深入实践探索，实现北京一零一中与圆明园"园校合作"的深度共建（见附图9-5）。

此次园校合作获得了积极评价，学校期望通过园校合作和"跨学科美育"实践基地的建立，实现与圆明园的资源共享，让更多学生通过跨学科美育课程了解圆明园，了解历史，增强民族文化自信，发挥美育育人的重要作用，培养担当民族复兴重任的时代新人。

附图 9-5　圆明园研学课程

附录十　助力教师跨学科美育素养提升

北京一零一中教师文化沙龙

北京一零一中"教师文化沙龙"活动诞生于 2016 年，缘起于几位老教师业余的喝茶闲聊。思维的一次碰撞，灵感的突然迸发，寻得校园一方安静的角落，领导与老师们合力，将其作为基地，共同打造出一个清雅的品茶清谈空间。教师们在繁忙的工作之余，来到这清幽的所在，沉浸在无拘无束、轻松自然的氛围里，端一杯清茶，听一位主讲者分享自己的所思所得，不亦乐乎（见附图 10-1）。

"雪霁茶香"品茶读书，"一零一经典周周读"助力教师人文素养提升

记得早期，"教师文化沙龙"活动的主讲嘉宾多数是出于聘请和自荐，负责组织的老师也自告奋勇发动个人的朋友圈，请你负责讲专题，请她负责写文本，这个负责排版、编辑、插图，那个负责修改转发公众号。茶室"雅集"活动（见附图 10-2）每一两周就举办一次，每个活动请一位主讲嘉宾，每一次讲座都有一篇图文并茂的推介文章，甚至更早期，每一次讲座都有一段完整的活动影像保留下来。那个时候，活动时间多数定在午休或者下午放学以后，无论是本校

附图 10-1　老师分享《三体》

的老师还是外来的客人，走进茶室的每一个人都会被待之以礼，即使是误撞进茶室的学生，也会被盛情邀请，坐下来一起聆听分享。一杯清茶，成了联系熟悉的或者陌生的老师之间的纽带（见附图 10-3、附图 10-4）。

(a)

(b)

附图 10-2　茶室"雅集"

附图 10-3　美术老师泡茶

附图 10-4　老师们专注地听讲

每次活动,主讲老师都会给自己的分享主题取一个既接地气又吸引人的名字,甚至要做一个 PPT。例如,物理组詹光奕老师分享"探寻黑洞的秘密"(见附图 10-5),化学组陈争老师讲"生活中的化学",历史组陈昂老师讲"书法导赏"(见附图 10-6)……

附图 10-5　老师讲物理

附图 10-6　历史老师讲书法

暂时抛开繁杂的教师工作,喝茶聆听分享,那一刻,倾听者和讲授者都是最美的(见附图 10-7)。记得地理组何群老师分享"乌兰布统草原旅行散记"(见附图 10-8、附图 10-9),她将自驾车游览乌兰布统的整个行程以图片的方式给老师们作了详实的介绍,何老师很喜欢摄影,她的许多旅行随拍照片引得在场老师们啧啧赞叹,一个讲座幻灯片竟有 134 页之多,那些沿途美景至今让人记忆犹新。

附图 10-7　讲座现场的美女老师们

附图 10-8　地理老师分享草原游

附图 10-9　地理老师讲乌兰布统草原

　　也曾记得美术组曾旭老师分享"互联网+时代的艺术创作"。曾老师多年来一直在繁忙的工作之余,坚持中国画创作。他的中国工笔画作品《印度新娘》诞生在互联网空间里,整个创作过程与网友互动,征集网友的意见和建议,作品的架构和完成凝聚了曾老师的心血,也牵动着网友们的心。充满艰辛也充满挑战的坚持让曾老师完成了一件精密构图的中国画作品,用笔严谨,用色考究,人物动作姿态精妙细腻,这件作品的艺术水平之高,给我留下了深刻的印象。

　　有一次英语组张燕老师为大家分享"漫谈京剧艺术"(见附图 10-10),实在是让我们惊诧。张老师是一位资深英语教师,大家所不知道的是,张老师多年以来就是京剧铁杆粉,属于"一级票友",对京剧艺术的研究非常深入。张老师给我们带来了详实的京剧知识解读,还拉上英语组的孙娜老师,现场为我们表演了一段唱念做打,精彩至极(见附图 10-11)。

附图 10 – 10　英语老师讲京剧　　　　　附图 10 – 11　唱京剧

张新村老师是学校的资深语文教师，儿子和儿媳都是留学美国并留在美国任教的国际化人才。张老师为人亲和慈祥，为师严谨敬业。记得他来茶室与我们分享"老庄与养生"（见附图 10 – 12），听完之后，我们不禁羡慕张老师的学生们了，张老师的讲授内容丰富，声情并茂，令人耳目一新。

　(a)　　　　　　　　　　　　　　　(b)

附图 10 – 12　语文老师谈养生

金帆乐团许亮博士留学法国 7 年，对小提琴有深入的研究，他为大家带来"小提琴的品鉴"专题讲座（见附图 10 – 13），从制琴的工艺开始，一直谈到小提琴在交响乐中的位置和小提琴的魅力。记得当时游文梅老师负责写许亮老师的分享推介文章，题目是《爱在魔鬼的颤音里》。讲座现场，许老师拿出了一把 1927 年的老琴让大家欣赏，真是大饱眼福（见附图 10 – 14）。讲座结束后，许老师用这把老琴现场演奏一曲，至今余音袅袅。

附图 10 – 13　音乐博士讲小提琴　　　　附图 10 – 14　1927 年的老琴

茶室的活动内容丰富多彩，如生物组崔旭东老师讲"转基因与食品安全"，物理组王明虎老师讲"高科技发展与大国自信"，语文组杨海威老师为我们带来"宗教建筑与文化"，美术组魏立柱老师分享"古典摄影的魅力"，语文组赵海蓉老师讲"校园花事"，林林总总，不胜枚举。

后来还发动家长资源，甚至请到了"灵犀坊"传承人徐冬女士来"雪霁茶香"讲旗袍文化以及古代中国服装发展的历史（见附图 10 – 15）。

　　　　（a）　　　　　　　　　　　　　　（b）

附图 10 – 15　讲旗袍

茶室也请到国防大学的知名专家分享对国际军事争端的见解、国医堂的中医专家讲养生，遗憾的是许多活动没有留下现场照片，留下来的，便成为最宝贵的财富。

在"雪霁茶香"这个平台，教师们跨越了各自学科的界限，现在想想，差不多所有学科的老师都来茶室喝过茶。郭涵校长一直默默支持并帮助这个草根平台开展工作。以一杯清饮为纽带，教师们在这里相聚，在轻松休闲的时光里大大开阔了眼界，增进了相互的了解。老师们的跨界分享帮助了他人，也提升了自己。慢慢地，由于工作越来越忙，原本是休闲的喝茶分享干扰到了正常的工作，这时我们开始思考，如何将这个活动细水长流地继续下去。一次，我们请到清华附中的资深历史教师刘慧霞老师为我们讲茶，刘老师在清华附中主持读书会二十余年，她说，喝茶是一人"幽"二人"胜"三人"趣"，四人五人便为"汛"了。也巧，那次活动远不似以往活动之人多熙攘，8位老师围坐在茶桌旁，低声细语，正应了茶的安静。刘老师利用一个小时左右的时间，从茶、茶艺、茶道三个层次作了概括性的介绍。刘老师从识茶开始讲起，谈基本的泡茶常识及茶礼，并娴熟地表演了台湾茶艺十八道。整个过程中老师们都听得聚精会神（见附图10-16）。后来刘慧霞老师来北京一零一中带领大家阅读德国作家埃克哈特·托利的《当下的力量》，这也启发了我们，慢慢把教师沙龙转型成读书分享活动。

(a)

(b)

附图10-16 历史老师讲茶

"教师文化沙龙"活跃了一年多的时间，讲座进行了近三十期，后来工作繁忙，组织、讲座、写公众号已经变成了负担。郭涵校长是北京市阅读工程的推进者，她非常喜欢读书，也倡导教师们业余要多读书，读好书。她建议我们，将"雪霁茶香"教师文化沙龙转为教师读书分享活动。于是，2017年6月，在刘慧霞老师带领阅读《当下的力量》之后，教师文化沙龙正式改版为"一零一中经典周周读"。

现如今，"一零一中经典周周读"成为教师提升文化素养的空间平台，我们选请四位资深特级教师、博士，利用每周四中午休息时间，为老师们进行文化艺术经典导读。例如，前教学校长语文特级教师程翔积极响应茶室需求，并对茶室工作倾情相助。他为大家导读《论语》，声情并茂，使人如聆听老者谆谆教诲，受益匪浅。

"一零一中经典周周读"每个月安排四位老师各讲读一次，这是纯义务付出。讲读音频当天会通过喜马拉雅平台对外播出，也会转发到学校的教职员工群，以方便那些对专题感兴趣，却没有时间来现场听讲的教师。一次偶然，我看见历史博士孙树松老师为茶室讲座准备的讲稿密密麻麻，内心非常感动。孙老师说，备课讲课，与大家分享，不光是他人受益，也是自身知识整合与提升的过程（见附图10-17）。

附图10-17　历史博士为大家讲读《道德经》

现如今，陆云泉校长也表示自己将大力支持这个民间活动的开展，正因有这样优秀的领导传统，才有了北京一零一中丰富多元的教师沙龙文化，让教师能在美景如画的一零一校园自由而快乐地工作生活。

魏立柱老师说："摄影不是拍人的照片，而是拍关于人的照片。"张闻素女士说："'双碳校园'是未来的发展趋势，碳达标是全民未来三十年的目标。"崔旭东博士说："添加剂丰富了食品的口味，在适量范围内食用还是很安全的。"

这种开放而又多元的人文氛围会辐射到每一位参与者和聆听者，这看似休闲的利用中午休息时间举行的教师文化沙龙活动，必能促进教师的精神成长，影响教师的生活方式，进而作用于教师的思维方式，而直接受惠者就是学生。"一零一教师经典周周读"是教师交流的平台,是领导智慧的结晶,感谢所有参与"经典周周读"活动的主讲教师,你们的辛勤付出,给北京一零一中教师带来了不一样的教学和休闲生活。"经典周周读"就存活在北京一零一中教师的日常中,会一直继续。

参考文献

[1] 张璐璐．跨学科视阈下学校音乐美育与课程思政协同育人模式探究［J］．大众文艺，2024（04）：85．

[2] 李梅．学校美育与多学科"跨学科"教学协同活动的探讨［J］．中国教育学刊，2023（12）：151．

[3] 宁兰儿．美育对学生综合素质发展的影响研究［J］．时代报告（奔流），2023（11）：65－67．

[4] 严业恒．大美育观下当代美术教育的跨学科研究［J］．美术文献，2023（08）：106－108．

[5] 邱彩虹，王作山，马麟．美育课程融合课程思政初探［J］．民族艺林，2023（02）：91－96．

[6] 王蕾，管雅婷．"美育，让教育更美好"会议综述［C］．宁波：2021新时代高校美育高峰论坛（长三角地区专场），2022（03）：60－66．

[7] 刘佳美．美术作品在初中历史跨学科教学中的运用研究［D］．开封：河南大学，2023．

[8] 撒穆尔·伊诺克·斯通普夫，詹姆斯·菲泽．西方哲学史［M］．邓晓芒，匡宏，等译．北京：北京联合出版公司，2019．

后 记

　　从开启"跨学科美育研究"任务至今，四年的时光已经如流水般划过。课题搭建起一个特别的舞台，教师团队在这里一起度过了黄金般的岁月，那一张张珍贵的照片，是我们闪着光的脚印。教育行业如静悄悄的革命，没有那么多感动流泪的瞬间。但每当我翻看这些照片，内心思绪便会如潮水般涌动。

　　研究跨学科美育策略，要从教师做起。在进行本次中学跨学科美育研究的过程中，我深刻体会到跨学科教育的重要性和潜力。通过对跨学科美育的探索和实践，我认识到这种教育方式对学生综合素质的提升和社会文化环境的进步具有重要意义。同样一个知识内容，教师融入跨学科思维后，学生的兴趣会大幅提升。跨学科思维能够点燃师生的内在潜能，让我们共同走过幸福美好的教学时光。

　　在研究中，我发现跨学科美育能够激发学生的创造力、促进思维的跨界整合，培养学生的团队合作能力和跨文化交流能力。无论是课堂、课后活动的策划与实施，还是校外实践活动，学生都展示出了强烈的求知欲和好奇心，以及不竭的创造力。这种教育方式不仅有助于学生的学术发展，还可以促进其情感认知、审美情趣和社会发展潜力的全面提升。

　　然而，在研究和实践的过程中，我也遇到了一些挑战和困难。资源不足、评估体系不完善、教师培训需求等问题成了跨学科美育发展的阻碍。今天是美育边缘化的时代，虽然政府和学校同时倡导美育，但家庭和社会依旧追名逐利，学生是受众，多数时候受家庭和社会的影响。社会对跨学科美育的认知和支持度有待提高，需要加强宣传推广，提高社会对跨学科美育的认可和支持度。

　　未来，我希望能够继续深入探索跨学科美育领域，推动这种教育方式在中学教育中的广泛应用。我相信，随着更多人的努力和支持，跨学科美育将在未来展现更加广阔的前景，为学生和社会带来更多的益处。

　　最后，我要感谢所有支持和参与本研究的人员，感谢他们的帮助和鼓励。感谢北京理工大学刘平青教授，没有您的鼓励，我不可能写成这本书；感谢首都师范大学段鹏博士，每次和您交流，对我都是一次学习和提升；感谢周信达教研员，您严谨务实的学术精神让我佩服不已；感谢耿国华教研员，您对书法教育的执着追求是我学习的榜样；感谢宋世云主任，您的一路指导让我拨开迷雾，明白自己多年的所学、所思、所想的价值和意义，也坚定了我未来十年的研究方向；感谢平亚茹主任，您如母亲般的呵护和爱，让我在北京一零一中的二十年快乐成长，自由绽放；感谢英语学科吴红枚老师，您的科研精神是我学习的榜样；感谢佳欣、晓雯、滕云、亦婷、佳琳、丁钰，感谢和我一路走来的年轻教师、朋友们，愿我们共同努力，为跨学科美育的发展贡献自己的力量，让更多的学生受益，让社会文化环境更加丰富多彩。